Shadman's Diaries

Fig. 1. Shadman wearing the so-called Pahlavi hat early in his tenure as a clerk at Tehran's civil and business courts, circa 1928.

Shadman's Diaries

VOLUME 1

The Odyssey of a Young Cleric, 1926–1928

Fakhr al-Din Shadman

Persian text edited with a preface by

Abbas Milani & Kioumars Ghereghlou

MAGE PERSIAN EDITIONS

THE PUBLICATION OF THIS SIX-VOLUME SERIES WAS SUPPORTED
BY THE GENEROUS SUBVENTION OF HASSAN AND MAHVASH
MILANI IN MEMORY OF ZINAT SHADMAN MILANI.

MAGE PERSIAN EDITIONS IS AN IMPRINT OF
MAGE PUBLISHERS INC
WWW.MAGE.COM

LIBRARY OF CONGRESS CATALOGING-IN-PUBLICATION DATA
Available at the Library of Congress

FIRST HARDCOVER EDITION
ISBN: 978-1-949445-40-4

VISIT MAGE ONLINE: WWW.MAGE.COM
EMAIL: AS@MAGE.COM

Contents

EDITORS' PREFACE

BY

Abbas Milani &
Kioumars Ghereghlou

The intellectual history of modern Iran is begrudgingly but inexorably experiencing a long-overdue radical refashioning. Much of that history had been hitherto hemmed and hued to fit a self-acclaiming narrative that had its source in Shiite ideas of messianism, and a clerisy who claims to be the viceroys of the redeemer. As is often the case, when a traditional theocentric society tries to transition to secular modernity—as Iran has been doing since the mid-nineteenth century—many of the traditional, religious ideas and structures take on a secular guise and try to assure their own survival by reinventing themselves in a different garb. Shiite Messianism found a secular cohort—indeed an energizing soul mate—in the Russian tradition and definition of who is a "committed" intellectual and how she or he must behave. Everything from sartorial style to facial gestures—the former feigning populist simplicity if not poverty, the latter always the serious demeanor of someone dedicated to the welfare of masses if not to revolution—was prescribed for this kind of secular intellectuals.

This turn of events in Iran is even more remarkable when we look at the views and accomplishments of the first generation of Iranian intellectuals—figures like ʿAli-Akbar Dehkhoda,[1] Mohammad-ʿAli Forughi,[2] Mohammad Qazvini,[3] Hasan Taqizadeh,[4] and Fakhr al-Din Shadman. They saw themselves not as messiahs but teachers and cultural archeologists. They all began their education as young clerics, but harbored no illusion about religion, eventually jettisoning their clerical cloths for suits and ties. They all were unified in their desire to promote a kind of modernity in Iran that preserves and retrieves the best that exists in Iran's tradition and combines it with what is useful from the experience and accomplishments of the West; they were not, in short, simply self-loathing imitators of the West. They all paid particular attention to the need to preserve and enrich as well as to purify the Persian language of lazily adopted foreign words; they were all dedicated to the task of realizing the full range and the hidden possibilities of the Persian language.

Contrary to the millenarian utopianism of the next generation of intellectuals, the likes of Shadman were pragmatic in

---

[1] Dehkhoda (1879–1956), was a lexicographer, journalist, and satirist. His *Loghatnameh* is a magisterial encyclopedia of the Persian language and letters.

[2] Forughi (1877–1942), was a man of letters and politics. He served as the prime minister in two crucial moments of modern history. His edition of Saʿdi's collected works is still, almost a century later, considered the definitive version.

[3] Qazvini (1876–1944), was a bibliophile, scholar, editor, and indefatigable promoter of Persian letters. His edition of Hafez (prepared with the help of Qassem Ghani) is still, almost a century later, the definitive version of the text.

[4] Taqizadeh (1878–1970), a leader of the constitutional revolution (1905–7), a brilliant scholar, a successful editor and a man of politics. His work on Ferdowsi is still considered one of the best introductions to the *Shahnameh*.

politics and did not define an intellectual as someone who must not only stay clear of the existing power structure but must constantly maintain a critical stance toward the status quo. Contrary to the postwar generation, who often harbored illusions about the role of Islam in Iran's quest for progress, the likes of Shadman, were informed about Islam, never seem to have lost their faith in it as a private source of solace, but also harbored no illusion about the potentially retrograde role it could play in the public domain.

As Iranian society has today become increasingly disillusioned with the Islamic regime, as it has become more curious, even nostalgic, about the days of Reza Shah, and as they have become critical of the role of those nominally secular intellectuals who helped pave the way for clerical despotism, a new thirst to learn about the first generation of intellectuals has emerged. It has, as expected, lead to a gradual refashioning of modern Iranian intellectual and political history, and a thirst to read the works of hitherto overlooked intellectuals like Shadman, Forughi, Taqizadeh, ʿAli-Akbar Davar (1885–1937) and Ahmad Kasravi (1890–1946). In that context, Shadman's voluminous daily journals are likely to become an important piece of the new emerging puzzle.

This is the first of a projected six-volume collection, covering four turbulent decades of Iran's history. It begins in 1926 and Shadman's days as a cleric and ends in 1966 shortly before his death. In between is a rich tapestry of cultural and political history, anecdotes about individual quirks of characters, telling details in the country's changing history of manners, all from the astute perspective of Shadman.

Seyyed Fakhr al-Din Shadman was born in Tehran in 1907 to a family whose economic comfort came from the inherited wealth of the mother, and whose tolerant piety came from the father, a cleric both forbearing and fervent in his religious beliefs. Fakhr al-Din was the oldest of six brothers and one sister. Virtually all his brothers went on to occupy important posts in the Shah's regime. Fakhr al-Din went from a traditional school (*maktab*) to a high school, on to a teacher's college and finally to the Faculty of Law, where in 1927 he received his law degree. By then he was fluent in Arabic, French, and English. The anomaly of his situation is captured in an early anecdote in the journal. The American ambassador was delivering a speech in English to an audience of Iranians, almost all ungrammared in that language. The bewildered audience eventually noticed that Shadman had been talking at length with one of the Americans. Their early derision, directed at Shadman's clerical garb, gave way to their request that he translate the speech (p. 12).[5]

After several years of teaching and tutoring in Iran and working as a journalist and an editor at the leftist publication called *Tufan*, and after working in the newly established Ministry of Justice, Shadman left for Europe. He spent seventeen years abroad, mostly in England, working for the Iranian government as its representative in the Anglo-Iranian Oil Company (AIOC). He also continued his education and received two doctoral degrees—one from the University of Paris in 1935 in Law and Political Science, and another in 1939 from the London School of Economics in History.

---

[5] All page numbers refer to this present edition, paginated in Persian.

In England, he met and married Farangis Namazi (1915–1983), a fiercely independent and erudite woman and a scion of a family known for its philanthropy and affluence. She went on to translate two of Shakespeare's plays—*Julius Caesar* and *Macbeth*— and parts of Edward Gibbon's *The Decline and Fall of the Roman Empire*. Throughout his life, Shadman enjoyed a kind of comfort and security that was as much the result of his wife's affluence as his own jobs—a judge, a civil servant, director of the national insurance company, cabinet minister, university professor and the head of the Holy Trust of Imam Reza, then and now one of the richest religious endowments in the world. His efforts to reform the management of the trust, and limit some of the moneys paid to the clergy put him on a collision course with them. There is evidence that he also angered the Shah when he asked the king to forgo for a year receiving the share of the Endowments revenues he was entitled to by law. Whatever the cause, the kerfuffle led to Shadman's abrupt, probably forced, resignation in 1958. He was never again offered a government appointment and spent the rest of his years as a university professor and author.

He grew increasingly disgruntled with the Shah. He traveled to the US, as a visiting scholar at Harvard in 1962. He died on August 26, 1967, in London, where he had gone for medical care. His body is buried in Mashhad where he once held arguably the city's most powerful position.[6] In an ironic twist of faith, he

---

[6] For a brief account of his life, see A. Gheissari, "Shadman, Sayyed Fakhr-al-Din," *Encyclopedia Iranica*, https://Iranicaonline.org/articles/Shadman (accessed 11 October 2022). I have written about his life in *Eminent Persians: The Men and Women Who Made Modern Iran, 1941–1979*, 2 vols. (Syracuse: Syracuse University Press, 2008), 1: 295, and about his ideas in *Lost Wisdom* (Washington DC: Mage Publishers, 2004), 67–80.

had begun his adult life as an intellectual, critical of the new Pahlavi dynasty but cooperating with it, and with Reza Shah's modernizing efforts. He ended his life as a public intellectual shunned by the very Mohammad Reza Shah he had so honestly served. Indeed, for much of the last decade of the Shah's rule, figures like Shadman and Taqizadeh had given way to a new class of technocrats. In Shadman's life, then, we not only have a detailed account of why the early generation of intellectuals advocating modernity joined the Pahlavi project and how, with the rise of the new technocrats, they were almost all sidelined. The contours of Shadman' eventful and consequential life are covered in detail in his daily journals.

His choice of words, and the poet he has picked as a virtual epigram for the first book of his daily journals are, in retrospect, both profoundly meaningful, and betray a prescient sense of his own identity and destiny. Without mentioning the poet's name, he quotes the line, "The purpose is for something to remain of us / As I see no permanence in existence" (p. 1). The line belongs to a poet whose nom de plume was Hazin (1692–1766)—the melancholy, or as some scholars have it, "the Sorrowful." One scholar's description of the poet can, almost verbatim, be used to describe Shadman. Hazin is said to have been a "precocious polymath ... urbane, cultivated and cosmopolitan ... open-minded and tolerant, he sought out fellow scholars among Christians, Jews, Sabians."[7] Hazin also wrote a biography of himself, and its description, by its meticulous mid-nineteenth century British

---

[7]   J.R. Perry, "Ḥazin Lāhiji, Shaikh Moḥammad ʿAli," *Encyclopedia Iranica*, https://iranicaonline.org/articles/hazin-lahiji (accessed 17 November 2022).

translator, could be an apt description of Shadman's journals. Belfour writes that Hazin's memoirs contain "a pleasing variety of personal and historical anecdotes, such excellent observation on men and manners, besides an interesting account of his travels, and remarks on many modern literary productions." Like Shadman in these journals, Hazin, too has, in the praiseful words of his translator, a remarkable "liberality in religious opinions."[8]

When he picked these lines to begin his journals, Shadman probably knew that the poem was a *tazmin*[9] of a line from Saʿdi, a Persian poet that Shadman much admired. In fact, he has often compared Saʿdi and Shakespeare for their singularity of vision and humanism and the sublime elegance of their form. One of my enduring early memories of Shadman was related to Saʿdi, and unbeknownst to me, the anecdote also captured his paradigm of modernity for Iran.

I was about ten and a student in a French co-educational school where most of our classes were in French. Shadman, who was the most venerated of my uncles and had more than an avuncular aura in my child's mind, had come to visit. It was winter and he and my mother, who adored him as her oldest brother, were chatting. After a few minutes, my mother called me to go to the room where they were sitting near a Coleman wall heater. I entered and as expected dutifully kissed his hands. He was never comfortable with this ritual, but he also never eschewed it. On Nowruz visits to

---

[8] F.C. Belfour, tr., *The Life of Sheikh Mohammad Ali Hazin Written by Himself* (London, 1830), vi-vii.

[9] A trope of traditional Persian poetry and one of the many manifestations of intertextuality, and attempts to pay homage, or borrow from other masters. See D.P. Brookshaw, *Hafiz and His Contemporaries* (London: I. B. Tauris, 2019), 16–9.

his house, too, he would offer us children some cash—the common Nowruz gift in those days. It was always, as was custom, new currency notes picked up from the bank. All other relatives would, some ponderously, give us the anticipated gift from their wallet or purse. Shadman, clearly uncomfortable with aspects of this tradition, and uneasy with the role of a revered elder dispensing gifts to a lesser generation, would have a wad in his open wallet and ask us to pick up as much as we wanted. Of course, under the watchful eyes of my mother, we would never pick more than one twenty *tuman* shiny bill. (With those days rate of conversion of the Iranian currency, worth about three dollars. In today's rate, a little less than a penny.)

That cold day, he asked me to read a few lines of Sa'di's *Golestan*. Even if I had known how to read it, the solemnity of his presence, and the gravity of the moment would have been more than enough to disable me. A few lines into my disastrous rendition, in tone of admonishment he told my mother, it is a shame that a child of an Iranian family cannot read Sa'di. Afterall, in the *maktab* he had attended as a boy, reading Sa'di and the Quran were central pillars of the core curriculum. A constant theme of his influential writings on Iran's encounter with modernity was the need for Iranians to become better custodians of their rich cultural heritage. Familiarity with the West, and with the likes of Shakespeare, he thought was important. But at every turn, he also insisted on the need to recognize the unmatched richness of Iran's own enduring heritage. In other words, the two interlinked ingredients of his proposed modernity were a critical immersion in Iran's rich tradition and the willingness to learn and

adopt all that is useable and salutary in the Western experience of modernity. Shadman spent some seventeen years of his life in exile, but never ceased to be curious about these two interlinked aspects of his cultural identity. Nor did he ever forget his identity as an Iranian patriot, and the mission he had set for himself to promote progress and modernity for his country.

Hazin also spent much of his life in exile, having caused the ire of Nader Shah (r. 1735–47); he left Iran, fearing the shah's ferocious wrath. He wrote both travelogs and scholarly tracts. He was also known for his beautiful discursive style of penmanship. Shadman, too, as these journals clearly show, was despite his always eventful and often joyful life, also given to occasional bouts of melancholy. His writing is meticulous and beautiful in its style. For all his journals, he has used the same size and kind of notebook, even apparently the same fountain pen. Like Hazin, Shadman, too, was something of a polymath—with elected affinities with everything from Islamic theology and history to the traditions of Persian poetry and prose, Shakespeare and Sa^c^di, modern history of Iran, and the troubled contours of Iran's relations with the British.

In one sense, the core of his writings was Iran's problematic encounter with the West and with modernity. The kernel of Al-e Ahmad's influential, albeit superficial, narrative on what he termed "Westophilia" was at least partially first formulated by Shadman in two scholarly collections of essays. In a brief footnote to his text, Al-e Ahmad confirms his debt to Shadman. While Shadman's narrative is nuanced in tone and textured with erudition, Al-e Ahmad is bombastic in tone and

superficial in content. Even Shadman's approach to the illness that took his life at a young age was influenced by his immersion in Iranian tradition and his willingness to use the best of what the modern world had to offer. When he developed cancer, and before going to London in search of a cure, he confessed to a member of his family that despite consoling prognosis by physicians and family, he had, after reading Avicenna, the great Persian sage and physician, concluded that he has an incurable case of cancer.[10]

Like Hazin, Shadman was also ecumenical in the friends he chose. Even when he is still a young cleric, as he is in the early months of this journal, his friends come from not only the whole spectrum of Iranian politics but a wide array of American and British men and women. In later years, he was in contact with the luminaries of Iranian studies around the world, regardless of their faith, nation, or gender. In the months covered by this volume, he is in near constant contact and collaboration with the leftist poet and editor Farrokhi; he regularly consults with the more moderate Mosaddeq (1882–1967), including on the question of whether he should leave Iran for England (p. 98). He meets and consults with ʿAli-Asghar Hekmat (1892–1980), one of the leading cultural lights of the Reza Shah period who played a critical role in the decision to build Tehran University, where many years later Shadman would become a professor (p. 88). More than once he meets with ʿAbd-ol-Hoseyn Sardari who in later years serves in Iran's embassy in Paris and helps save hundreds of Jewish lives, becoming known as Iran's Schindler. He occasionally meets with

---

[10] Hassan Milani, interview with the author, June 5, 2022.

Morgan Shuster and a British diplomat, and he regularly visits and tutors the wives of two of Shuster's deputies.

About the nature of these friendships, his narrative is usually refreshingly honest but occasionally discretely revelatory. He is always bereft of the false pieties that later become the common currency of intellectual discourse. He candidly reveals that he, and his intellectual friends, some like him clerics, spent the whole night of Ashura laughing, and playing cards. The night and day of the tenth of Moharram is when self-flagellation and weeping for the martyrdom of Shiism's third Imam reaches a crescendo in cities. On the day before Ashura, he writes again that "all day we stayed home and did nothing but joke and laugh, away from the city and its preoccupation" (p. 143). More than once, he reminds us that in the month of Ramadan, when fasting was in those days—as it is today in Iran—all but mandatory, he never fasted, but lest he break his devout parents' hearts, he ate the ritualistic early morning and evening meals with them, pretending that he was fasting (p. 115). He proudly refers to the fact that he had a gramophone at home and freely listened to music. While he praises his father for his endless humanity and tolerance, he has critical words to say about the clergy in general. "The masses are without a clue" he says, and the "clergy are only after their own benefit" (p. 93). At the same time, there is never any doubt in the entire journal that he was and remained a man of deep and unshakable faith.

If these entries are exemplary for their unabashed honesty— particularly for someone who was still in a clerical garb— repeated references to his meetings with Mrs. Rapier, the wife of

Arthur C. Millspaugh's (1883–1955) deputy, are exemplary of his discrete revelatory honesty. He writes of her "beauty and coquettish" look, her interest and good taste in "literature and poetry," and of her "kind welcome;" he waxes poetic about sitting with her "in the garden, in front of a stream, under lush green trees. (pp. 4–5) The next day, he ends up talking with her for almost two hours, "it was mostly about emotional issues and such. Those were the best time of the day" (p. 5). Lest we assume anything more, or less, than a chaste Platonic relationship, he adds that "there is no doubt about her chastity" (p. 4). More than once, he lets us know that these meetings were the highlight of his day, and we learn a fascinating detail: before going to these meetings, he invariably goes to the public bath, revealing albeit inadvertently, the emotional significance of these meetings for him. Every text, as Roland Barth has told us, is biographical, and every text, as Freud reminds us, has an unconscious that is, at least, as revealing, and noteworthy as the intent and purpose of the author.

Shadman is equally honest about the daily lives of his group of friends. In one trip to the outskirts of Tehran, he writes of his friends gambling the night away (p. 56). He later admits that he himself had gambled in the past, and one day he decided to stop gambling altogether (p. 61). It was, incidentally, a day he had won some money. He recounts another meeting with a larger group of teachers "most of them gambled. This decadence has destroyed Tehran" (p. 93).

A constant, even dominant theme in the entries of this period is the critical role male friendships played in his life (and the

lives of his other friends). Though he writes approvingly of a book he had read about the need to recognize and respect women's rights, Iranian women all but play no role in this volume's narrative, except as mothers or sisters. He writes of a concert by Qamar—the first woman vocalist who shed her hijab and sang in public. Shadman joyously attends the concert that is an early harbinger of more important changes in women's lives in the next decade of Iran's history.

Of his male friends, no one is closer to him in this period than Hasan 'Alavi—a colleague, a comrade, and a constant interlocutor, from a family with a long history of association with the Iranian leftist movement. Indeed, amongst his friends, 'Alavi occupied a singular place. After his unexpected death, Shadman becomes desolate and the remaining entries of the journal for the year are, as he himself admits, listless and brief. He ends the first volume as he began his journal by writing that "hesitation, melancholy, and despair have set upon" him, a melancholy that seemed at least partially rooted in the loss of a dear friend (p. 197).

On one of these trips, as he and his friends are camping in a house in the outskirts of Tehran, distraught as he is with some of his friends' frivolous activities, he goes to sleep early. He has a nightmare, which he describes in some detail. He writes that he saw "a thief standing in front of me ... for five minutes, I could not utter a word. Then I screamed and woke everybody, asking them for help" (p. 56). The story is interesting on two levels. His honesty about his own mental state is noteworthy. But the story is fascinating in that it resembles a popular family lore about him during his days as a minister of justice in

Iran. He and his wife Farangis were asleep in their beautiful home in a tree-lined street near Tehran University. Farangis hears the rustle of footsteps downstairs. She wakes him up and whispers that she thinks there is a thief in the house. He gets up, walks to the ramp of the upstairs hall, and observes a thief busy packing up valuables. Like the youthful nightmare he recounts, the site renders him catatonic for a minute or two, and then, when he finally conjures the courage to speak, he says, "Sir, you are a thief."

Shadman is equally honest when he describes his meetings with a member of the British embassy. He identifies him only as Mr. Jebb. It is clearly a reference to Herbert Miles Gladwyn Jebb (1900–96) who later becomes 1st Baron Gladwyn and goes on to important jobs in the British diplomatic corps (including a brief tenure as Acting Secretary General of the UN at its creation in 1945). In meeting the future Baron, Shadman describes him as a "tall and well-built man who all in all exhibits the behavior of a British nobleman." But Shadman wants Jebb to know that he does not approve of British politics in Iran but is willing to undertake the task of tutoring him because of his interest in English literature and culture. He writes, "all my discussions with [him] are about literature and the like. The first day I met him I told him that unlike other Iranians, I don't want to have a political relationship with the British, but I want to learn about their culture by spending time with him" (p. 16). This was no empty boast, or self-justifying aside. Shadman lets us know that a few months later, he writes an article in the daily paper, *Iran*, explaining the hypocrisy of the British who tell Iranian officials that

BP—the name of the company with monopoly rights to develop and sell Iran's oil and later renamed AIOC for Anglo-Iranian Oil Company—means Persian Benzine, but in the London papers they give the name of the company as British Petrol (p. 167).

No less revealing of his choice of friends—and his political persuasion—is his reference to Hassan Taqizadeh in the first entry of his journal. Taqizadeh remained Shadman's close friend for the rest of his life and figures prominently throughout the rest of the journals. He was also one of the most acclaimed advocates of modernity and secularism in modern Iran. He is reviled by the Procrustean proponents of the Russian concept of an intellectual for working with the Pahlavi regime; he is derided by the clergy for his secularism, and by many moderates for his alleged membership in Freemasonry—the bane of modern politics in Iran and imagined by many Iranians to be the brain-trust for a British conspiracy to control the world. Some reduce Taqizadeh's long and productive life to a sentence he wrote early in his career about the need for Iranians to become, in their blood and bone, Westerners. But Taqizadeh was a champion of an independent, modern, secular Iran, and his importance to Shadman's life, and his intellectual contributions to the project of Iran's modernity is hard to match, and impossible to miss.

In the same opening paragraph, Shadman refers to his other companions of the day, amongst them 'Aref (1882–1934), a poet, composer, and fierce advocate of a democratic Iran. He does not hide the fact that at night he, and his friends, went to Loghanteh (a bastardized rendering of the Italian word *locanda* meaning guesthouse)—the new establishment that became the quintessence of

the new culture of urban life, and the intellectuals' passion for café living. Lest we think that this day, full of activity, was only full of joy, he ends the first entry with these words, "this is the first segment of life full of melancholy (p. 1). In short, in the first few lines, with a parsimony and precision that is simply remarkable for the kind of writing common in a daily journal, he offers a portrait of himself as a young man and a cleric, and a future writer and statesman. Here then is a young cleric who lives more the life of what Walter Benjamin famously called the modern flaneur—those curious, often erudite, always critically observant, tireless wonderers of the turbulent urban landscape. The melancholy he refers to is as much ontological and related to the angst associated with the life of an intellectual as is rooted the contingent nature of life itself. As Shadman quotes Hazin, he sees "no permanence in life." For Shadman, one way to transcend this transience is by registering the "daily events" of his life.

As an intellectual, whose vocation and avocation is, in the words of Adorno, the realm of ideas and books, Shadman introduces us to the remarkable array of books he was reading or translating in the few months covered in this volume. Sometimes, he reads so much that "toward the end of the evening" he develops a severe headache (p. 29). He is in constant search for new books, not just in the capital's very few bookstores, but also by rummaging through junk shops (*semsari*) (p. 75). In one entry, he reports "purchasing 125 English books" in one such shop (p. 169). In a moment reminiscent of Virginia Woolf and her emphasis on a woman's need to have a room of her own, he celebrates the day when he finally "had a humble room of my own" to study and

collect his "books and papers." This might seem insignificant, he writes, but for him, as for most intellectuals, "it is a way to find intellectual solace." His readings included Dickens in English (p. 18), Hugo's *Les Misérables* in Arabic (p. 38), Molière in French (p. 35), an English book on the life of the Bahá'ís of Iran (p. 44) and *Le Petit Chose* by Alphonse Daudet (p. 55). He began translating *The Adventures of Hajji Baba* and parts of Tolstoy's *Anna Karenina* which he published in the *Tufan Literary Supplement*. He reports assiduously on the plays he sees in Tehran. He has an avid interest in theater. He occasionally offers critical comments on the plays he has seen. He belongs to a theatrical tradition, maybe rooted in his affiliation with the poet Farrokhi, that sees plays not as entertainment or even means for catharsis—as Aristotle had argued—but as tools of pedagogy and praxis. Shadman's views prefigure later theories of Berthold Bretch and his Epic theater movement. Shadman wants plays that "educate" the masses and help them shed their own "frivolities" (p. 88). He chastises the "lower strata" for some of their rude and rowdy behavior in theaters-whether watching a play or film. He reports that in one of the first film screenings in the capital, "the audience, mostly from the lower classes, jeered and laughed, and behaved in an unpleasant manner" (p. 2).

In all Shadmam wrote in this volume, indeed in his life, he seems to have followed a patriotic pragmatic ethos. If in later years, a dominant theme of the intellectual discourse in Iran—influenced by the increasing presence of the Russian form of Marxism—was dogmatic internationalism, and the reification of the Soviet Union and its version of Marxism as the absolute authority, Shadman

was, like many of his intellectual friends in this period, persistently pragmatic. This too fits neatly with his modernity. As Richard Rorty has brilliantly argued, pragmatism, as a quintessentially modern paradigm, is a "protest against the idea that human beings must humble themselves before something non-human," in short "pragmatism as anti-authoritarianism."[11]

Shadman's approach to Reza Shah's newly established regime captures the flavor of his pragmatic patriotism—and contrasts sharply with the ideological approach that would later become dominant amongst "progressive" intellectuals in the post-war period. He criticizes what he finds objectionable in the status quo, but also praises what he thinks is worthy of celebration. For example, he laments the fact that the ministry of culture has closed the art school established by Kamal-ol-Molk, a leading figure of a new tradition of Iranian painting modeled on Western classical tradition. Shadman reports, with bitter words, that they forced the old master into unwanted early retirement. He visits the painter and writes of weeping upon hearing the painter's plight, and then confides in his journal, "this is mendacity in its worst form" (p. 138). He repeatedly criticizes the new shah for the extravaganza of his coronation, and reports, with bitter words, of the effort to "start a fascist party in Iran modeled on Italy" (p. 148). He writes disapprovingly of the effort to change men's sartorial style—and the order that required everyone to wear a certain new kind of hat (the so-called Pahlavi hat, see fig. 1, frontispiece). He was, he writes, against it because "it is forced" on people, and "sorrow and hatred was evident on the

---

[11] R. Rorty, *Pragmatism as Anti-Authoritarianism* (Cambridge, Mass., 2021), 1.

face of employees" (p. 151). He tries to convince the officials to change the policy but when he fails, he decides the patriotic benefit of working in the new ministry outweighs a purist rejection of all the status quo because of a legitimate grievance against some of its policies.

Indeed, his pragmatism was evident when he gave up his teaching profession to join the newly established ministry of Justice, led by ʿAli-Akbar Davar—the true architect of Iran's modern, secular judiciary. He had earlier heaped scorn on Davar, even alleging that "foreigners had brought him to power" (p. 110). But then in consultation with his comrade, Farrokhi, he decides to join the ministry (p. 128). Pragmatism is an enemy of shibboleths and for a future generation of Iranian intellectuals, working with the Pahlavi regime was tantamount to forfeiting their "intellectual" credentials. But Shadman, like many of his generation, was more pragmatic. Indeed, it is the more radical Farrokhi who convinces Shadman that he must overcome his reservations about Davar and join the new ministry of Justice—where he eventually became a judge and a minister—and helped with the development of a new set of secular laws and courts to replace the sharia courts.

His approach to Reza Shah follows the same pattern. More than once (e.g., pp. 8, 10, 126) he criticizes him for things like the extravaganza of his coronation celebration, and his preoccupation with the building of a new palace for himself, or the tendency to appoint corrupt officials and sideline those who were even "nominally advocates of freedom" (p. 102). Yet a few pages later, he praises the "military situation" already created by Reza Shah as

an important step forward for the country (p. 48). He writes approvingly of the Reza Shah's unannounced visit to government offices to inspect who was there and who was derelict.

Even when Shadman is active in the effort to organize a teachers' union, he is always pragmatic, never bombastic. He is clearly one of the activists in the teachers' effort to get better working conditions and demand timely payment of their meager salaries—some had not been paid for several months. He writes of his effort to create a teacher's "united front of all teachers." More than once, he negotiates with the authorities on behalf of the teachers. Indeed, the first article he published in *Tufan* is about the plight of the teachers and is tellingly tiled, "better than Angels" (p. 28). All his life, teaching was for Shadman nothing short of a sacred duty. He was a dedicated teacher and an indomitably honest judge, a man of letters and of politics. He was a memoirist, essayist, and novelist. Indeed, he begins his first novel soon after he commences his daily journals (p. 58). The journals sometimes have the feel of draft notes for a novel. At the same time, they are chronicles of the life of a segment of Iran's intellectuals and politicians of every political persuasion. As any detailed chronicle of daily life, there is some repetition in the narrative.

As editors, we had to make a choice about these occasional repetitious details. The most common repetition is something like, I read, ate dinner, and slept. The temptation of brevity, and even maybe of a niftier narrative pushed us in the direction of eliminating these lines. But such excision would not only have undermined the integrity of the text but would have

rightly made us open to the valid questions of readers who might wonder whether we have cut any other "unnecessary" parts. Moreover, we would have acted contrary to the obvious wishes of the author. Would we have dared cut the refrain in a poem? We decided to take no such liberties. Our explicit contract with the reader is that our text is an exact replica of the original, with no omissions or additions.

In sharp contrast to the constancy of these details, change, in every facet of life, is another constant theme of this volume. A most telling indicator of this change—and of the gradual but inevitable march of Reza Shah's effort to secularize Iranian society and rid it of vestiges of Arab and religious influence—can be seen in the apparently insignificant way Shadman dates every entry. There were two calendars used at the time in Iran, both called *Hijri* because they both began on 16 July 622, the date when Islam's prophet, Mohammad migrated from his birthplace of Mecca to Medina, where he established an Islamic state. But one *Hijri* calendar was lunar, with names of months in Arabic, and the other is solar, with Persian names all derived from the pre-Islamic era. Reza Shah spearheaded a drive to use the solar calendar. Since then, the use of such a calendar has been one of the common tropes of Iranian nationalism. Shadman begins his journals with first writing the lunar/Arabic names, followed by the solar/Persian ones. After a while, the Persian names precede the Arabic names and by the end of the journal, he only uses the Persian names. As Haydan White has reminded us, even something as apparently benign as how we identify a day in our life and which calendar, we pick—and the invariable historical narrative that undergirds it—

bespeaks of our preferences. Shadman, as a young cleric, privileged the lunar calendar and its Arab names, and as he gradually morphed into a secular intellectual, he discretely and gradually changed to a solar calendar and Persian names.

If Shadman's choice of a Hazin poem tells us much about his own sense of the self, the way he ends his first volume is also eerily similar to the last words of Hazin's life. The poet ended his memoirs with one of his own poems, "Arise, Hazin from this lower world, arise! / From this moldering dung hill, arise, like Christ, arise / Thou art solitary in the midst of this strange assembly / Arise from among them, arise." Shadman ends the first volume by admitting that my "depressed spirit has made it impossible for me to fulfil my mission" to "never miss a moment to help my own and my country's growth and development" (p. 197). But like Hazin, he too wants to rise again, and emboldens himself by suggesting that he "must start a new life" and conjure a "force inside him" to have this rebirth (p. 197). The next volumes of his journals are a welcome indication of his success.

***

Shadman was barely at the age of twenty when he started his diaries in spring 1926. This volume, the first of the twelve surviving notebooks containing his diaries, covers thirty months of the life spent between 15 April 1926 and 12 October 1928. For much of these thirty months, Shadman, then still a cleric, served as a full-time instructor teaching Persian, Arabic, English, French, and History of Islam at various schools in Tehran. One

photograph from this period, most likely taken at one of the schools he taught at, shows a slender and youthful Shadman wearing a wide-sleeved gown (*jobbeh*) and a black muslin turban (*'emameh*), a sign of his *sayyed* lineage, standing among a small group of young coworkers (see fig. 2, below).

The primary institution Shadman attended as a young teacher was Adab. Founded in April-May 1899, Adab functioned as a private institution for schoolboys from *sayyed* families who, like Shadman's paternal family, claimed descent from the Prophet Mohammad. The school's founders were two *sayyed*s, the well-known historian, poet, and religious scholar Yahya Dowlatabadi (d. 1939) and Shokr-Allah Tafreshi, better known as Motarjem-ol-Saltaneh, a minor poet and scribe at the Qajar (r. 1796–1925) court during the years immediately preceding the Constitutional Revolution of 1906.[12] In addition to Adab, Shadman taught at three other schools: the Sarvat High School, the Normal School of Tehran (*Dar-ol-mo'allemin*), and the 'Elmiyeh School. This last institution ranked among the country's oldest modern schools, founded on 30 April 1898 by Ehtesham-ol-Saltaneh (d. 1936), another Qajar prince.[13] The 'Elmiyeh School's main building was concentrated on one of the royal residential complexes originally set up under the Qajar Shah Mohammad (r.

---

[12] Y. Dowlatabadi, *Hayat-e Yahya*, 4 vols. (Tehran, 1982), 1: 255; T. Haj-Bagherian, "Negahi be tarikhcheh-e madreseh-e Adab," *Ayineh Pazhuhesh* 32,2 (June-July 2021): 261–78, at 264.

[13] *Salnameh Dabirestan-e 'Elmiyeh* (Tehran, 1936), 9. Later, Ehtesham-ol-Saltaneh (Mahmud 'Ala Mir) served as Iran's ambassador to Berlin (1901–5) and, in 1907, as the speaker of the parliament (*Majles*) under the constitutionalist regime. For more on him, see M. Amanat, "Ehtešam al-saltana," *Encyclopaedia Iranica*, https://www.iranicaonline.org/articles/ehtesam-al-saltana-1 (accessed 14 July 2022).

1834–48). During the years leading up to Shadman's employment there as a part-time teacher, the institution's academic staff included prominent scholars and educators such as Ahmad Nasir-ol-Dowleh (d. 1930), ʿAbd al-ʿAzim Qarib (1879–1965), and ʿAli-Asghar Hekmat.[14] During his short tenure as a high school teacher in Tehran, Shadman had become close to the famous author, translator, and diplomat Aboʾl-Hasan Forughi (1891–1959), whose older brother Mohammad-ʿAli (1877–1942) served three terms as Iran's prime minister. Aboʾl-Hasan Forughi, who at the time held office as the principal of the Normal School of Tehran, oversaw and mentored Shadman's teaching at the *Dar-ol-moʿallemin*.

One prominent figure whose name occurs on almost every page of this opening volume of the Shadman diaries is Mohammad Farrokhi Yazdi (1889–1939), a socialist poet and the founder, in 1921, of the newspaper *Tufan*. Shadman had become friends with Farrokhi since the early weeks of 1926. Published two to three times per week, the newspaper *Tufan* stands out as the longest-lasting leftist serial publication in twentieth-century Iran. The newspaper's final issue came out on the last day of April 1928.[15] Shadman's friendship with Farrokhi proved eventful. Banking on Farrokhi's reputation and influence, he started frequenting private meetings and public

---

[14] P. Sayyar, *Yadgar-e ʿomr: Goft-o-gu-ye Piruz Sayyar ba Ahmad Aram* (Tehran, 2020), 57–60. During the years Shadman taught at ʿElmiyeh, Aram was a student there.

[15] M. Sadr Hashemi, *Tarikh-e jarayed va majallat-e Iran*, 4 vols. (Tehran, 1948), 3: 168–84. For a laconic entry on Farrokhi's life and works, see A. Karimi-Hakkak, "Farrokhi Yazdi," *Encyclopaedia Iranica*, https://www.iranicaonline.org/articles/farroki-yazdi (accessed 18 August 2022).

gatherings organized in Tehran by various leftist activists and their sympathizers. The Qajar prince Soleyman Eskandari (1875–1944), whose works included a partial translation into Persian of Karl Marx's *Das Kapital*, was a constant presence in these meetings and gatherings, where he delivered lengthy lectures on Marx and Marxian ideology. Shadman also attended occasional meetings held at the future prime minister Mohammad Mosaddeq's house, then a young cabinet member in charge of the Ministry of Finance under Prime Minister Ahmad Qavam (1873–1955).

As his employer, Farrokhi had hired Shadman primarily as a part-time contributor to the *Tufan* newspaper, placing him in charge of translating into Persian feature and running stories originally transmitted by international news agencies and wire services such as the Press Association of Great Britain, Reuters of London, and the Paris-based Agence France-Presse (AFP). Their collaboration soon grew into something of a true partnership that saw Shadman serving, for about a year, as editor-in-chief of the *Tufan Literary Supplement*, a weekly magazine dedicated to showcasing Persian literature and the works of contemporary poets and prose writers. In addition to translations from world literature and excerpts from the classical works of Persian prose and poetry, the *Tufan Literary Supplement* under Shadman's leadership served as a venue for literary talent identification and development. In close collaboration with Farrokhi, Shadman had launched monthly poetry and prose competitions for high school students and young, aspiring writers during which participants' contributions were read and judged by a committee composed of

some of the most accomplished, progressive poets, writers, and scholars of the time, including Mohammad-Taqi Bahar (1886–1951), Dehkhoda, Qarib, and Yusef E'tesami, also known as E'tesam-ol-Molk.

In volume 1 of the Shadman diaries, Farrokhi emerges as a moody, quarrelsome character, a radical poet and socialist leader with a Zorba-like joy of living mentality who at the same time suffered from addiction to gambling and its consequences. On several occasions, Shadman records, he and Farrokhi had stormy arguments and altercations over the slightest editorial matters. Then, there followed relatively long periods of embittered silence and estrangement between the two sides lasting from a week or two to a couple of months. Regardless of his fits of temper and all their differences, Farrokhi had a constructive influence on Shadman as a journalist. On at least one occasion, he played a crucial part in Shadman's life. This came about on a beautiful spring day, 1 May 1927 (10 Ordibehesht 1306), when Farrokhi leveraged his influence with the newly appointed the Switzerland-educated Davar, a like-minded socialist and the founder of the Radical Party of Iran, who laid the foundations of the country's modern judicial system, to secure an employment opportunity for Shadman in the Ministry of Justice. Davar agreed to interview Shadman for the job, and this was done in the presence of Farrokhi. Within a few days, the young cleric was appointed as the head of Tehran's Civil Court 3 (*tribunal d'instance*). About sixteenth months later, Shadman got a promotion and, starting on 2 October 1928 (10 Mehr 1307), served as a minor clerk at the Business Court (*tribunal de commerce*).

Fig. 2. Shadman, standing in the middle, with a group of young teachers.

In November 1927, he passed his final exams at the Tehran Law and Political Science School and graduated as a lawyer. At the time, almost six months had passed since the start of his employment as a clerk at the Ministry of Justice.

In his role as the editor-in-chief of the *Tufan Literary Supplement*, Shadman, still wearing a clerical robe and black turban, used to frequent various cultural events, including, on at least one occasion, a *bis* (бис) dance and music party, held at the

Embassy of the USSR in Tehran (p. 158). In addition, Shadman once refers to a one-on-one meeting with the Soviet business attaché in Tehran, a certain Mr. Kambaroff, but keeps the reader in the dark about the nature of their encounter (p. 146).

Shadman's involvement in leftist activism in 1926–7 led him to play an active role in the May 1926 Tehran teachers' strike, a pivotal inspiration for radical intellectuals such as Farrokhi and Shadman's other close friends. Shadman and other leaders of the strike, whose grievances centered around recovering unpaid wages, seem to have been inspired by the general strike that hit Britain in May 1926. Under the entry for 18 Ordibehesht 1305 (9 May 1926), Shadman makes a passing reference to the onset of the strikes in England, expressing hope that the success of the British workers could help to improve the living conditions of their counterparts in Iran. As the 1920s came to an end, Iran was about to become a failed state. The central government's lack of resources on the one hand, and the chaos that engulfed its key financial institutions on the other, threatened the well-being of teachers and other government employees across the country. In response to growing teachers' protests in Tehran, Ahmad Nasir-ol-Dowleh, a highly respected educator who, between 1926–8, served as the minister of education, tried to take the initiative to find new resources to provide for the payment of teacher salaries. As the first step, he put together a series of *ad hoc* measures involving temporary expedients and buying time. On one occasion, the newly appointed minister of education passed a decree allowing the use of the tax money collected from hundreds of brick mills active in Tehran and its suburbs to provide enough

cash for the payment of the due and unpaid wages of elementary and high school teachers in the capital.[16]

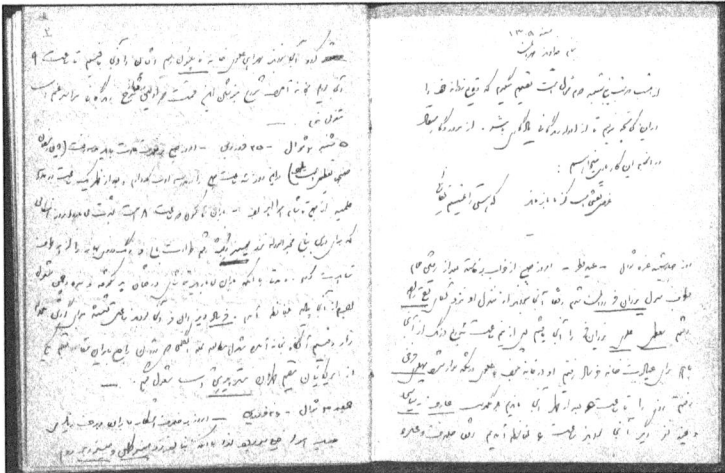

Fig. 3. The opening pages of volume 1 of Shadman's diaries.

The year 1926 witnessed a long parade of coups, populist uprisings, civil wars, and forced changes of governments throughout the world. For much of the early part of the 1920s, Iran was in the throes of the interregnum period between the downfall of the Qajar dynasty and Reza Khan's rise to power as the shah and founder of a new dynasty. In his diaries, Shadman makes occasional references to Reza Shah and his coronation, which took place in Tehran on Sunday, 25 April 1926 (4 Ordibehesht 1305). Shadman's description of Reza Shah's coronation has an oppositional tone. For instance, he accused the new ruler of Iran of wasting a hefty sum of the country's cash reserves on a set of

---

[16] Sayyar, *Yadgar-e 'omr*, 55.

harebrained, costly festivities in Tehran amid the long-drawn economic crisis that had plummeted the country into debt and recession during the opening years of the new century as Qajar rule entered its terminal phase. Despite what Shadman described as the reluctance of ordinary people in Tehran to celebrate Reza Shah's coronation, the police had forced all shopkeepers around the city to decorate their shops and stalls. They had been instructed as well to get organized in endless lines along the main streets in central Tehran to cheer the royal procession as it made its way to the Golestan Palace. Shadman's eyewitness account of Reza Shah's coronation contains photographically vivid details. The young, left-leaning cleric gives a lively description of the shah's dress and appearance, wherein the newly crowned ruler of the country is depicted as "a black-faced monster ... with an ill-fitting crown and scepter." As an underpaid teacher dismayed by the financial inequities of the post-Qajar economy, Shadman believed that all the money wasted for the celebration of Reza Shah's coronation should have instead been funneled into the Ministry of Education to pay at least a portion of the unpaid salaries of unfortunate teachers across the country.

The unexpected death of Hasan 'Alavi, Shadman's closest friend, puts a sad finish to this opening volume of his diaries. A young, newly married teacher, Hasan 'Alavi came from a well-known family of merchants, moneylenders, and Shiite clerics. On the maternal line, he descended from Sayyed Mohammad Sarraf, a constitutionalist revolutionary and member of the parliament (*Majles*) immediately after the Constitutional Revolution of 1906. 'Alavi's maternal uncle, Bozorg 'Alavi (d. 1996), was a novelist

and writer and one of the founding members of the communist Tudeh Party of Iran. During the last year of his short life, Hasan 'Alavi played an active role in organizing a series of teacher strikes and school closures in Tehran. Late in September 1927 (early Mehr 1306), he traveled to Qazvin apparently to meet a group of local teacher activists but got sick within a few days of his arrival and died there on 23–24 September 1927 (13–14 Mehr 1306). 'Alavi's sudden death made a profound impression on Shadman: he succumbed to a depression that lasted well into the opening months of the next year. Melancholy and mourning during the months that ensued following 'Alavi's death seem to have led Shadman to keep many entries in his diaries terse and concise.

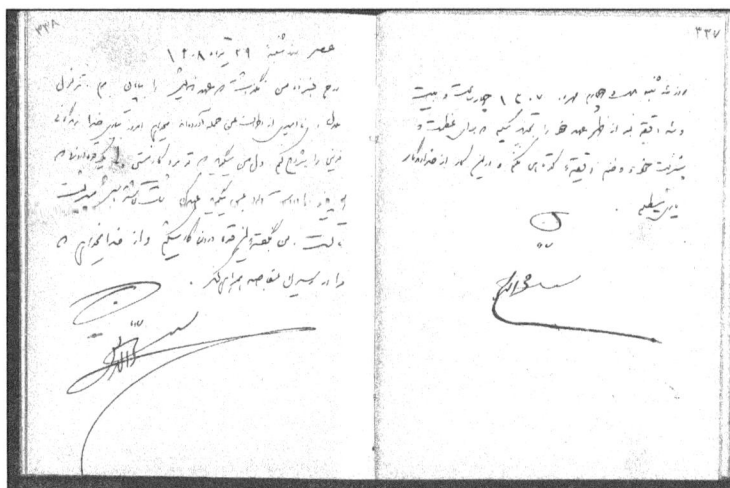

Fig. 4. The last two pages of volume 1 of Shadman's diaries.

For this edition, we have used the original text of the first volume of Shadman's diaries, now in the keep of the Stanford University Libraries. This comes in the form of a 200-folio,

hardcover plain journal notebook sized 6.6 x 5 in. The text of the diaries is in cursive and runs from page 1 to 338 (see figs. 3–4). We have kept the original spelling as much as possible and there is a minimum of emendations to punctuation. Throughout the text, footnotes (overall less than 20) are used to show editorial corrections. Additions are in-text, all inside angular brackets. In the footnotes, plus sign indicates repetitions in the text; minus sign marks missing words. One entry (22 Dey 1306/13 January 1928, at p. 189) is left blank by the author, and two other (7 Esfand 1305/27 February 1927, at p. 113 and 23 Mehr 1306/16 October 1927, at p. 175) contain ellipsis in the original text.

We have structured the layout of the Persian text and indexes from right to left. While the preface in English is paginated with Roman numerals (pp. ix–xl) from left to right, the text and index sections, in Persian, have consecutive pagination, indicated in Arabic numerals as part of the running head, with the text covering pages 1 to 197 and the general index pages 201 to 217.

روزنوشت‌های شادمان

جلد ۱

فروردین ۱۳۰۵ تا مهر ۱۳۰۷ خورشیدی

سید فخرالدین شادمان

سنهٔ ۱۳۰۵

بنام خداوند مهربان

از امشب که شب پنجشنبه دوّم شوّال است تصمیم می‌گیرم که وقایع روزانهٔ خود را در این کتابچه بنویسم تا از ادوار زندگانی یادگاری باشد. از پروردگار متعال در انجام این کار یاری می‌خواهم.

غرض نقشی است کز ما باز ماند

که هستی را نمی‌بینم بقایی

روز چهارشنبه غرّه شوّال - عید فطر - امروز صبح از خواب برخاسته بعد از رفتن حمام بطرف منزل یزدان‌فر روان شدم. رفقا آنجا نبودند. از منزل او نزد آقای تقی زاده رفتم. معظمی، علوی، < و > یزدان‌فر را آنجا یافتم. پس از نیم ساعت سه ربع درنگ، از آنجا با هم برای عیادت خانهٔ فرساد رفتیم. او در خانه نبود. با علوی درشگه سوار شده پهلوی فرّخی رفتم. روز را تا ساعت ۶ بعد از ظهر آنجا ماندیم. بد نگذشت. عارف، سیاسی، و چند نفر دیگر آنجا بودند. ساعت ۶ لغانطه آمدیم. رفقا خلاف وعده کرده آنجا نبودند. بهمراهی علوی خانهٔ ناپلئون رفتیم. ایشان را آنجا یافتیم. تا ساعت ۹ آنجا بودیم. بخانه آمده شروع بنوشتن این قسمت که اوّلین ورقه از شرح زندگانی سراسر غم است، مشغول شدم.

۵ شنبه ۲ شوّال - **۲۵** فروردین - امروز صبح بر خلاف عادت باید مدرسه رفت (چون رمضان صبحها تعطیل است). در این روز سه ساعت صبح را در مدرسهٔ ادب گذراندم و بعد از ظهر یک ساعت در مدرسهٔ علمیّه. از صبح تا شام هوا ابر بود. باران تا کنون که ساعت ۸ است بشدّت می‌بارد. امروز هنگامی که برای درس بباغ مخبرالدوله نزد میسیز رپیر رفتم، طراوت باغ و رنگ و روی بهار را از هر طرف مشاهدت کردم و مدتی با آنکه باران می‌بارید، بتماشای درختان پر شکوفه و سبزه و چمن مشغول < بودم >. لاجرم از آنجا پیاده بلغانطه آمدم. فرساد و یزدان‌فر آنجا بودند. ساعتی نشسته برای گردش بلاله‌زار رفتیم. آنگاه بخانه آمده مشغول مطالعهٔ

مجلّهٔ انگلیسی که در آن راجع به ایران مقاله‌ای بقلم یکی از امریکاییان مقیم طهران < بنام > مستر پیرسن است،[1] شدم.

جمعه ۳ شوّال - ۲۶ فروردین - امروز بر خلاف انتظار باران و برف زیادی بارید. هوا خیلی سرد بود. لذا با آنکه بنا بود نزد میسیز کلمن و میسیز رپیر بروم، بآنجا نرفته تا دو ساعت بعد از ظهر در خانه بمطالعهٔ کتاب میلسپو که راجع بایران است مشغول بودم. دو ساعت بعد از ظهر بخانهٔ معظمی رفتم و با یزدان‌فر منزل فرساد رفتیم. علوی آنجا بود. ساعتی چند بخوشی گذشت. هوا روشن گشت. بخواهش علوی برای گوش دادن کنفرانس بکانون ایران جوان آمدیم. آقای علوی اشتباه کرده بودند و کنفرانس روز چهارشنبه عید فطر بوده است. باری، برای گردش بلاله‌زار رفتیم. معظمی با یکی از دوستان اروپایی خود کار داشت. بمهمانخانهٔ فرانسه رفت و با آنکه گفته بود زود بر می‌گردم، مدّتی ما را منتظر گذاشت. عاقبت بمهمانخانهٔ فرانسه رفتیم. معظمی گفت مرا در لغانطه خواهید دید. یکسر بلغانطه آمدیم. دقیقه‌ای چند درنگ کرده پس از صرف پالوده عازم رفتن بخانه بودیم. یکی از رفقا که روزنامه می‌خواند چشمش باعلان لا گراند «سینما» افتاد. سری دوم فیلم معروف «لاست سیتی» (محل مفقوده) را در این شب نشان می‌دادند. همگی باستثنای معظمی مصمّم رفتن شدیم. الحق فیلم خوبی بود. حیوانات از قبیل میمون و شیر و پلنگ را در امکنهٔ مختلفه و حالات گوناگون مشاهده کردیم. پردهٔ مضحکی که نمایش می‌داد زیاد خنده نداشت ولی بینندگان که اغلب از درجات پست بودند، بدیدن آن صدا می‌کردند < و > خنده می‌نمودند و حرکاتی که چندان خوب نبود از خود آشکار ساختند. باری دو ساعت که باین طرز گذشت. آنگاه بخانه آمده بنوشتن وقایع روزانه مشغول شدم و اکنون عزم دارم راجع بکارهای فردای خود بکتب رجوع نمایم.

شنبه ۴ شوّال - ۲۷ فروردین - صبح زود از خواب برخاسته بمدرسهٔ ثروت رفتم. ظهر بخانه آمده پس از صرف نهار، بمدرسهٔ دارالمعلّمین رفتم. از آنجا بهمراهی علوی

---

۱. + مشغول

«لغانطه» آمدیم. پس از نیم ساعت ناصر و بعد از او معظمی آمدند. مدّتی در آنجا بودیم. از لغانطه برای گردش بیرون رفتیم. در این موقع گرفتگی و دلتنگی برای من رخ داد. سبب آن بدی اوضاع و شاید افراط و تفریطی است که در این مملکت بی‌صاحب حکمفرماست. از امروز برای تهیّهٔ مقدّمات تاجگذاری < شروع کرده‌اند > بخراب کردن خیابانهایی که < توسّط > متخصّصین امریکایی با پول هنگفت ساخته شده‌اند. باری، بقدری اوضاع مغشوش و فساد اخلاق < به اندازه‌ای > در این مملکت رسوخ یافته که انسان را از هر گونه ترقّی و تعالی ناامید می‌کند. از لاله‌زار بخانه آمده و پس از ترجمهٔ یک قسمت از تاریخ جنگ بین‌الملل خوابیدم. بر رویهم روز شنبه بر من چندان خوش نگذشت. روز شنبه اوّل روزی است که اطاق محقّری برای خویش ترتیب داده تا برای مطالعه و جمع آوری اوراق پریشان که با همهٔ پریشانی بایران می‌رسد،[1] جایی داشته باشم. این کار با آنکه خیلی بی‌اهمیّت بنظر می‌آید، در نظر من از کارهای تا اندازه‌ای مهم است زیرا راهی است برای آسایش فکر و بالینی برای پیشرفت.

یکشنبه ۵ شوّال - ۲۸ فروردین - امروز در مدرسهٔ ادب کار دارم. در این مدارس که شاگردان کار نمی‌کنند و وسائل تخصّصی هم فراهم نیست، جز کسالت چیزی برای انسان نخواهد بود. دیروز در آن مدرسه برای نتایج تحصیلات در آخر سال جلسه بود. خیلی بطول انجامید و نتیجه‌ای هم حاصل نشد. برای ساعت ۶ باید بلغانطه رویم تا بهمراهی علوی خدمت مرآت مشرّف شویم. چون تا ساعت ۷ در جلسه ماندیم دیر شد. با معظمی و یزدان‌فر آنجا رفتیم. مرآت نبود و فرساد را در آنجا دیدیم. پس از مدّتی جرّ و بحث با آقای یزدان‌فر و شاید کمی رنجش این رفیق بی‌تجربهٔ من، مجلس دو ربعهٔ آقای مرآت دگرگون شد و مذاکرات راجع بانتخابات شروع شد. و پس از ساعتی درنگ در آنجا، با همراهی رفقای پیشین و هورفر و نیک‌نفس طرف خانه آمدیم. در راه برای عیادت برادر یزدان‌فر بمریضخانهٔ نظامی رفتیم. حال بیمار رو

---

۱. در اصل: نمی‌رسد

ببهبودی بود. کمی پیشش نمانده که نظامی مستخدم یزدان‌فر گفت عیادت مریض در این موقع قدغن است. ما نیز با این حرف از اطاق بیرون آمده بخانه آمدیم. شب مدّتی بنوشتن و خواندن و سخن گفتن گذشت. پس از صرف شام خوابیدم. هوا خیلی سرد بود. بر رویهم در این روز خوش نگذشت.

دوشنبه ۶ شوّال - ۲۹ فروردین - امروز صبح از خواب برخاسته بمدرسهٔ دارالمعلّمین رفتم. پس از انجام کار، برای بردن پیغامی که علوی برای مرآت داشت، بوزارت معارف رفته آقای مرآت را ملاقات نمودم. یکساعت و نیم بعد از ظهر خانه آمده پس از صرف ناهار، دو مرتبه بهمان مدرسه رهسپار شدم. عصر پس از ختم درس، با آقای فرزان ناظم مدرسه بگردش بیرون آمدیم. او برای بازدید خانهٔ جدیدی که مشغول ساختن است ما را بدانجا برد و نیم ساعت در آنجا نشسته و مذاکرات ادبی می‌نمودیم. نزدیک غروب با او بلاله‌زار آمدیم که خیابان خیلی < پر > جمعیّت بود. این روزها مقدّمات تاجگذاری پهلوی را فراهم می‌کنند و از پول مردمی که شام شب ندارند متجاوز از صد هزار تومان باین کار اختصاص داده‌اند. در حین گردش بعلوی برخوردم. با او بلغانطه آمده پس از مدّتی نشستن، یزدان‌فر با یکنفر دیگر که اسمش را ندانستم آمدند. مدّتی نیز با آنها بودیم. پس از آن با هم بیرون آمده بطرف خانه روان شدیم. شب مدّتی بمطالعه و ترجمهٔ تاریخ جنگ بین‌الملل گذشت. دیروز بواسطهٔ گفتگویی با برادرم جلال گرفتگی شدیدی بمن ایجاد شد. باری، دیروز هم از ایّام خوش زندگانی محسوب نبود.

سه‌شنبه هفتم شوّال - ۳۰ فروردین - امروز صبح از خواب برخاسته بمدرسهٔ ادب رفتم. نزدیک ظهر بخانه آمده پس از صرف نهار و چای بمدرسهٔ علمیّه روان شدم. در آنجا یکساعت بیش درس ندادم. ساعت سه و نیم بباغ مخبرالدوله نزد میسیز رپیر رفتم. مدّتی با او همه گونه مذاکرات کردم. مستر رپ شوهر این خانم معاون میلسپو رئیس کلّ مالیّهٔ ایران است و شغل رسمی مستر رپ ریاست کلّ محاسبات است. این زن زیبا و نمکین است. در عفّت او هیچگونه تردیدی نیست. با کمال مهربانی از من

پذیرایی می‌نماید. بادبیّات و شعر ذوق زیادی دارد. بیشتر مذاکرات من با او در همین زمینه است. باری، در ایوان آن باغ در مقابل جوییار و درختان سبز و خرّم نشسته از اوضاع ایران و تاجگذاری صحبت بمیان آمد. آنگاه از بلشویکها سخن راندیم و به این وضع دو ساعت تمام شد. از آنجا پیاده بلاله‌زار و از آنجا بناصریّه برای رفتن منزل علوی آمدم. در منزل علوی چند نفر از رؤسای محل بودند که برای شب ۵ شنبه باید مردگان خود را بآنجا بیاورند. بیش از یک ساعت در این خانه مانده آنگاه بلغانطه آمدیم. پس از کمی درنگ، با واگون بمنزل آقای مرآت رفتیم و در آنجا زیاد نماندیم. با درشگه خانهٔ فدائی رفته عدّهٔ کثیری از سوسیالیست‌ها در آنجا بودند. آقا میرزا شهاب نمایندهٔ کرمان و شاهزاده سلیمان میرزا راجع بانتخابات نطق کردند. نطق سلیمان میرزا طول کشید. ساعت ده خاتمه یافته با علوی خانه آمدیم. کمی از کتاب میلسپو که راجع بایران است مطالعه کرده بخواب رفتم.

چهارشنبه ۸ شوّال - ۳۱ فروردین - امروز دو ساعت در مدرسهٔ ثروت کار دارم. آنجا رفته و پس از انجام کار از لاله‌زار برای دیدن مقدّمات تاجگذاری بطرف خانه آمدم. کمی از کتاب میلسپو را خوانده و پس از صرف نهار بدارالمعلّمین رفتم. علوی هم آن روز در آنجا درس دارد. چون کار ما در آنجا خاتمه یافت، برای خواندن کتاب ترجمهٔ تاریخ یمینی یک ساعت در آنجا مانده نزدیک غروب با درشگه بلاله‌زار رفتیم. نیک‌نفس را در راه دیدیم. با او بلغانطه آمدیم. یزدان‌فر و ناپلئون هم آمدند. مدّتی در آنجا نشسته بعد با علوی بخانهٔ او رفتیم. امشب در آنجا برای انتخابات جلسه‌ایست. بیش از یک ساعت نشسته مردم کم کم آمدند و قرب صد نفر جمعیّت فراهم گشت. علوی نطق کرد و فدائی هم بیانی نمود. من نیز شروع بسخن کردن نمودم و در باب لزوم گرفتن تعرفه و انتخاب وکیل خوب بیاناتی کرده و در آخر جلسه مرآت را پیشنهاد نمودم. بعد از سه ربع ساعت آقای مرآت تشریف آوردند و خود او نیز صحبتی کرد. من پس از او نطق مفصّلی کرده و او را در نزد جمعیّت معرّفی نمودم. این دفعه نطق من بیشتر تأثیر کرد چنانکه خود احساس می‌کردم مردم با کمال توجّه بسخنان من گوش می‌دادند. باری، مجلس خاتمه یافت و با مرآت در مهتاب از

کوچه‌ها و بازارها گذشته بمروی رسیدیم و من هم برای همراهی با او از ناصریّه بخانه رفتم. تا میدان سپه با هم بودیم و همه گونه مذاکرات کردیم. ۵ ساعت از شب گذشته بخانه رسیدم. همه جز مادرم خواب بودند. شام خورده بخواب رفتم.

پنج‌شنبه نهم شوّال - اول اردیبهشت - صبح زود از خواب برخاسته بمدرسهٔ ادب رفتم. سه ساعت در آنجا کار داشتم. نیم ساعت بظهر خانه آمده پس از صرف نهار و چای، بمدرسهٔ علمیّه روان شدم. در آنجا یک ساعت بیشتر درس ندارم. باری، سه ساعت بعد از ظهر برای باغ مخبرالدوله حرکت کردم. نیم ساعت بعد رسیدم. میسیز رپیر را ملاقات کردم. قریب دو ساعت صحبت کردیم. بیشتر این گفتگو راجع بمسائل احساساتی و غیره بود. آن زمان بهترین اوقات آن روز بود. باری، پس از ختم مذاکره نزد مرگان رفته یک ساعت هم با او بودم. چای خورده و صحبت راجع بمسائل مختلفه بمیان آمد. از او خداحافظ کرده پیاده بطرف لاله‌زار رهسپار شدم. در راه فرساد را دیدم. با او برای دیدن یزدان‌فر بلقانطه رفتیم. در آنجا نبود. بخانهٔ مرآت رفتم زیرا حدس می‌زدم آنجا باشند. ده دقیقه پیش از ما حرکت کرده بودند. باری، آن شب خیلی راه رفته خسته شدم و عاقبت یزدان‌فر و معظمی را نیافتم. بالاخره فرساد برای رفتن بسینما مرا وداع کرده من نیز بخانه آمدم. صفحه‌ای چند از کتاب میلسپو خواندم و بعد بخواب رفتم.

جمعه دهم شوّال - دوم اردیبهشت - امروز بنا بر معمول باید نزد خانمهای امریکایی بروم ولی چون میسیز کلمن مریض است، این کار بتعویق افتاد. لذا جلال برادر خود را بمنزل معظمی فرستادم تا ببینم رفقا امروز چه خواهند کرد. او نبود. بمنزل نیک‌نفس فرستادم. او پیغام داد که به سلیمانیه خواهیم رفت. من نیز بزودی مهیّای رفتن شدم ولی مطابق دعوتی که روز ۵ شنبه مستر جب در ساعت پنج و نیم در سفارتخانه کرده بود، مجبور بودم در ساعت معیّن آنجا روم. باری، با رفقا که عبارت بودند از یزدان‌فر، نیک‌نفس، و ناپلئون و شخص خوش اخلاق دنیا دیده‌ای که تازه آشنا بود موسوم بشیخی بسلیمانیه رفتیم. در راه بد نگذشت. نزدیک ظهر آنجا

رسیدیم. در راه عبای بی‌صاحبی دیدیم. بعد از تأمل زیاد آن را بر نداشته و برای پیدا کردن جا در صحرا می‌گشتیم. ناپلئون با همین شخص تازه آشنا برای تهیهٔ فرش و دیگ و سایر لوازم بقلعه رفته بودند. کمی بعد رسیدند. و یکنفر دهاتی فرش بزرگی بر روی خری گذاشته با آنها می‌آمد. صحرا سبز و خرّم بود. چون وثوق الدوله پس از چندین سال غیبت تازه سر املاک خود آمده بود، رعایا مشغول کار بودند. یکی بیل می‌زد، آن یک مشغول آبیاری بود. باری، آثار طراوت از همه جا هویدا بود. ناپلئون مشغول طبخ شد. یزدان‌فر و نیک‌نفس و من نیز برای خوردن ماست تازه بقلعه‌ای که نزدیک بود رفته در آنجا جز آثار فلاکت و فقر ندیدم. آن منظرهٔ غمناک اطاقهای محقّر و گلی < و > بچّه‌های بینوا و زنهای بیچاره هر ذی‌حیّ را متأثّر می‌ساخت. یکنفر مرد در قلعه نبود. همه برای تهیّهٔ نان ببیابانها رفته بودند. زنها بکارهای دهقانی مشغول بودند. زنی که ماست می‌فروخت با کمال ادب ما را باطاق کوچک خود دعوت کرد. این اطاق یک در بیش نداشت امّا آثار نظافت از آن مشهود بود. سماور و تفنگ و چند عدد فنجان اسباب این اطاق بود. قسمتی از آن را قالی و قسمت بزرگتری را گلیمی مفروش می‌کرد. در آنجا ماست را خورده بطرف مکان معهود که رفقا در آن بودند آمدیم. آب از آنجا می‌گذشت. درختها سایه افکنده و گوسفندان بچرا مشغول بودند. بیابان برای گردش بهترین جایی است که پروردگار آفریده است. در آنجا ناهار را که خوب ترتیب نیافته بود، خوردیم. گوشت تاس کباب هیچ نپخته بود امّا ماست تازه این نقص را جبران می‌کرد. نهار صرف نشده چای خودنمایی کرد. صدای سماور با صدای آب و ساز بدی که در آن حوالی می‌زدند هر سه بی‌لطف نبودند. در این موقع که ناهار بکلّی تمام شده بود، فرساد آمد و گفت که برادرم و سیّد اسماعیل خان در باغند. او را تعارف کردند که با ما نهار بخورد در صورتی که چیزی بر جا نبود. باری، چند فنجان چای و لقمه‌ای چند نان خورد. آنگاه گفت اگر مایل باشید بباغ رویم. بعضی زیاد تمایل نداشتند. بالاخره براه افتادیم. در راه همراهان فرساد را دیدیم که بطرف ما می‌آمدند. از بین راه با هم بهمان باغ برگشتند که مدّتی در آنجا گذشت. اوّل هوا بارانی بود. بعد بادهای سخت می‌وزید.

این باغ مصفّا و دارای تپه‌های گل قشنگ است. در آنجا نیز چای خورده طرف عصر باغ را برای آمدن وثوق الدوله خالی کردند و باغبان به بی‌ادبی تمام ما را بیرون کرد. از آنجا سر آسیاب رفتیم. عده‌ای می‌زدند و می‌خواندند و یکنفر هم با کمال وقاحت در وسط مردم چون شتر جست و خیز می‌کرد. سه ربع ساعتی که در آنجا بودیم. خوش گذشت. چهار ساعت بعد از ظهر رفقا را بدرود گفته تنها راه شهر در پیش گرفتم. در راه آشنایی جز چند نفر شاگرد مدرسه ندیدم. پس از سه ربع بشهر رسیدم. بدرشگه سوار شده اوّل خیابان علاءالدوله پایین آمدم. در لاله‌زار و علاءالدوله و میدان سپه جمعیّت زیادی جمع شده بود امّا روح تماشا و شادی در هیچ چهره‌ای نمودار نبود. خیلی دیدنی است که ملّتی از گرسنگی جان بدهد و صد هزار تومان صد هزار تومان برای چراغ و مهمانی خرج کنند. این اعمال عاقبت بدی برای مملکت ایران دارد، مگر مردم بفکر اصلاح بیفتند. باری، ساعت پنج و نیم نزد مستر جب رفتم. این جوان انگلیسی فرانسه خوب می‌داند. زیبا و خوش‌اندام است. قدّ رسایی دارد. از سیمای او آثار نجابت هویداست. مدّتی بود او را ندیده بودم. با او از همه گونه سخن بمیان آمد. پس از صرف چای و مدّتی مذاکره او را وداع کرده از عمارت خارج شدم. تا دم در سفارتخانه از من مشایعت کرد. از آنجا بلاله‌زار آمدم. جمعیّت خیلی زیاد بود. در اواخر لاله‌زار آشیخ آقا را دیدم. با او بتماشای طاقهای نصرت در خیابان دربار رفتیم و از آنجا بناصریّه و بالاخره[1] بمسجد شاه آمده بیش از یکساعت و نیم صحبت می‌کردم. بالاخره با او هم خداحافظی کرده بطرف خانه آمدم و این سطور را با کمال عجله نوشتم. امروز اگر چه زیاد خوب نبود و خوش نگذشت، امّا در ردیف روزهای بد زندگی هم نبود.

شنبه یازدهم شوّال - سوم اردیبهشت - صبح از خواب برخاسته پس از قدری مطالعهٔ کتاب میلسپو بمدرسهٔ ثروت رفتم. نیم ساعت بظهر از راه لاله‌زار بخانه آمده پس از صرف نهار و چای با شتاب بمنزل علوی رفتم. در منزل نبود و خلاف وعده نموده

---

۱. + در

بود. باری، در بین راه او را دیده با هم بدارالمعلّمین رفتیم. امروز بمناسبت تاجگذاری شاگردان همه حاضر نبودند. باری، پس از دو ساعت درس با درشگه بمنزل فدائی رفتیم. در آنجا اغلب مذاکرات سیاسی بود. سیّد هادی افجه‌ای نیز آمد. با او هم بیش از یکساعت صحبت کردیم. بالاخره او رفت و با < آن > که بنا بود بخانهٔ فرّخی برویم، فسخ عزیمت کرده بلاله‌زار و خیابانها رفتیم. مدّتی در ناصریّه < راه > رفتیم از آنجا بطرف وزارت مالیّه و از وزارت مالیّه بوزارت عدلیّه روان شدیم. این جشن بواسطهٔ باد و گرد و غبار شکوه و جلالی نداشت. این را بفال نیک نگرفتم از آنکه در مدّتی که پهلوی در سر کار بود هر جشن با آنکه اغلب در زمستان هم بود، هوا خوش می‌شد. حال که بهار است هوا با او مساعدت نکرده جشنی را که دویست هزار تومان خرج برداشته چنین بی‌مزه ساخته است. باری، در راه اعتصام الملک، سیّد ابراهیم ضیا، سعید العلما، < و > ملک‌زاده را ملاقات کردیم. سه ساعت از شب گذشته بخانه آمده پس از صرف شام مدتی کتاب میلسپو را خواندم.

یکشنبه دوازدهم شوّال - چهارم اردیبهشت - امروز شاید در مدّت زندگانی من از بعضی جهات نظیر نداشته باشد زیرا روز تاجگذاری پهلوی است. از چند روز پیش تمام خیابانها خصوصاً خیابانهایی که در سر راه واقعند از ورای سپه و میدان سپه و لاله‌زار تا دروازه دولت همه جا آیین بسته‌اند ولی تمام با پول دولت است از آنکه مردم پریشان که بهیچ وجه باین شخص تمایلی ندارند، بهیچ گونه درین جشن شرکت نجسته‌اند. اگر در بازارها و دکانها هم آیین بسته‌اند بجهت تذکار و حتّی اصرار کمیساریاها می‌باشد. باری، صبح پس از مطالعهٔ مقدار زیادی از کتاب میلسپو بخانهٔ علوی رفتم. در آنجا تا یکساعت بعد از ظهر مانده آنگاه باتّفاق او از خیابانهای پر جمعیّت گذشته بلقانطه آمدیم. یزدان‌فر و نیک‌نفس آنجا بودند. چندین ساعت در برابر میزی که حایل بود و نمی‌گذاشت خوب تماشا کنیم بانتظار پهلوی نشستیم. بزرگان و رجال < و > وکلا < و > اعیان همه آمدند. سفیر انگلیس با تشریفات مهم با سایر سفرا و وزرای مختار و قونسولها و مستشاران مالیّه که بلباس ایرانی ملبّس بودند گذشتند. علما و شاهزادگان قجر پیدا نبودند. اسکورت پهلوی که از تمام عشایر و ایلات مرکّب بودند نیز جلب

توجه ناظرین را نمود. نزدیک حرکت شاه تیر توپ شلیک شد و در موقع تاج گذاری ۲۱ تیر توپ شلیک کردند. منادیان و شاطرها و میرآخور < و > رئیس تشریفات و سایر اعضای مهم درباری هر یک بنوبهٔ خود از مقابل ناظرین گذشتند. اوضاع زمان استبداد ناصرالدین شاه را با خیلی تفاوت و از خیلی جهات یادآور می‌شد. آژانها را هم گفتند در موقع دیدار شاه دست زده اظهار شادمانی کنید. اسکورت با اینکه باید عقب باشد جلو رفت. منادیان و شاطرها آمدند پهلوی در کالسکهٔ سلطنتی. با تاج پهلوی و جبّهٔ مروارید که زده بهیچوجه بر او زیبا نبود، پدیدار شد. گرزی در دست داشت که حقیقتاً با چهرهٔ سیاه و هیکل قوی او که تاج و گرز بر بی‌تناسبی آن افزوده بود، وی را بدیو سیاه (نه سفید) مانند ساخته بود. از لغانطه بسراغ برادران رفتیم. سعیدالعلما و فدائی در آنجا بودند. ساعتی مانده با ایشان بمیدان سپه آمدیم. خداحافظی کرده با رفقا بلاله‌زار رفتیم و تا کمی از شب گذشته در خیابان علاءالدوله و لاله‌زار قدیم می‌زدیم تا آنگاه بوزارت معارف نزد کفیل رفتیم. یکربع شد آنجا مانده خواستیم بیاییم که جای دیگری پیدا شد. آنجا نیز رفته چای و شیرینی خوردیم. در این موقع ذکاءالملک فروغی رئیس‌الوزراء با برادرش مدیر دارالمعلّمین آمدند. پنج دقیقه بیشتر نمانده با هم برگشتند. راجع بپولهای مؤسسات جدیده که وزارت مالیّه ایراد کرده بفروغی یادآوری شد که رئیس‌الوزراء را از این مطلب آگاهی دهد. باری از بالای عمارت بحیاط آمدیم. هوا خیلی خوب بود و عکس فانوسهای رنگارنگ که در حوض مقابل نمایان بود منظرهٔ زیبایی را مجسّم می‌ساخت. پس از نشستن و قدری صحبت کردن و خندیدن بیرون آمدیم. در بین راه خواستیم بخانهٔ سردار اقدس (شیخ خزعل) برویم. نوکرانش راه نمی‌دادند. ناچار برگشته هر یک بخانهٔ خود رفتیم. امّا علوی از بین راه بمنزل فدائی رفت. چون زیاد خسته بودم، بدون مطالعهٔ زیاد خوابیدم.

دوشنبه ۱۳ شوّال - پنجم اردیبهشت - صبح زود از خواب بیدار شدم. پس از کمی مطالعه بحمام رفتم و بیش از یکساعت آنجا بودم. بیرون آمده خیابان رفتم. هیچ یک از رفقا را ندیدم ولی نزدیک ظهر فرساد را در لاله‌زار یافتم. با هم مدتی گردش می‌کردیم. بعد بخانه آمده کسی را بمنزل علوی فرستادم. او بود. پس از صرف نهار و

چای بمنزل علوی رفته با هم بخیابان و لغانطه آمدیم. کمی مانده براه افتادیم. دو مرتبه بلغانطه آمدیم. یزدان‌فر آنجا بود. یک کرمانی ناشناس که می‌گفت پسر ناظم التجّار کرمانی هستم، نیز با ما در راه همراهی می‌کرد. مدّتی در خیابانهای شهر گردش کرده آنگاه بوزارت معارف رفتیم. پس از کمی گردش بخانه آمده بمطالعهٔ کتاب میلسپو مشغول شدم.

سه‌شنبه چهاردهم شوّال - ۶ اردیبهشت - صبح زود از خواب برخاسته مطالعهٔ کتاب میلسپو مشغول شدم. آنگاه برای دیدن میسیز کلمن و میسیز رپیر بباغ مخبرالدوله رفتم. میسیز کلمن مریض بود. لذا نزد میسیز رپیر رفتم و یکساعت و نیم تمام بصحبت گذشت. از آنجا بمنزل علوی رفتم. یزدان‌فر و نیک‌نفس آنجا بودند. تا ساعت پنج و نیم بعد از ظهر آنجا بودم. بعد بتماشا بیرون آمدیم. خیابانها زیاد جمعیّت نداشت. لغانطه رفته و از آنجا بلاله‌زار و از لاله‌زار بطرف خانه آمدم و فصل آخر کتاب میلسپو را نیز خوانده آن را تمام کردم.

چهارشنبه پانزدهم شوّال - هفتم اردیبهشت - صبح دو ساعت در مدرسهٔ ثروت کار داشتم. پس از انجام آن بخانه آمده و بعد از صرف نهار < و > چای بطرف مدرسهٔ دارالمعلّمین رفتم. در بین راه باران شدیدی بارید و من نیز بدون چتر و گالش گرفتار رگبار شدم. عصر در اطاق فروغی رفتم و او کارتی برای حضور در مجمع جوانان ایران داد. با میرزا عبدالعظیم خان و فاضل بطرف خانه آمده در بین راه آنها را ترک گفته خود بتنهایی آمده از خانه بکنفرانس رفتم. جمعیّت زیادی نبود. بعد از اندک درنگی، رئیس‌الوزراء و فروغی و جواد خان پسر ذکاءالملک رئیس‌الوزراء که از دوستان قدیمی منست آمدند. کم کم جمعیّت زیاد شد و بعد از معرّفی سفیر آمریکا، خود ژنرال Smith (اسمیث) امریکایی که برای تاجگذاری بایران آمده بود نطق مختصری کرد و مجلس خاتمه یافت. مستر مرگان که از آشنایان امریکایی من است در آنجا بود. با او بقدر نیم ساعت صحبت کردم. اوّل که وارد مجمع جوانان ایران شدیم چون عمامهٔ من در تمام جمعیّت نظیر نداشت و همه فکلی < بودند > و از این گذشته

تندرویهایی می‌شد که شمر هم جلوی آنها را نمی‌تواند بگیرد، همه یک مرتبه بمن متوجّه شدند و همه گفتند باید نطق ترجمه شود. یکی گفت بلی، حقیقتاً باید نطق ترجمه گردد و در این حال با گوشهٔ چشم مرا نشان می‌داد. اما پس از ختم کنفرانس و صحبت من با مستر مرگان، آن حالت استهزاء که نتیجهٔ بی‌تربیتی آقایان بود بتعجّب و شاید تحسین تبدیل یافت. باری، ساعت هشت و نیم بعد از ظهر با کمال شتاب بمنزل علوی که جلسه‌ای راجع بانتخابات بود رفتم. آقایان یزدان‌فر، علوی، نیک‌نفس، < و > معظمی را آنجا دیده پنج نفر بیش جمعیّت نبود. کم کم آمدند و صحبت شروع شد. امّا بنظم و ترتیب جلسهٔ پیش نبود و بالاخره پس از مذاکرات زیاد جلسه تقریباً بی‌نتیجه ختم گشت. ساعت ۱۱ بخانه آمده پس از صرف شام و مطالعهٔ مقدّمهٔ کتاب لغت انگلیسی بخواب رفتم.

پنجشنبه شانزدهم شوّال - هشتم اردیبهشت - صبح زود از خواب برخاسته پس از قدری مطالعهٔ کتاب انگلیسی بمدرسهٔ ادب رفتم. در سر درس تاریخ کلاس نهم مدّتی راجع بدرست داشتن دین و زبان ملّی خود صحبت کردم ولی افسوس که آهن سرد کوفتن است. چیزی که هست من وظیفهٔ خود را انجام دادم و شاید در عدّهٔ بسیار کمی تأثیر نماید. ظهر بخانه آمده پس از صرف نهار و چای بمدرسهٔ علمیّه رفتم. یک ساعت بیشتر درس نداشتم. پس از اتمام آن بمدرسهٔ ادب آمده و بمطالعهٔ کتاب فرانسه که جهت و سبب ترقّی نژاد انگلیسی را بیان می‌نماید مشغول شدم. بالاخره یزدان‌فر و معظمی آمدند و با هم بلغانطه رفتیم. علوی و فرساد آنجا بودند. مدّتی در لغانطه نشستیم. بعد باتّفاق بیرون آمدیم و بخانهٔ نیک‌نفس رفته عدّه‌ای از معلّمین آنجا بودند و راجع بانتخابات صحبت می‌کنند. بیشتر از دو ساعت در خدمت آقایان گذشت. آنگاه بخانه آمده پس از صرف شام و مطالعهٔ کتاب فرانسه که ذکر آن گذشت پرداختم. آنگاه بخواب رفتم.

جمعه هفدهم شوّال - نهم اردیبهشت - صبح از خواب برخاسته و پس از صرف چای در اطاق خود بمطالعهٔ کتاب فرانسه سرّ تفوّق نژاد انگلوساکسون پرداختم. تا نزدیک

ظهر در خانه ماندم با اینکه < قرار بود > پیاده چهار ساعت بظهر مانده منزل آقای نیک‌نفس بروم < و > علوی و یزدان‌فر هم < برای > چایی آنجا بیایند. باری یک ساعت و نیم بظهر مانده حدساً بطرف لغانطه رفتم. رفقا را آنجا نیافتم. بطرف لاله‌زار روان شدم. ناگاه علوی و یزدان‌فر و نیک‌نفس را در میدان سپه دیدم که از خانهٔ مرآت مراجعت می‌کردند. علوی منزل فدائی رفت. ما سه نفر نیز برای صرف نهار بازار رفتیم و از آنجا بمنزل نیک‌نفس آمدیم. تا علوی آمد باتّفاق او بمنزل آقای مرآت رفتیم. در آن روز بنا بود تمام فارغ التحصیلهای دارالفنون و دارالمعلّمین در آنجا برای صلح و اتّحاد اجتماع کنند. آقای مرآت و مترجم السلطنه نطق کردند. مجلس خاتمه یافت. از آنجا بمدرسهٔ امیر اتابک که معلّمین ابتدایی بدون دعوت سایر معلّمین برای کاندیدای خود اجتماع کرده بودند رفته و نقشهٔ ایشان را باطل کردیم. مدرّس، مترجم السلطنه، < و > مرآت نطق کردند. در حین اینکه می‌خواستیم برویم نصیرالدوله آمد. او هم نطق کرد. بعد از آن دوباره بخانهٔ نیک‌نفس رفته و تا دو ساعت از شب شنبه آنجا بودیم. بالاخره از آنجا هم بخیابان لاله‌زار رهسپار شده بدون درنگ بخانه آمده بعد از مطالعهٔ کتاب فرانسه سرّ تفوّق انگلوساکسون صرف شام کرده خفتم.

شنبه هجدهم شوّال - دهم اردیبهشت - صبح از خواب برخاسته بعد از مطالعهٔ کتاب فرانسه که در این مدّت دست دارم، بطرف مدرسهٔ ثروت رفتم. بعد از اتمام کار بخانه آمده بعد از صرف نهار و چای بمدرسهٔ دارالمعلّمین رفتم. در آنجا بیش از یک ساعت نمانده ساعت دو من را هم تعطیل نموده بطرف خانهٔ مافی در همراهی علوی رهسپار شدم. یک ساعت در آنجا بودیم بعد بشاه آباد آمده تا یزدان‌فر را ببینیم. در بین راه باو برخوردیم. او رفت برای گرفتن تعرفه. ما نیز مدّتی منتظر بودیم تا بالاخره او را دوباره یافته با هم بخیابان چراغ برق و از آنجا بلغانطه آمدیم. ناصر و گلشائیان هم آمدند. با هم بلاله‌زار آمده دو دور در آنجا گشتیم. بعد ایشان رفتند. با یزدان‌فر < و > علوی بجامعهٔ معارف برای شنیدن نطق تدیّن رفتیم. این شخص تمام آن شب را بر علیه مؤتمن الملک و مشیرالدوله نطق کرد، نه اینکه اسمی از آنها ببرد بلکه بطور کنایه. باری، ساعت سه از شب گذشته بخانه آمدم و پس از صرف شام خوابیدم.

یکشنبه نوزدهم شوّال - یازدهم اردیبهشت - تمام روز را در مدرسهٔ ادب بودم. عصر علوی آنجا آمد و چون باران می‌آمد در آنجا مانده چای صرف شد. حیاط بسیار مصفّا بود. نسیم بهاری از هر طرف می‌وزید. باری، مدّتی که در آنجا بودیم خوش گذشت. از آنجا بلغانطه و از لغانطه بمنزل مرآت رفتیم. شیخی میرزا ابوتراب نام که از اعضای عدلیّه بود آمد. آدم پرحرف بی‌عقلی بود باکمال وقاحت و خودبینی صحبت می‌کرد. باری، چون آقای مرآت می‌آمد، با او ملاقات کرده از آنجا با آقای نیک‌نفس[1] بخیابان آمدیم و بعد بخانهٔ نیک‌نفس رفته پس از مدّتی برخاسته بخانهٔ خود آمده قسمتی از جزوات حقوق را مطالعه کردم.

دوشنبه بیستم شوّال - دوازدهم اردیبهشت - صبح پس از صرف چای بطرف مدرسهٔ دارالمعلّمین رفته بعد برای نهار بخانه آمدم و دو مرتبه بهمان مکان رفتم. بالاخره عصر با فرزان ناظم مدرسه بیرون آمده و از وسط راه با او خداحافظی کرده بلغانطه آمدیم. علوی آنجا بود. مدّتی گذشت که ناصر آنگاه ساعی و معظمی و فرساد آمدند. برای استماع کنفرانس در مجمع جوانان ایران آنجا رفتم. کنفرانس شب جمعه موکول شده بود بدوشنبه. بلغانطه آمده و باتّفاق رفقا بمنزل علوی رفتیم و در آنجا مدّتی راجع باوضاع فعلی و طرز چنین راه عملی که بدون خیانت به مملکت کارهایی برای پیشرفت نمود صحبت کردیم و در ضمن مصدّق السلطنه را برای شب چهارشنبه مهمان بمنزل علوی دعوت کرده تا با او هم مذاکره بعمل آید. بالاخره شب بخانه آمده بدون مطالعهٔ کتاب بخواب رفتم.

سه‌شنبه بیست و یکم شوّال - سیزدهم اردیبهشت - سه ساعت صبح را در مدرسهٔ ادب بود. ظهر بخانه آمده آنگاه بعد از ظهر برای یک ساعت درس بمدرسهٔ علمیّه رفتم. از آنجا نزد میسیز رپیر رفته قریب یک ساعت با او بودم. بعد پیاده بخانه آمده و دو ساعت در خانه بودم و از آنجا بمنزل علوی رفتم. رفقا یک یک حاضر شدند. یزدان‌فر، نیک‌نفس، معظمی، < و > فرساد آمدند. و قریب یک ساعت و نیم از شب

---

۱. + بخانه

گذشته آقای مصدّق السلطنه وارد شدند. مدّت زیادی صحبت فرمودند. بعد مجلس خاتمه یافته و یک ساعت دیگری در منزل علوی ماندم و راجع بامور سیاسی صحبت می‌کردیم. ساعت چهار از شب گذشته خانه آمده خوابیدم.

چهارشنبه بیست و دوم شوّال - چهاردهم اردیبهشت - صبح دو ساعت در مدرسهٔ ثروت کار داشتم. یکساعت و نیم بظهر مانده خانه آمده بمطالعهٔ کتب مختلفه پرداختم. بعد از صرف نهار بمدرسهٔ دارالمعلّمین رفتم و از آنجا با علوی درشگه سوار شده در پامنار پیاده شده در انجمنی که در مدرسهٔ ادب راجع بامور کلاس دهم و نهم بود حضور یافتم. علوی بمنزل فدائی رفت. بعد از اختتام انجمن بهمراهی یزدان‌فر بلغانطه رفتیم. ناصر < و > فرساد هم آمدند مدّتی در آنجا نشسته بعد باتّفاق رفقا بلاله‌زار رفتیم. مدّتی در آن خیابان گردش کرده بعد بخانه آمده خفتیم.

پنجشنبه بیست و سوم شوّال - پانزدهم اردیبهشت - صبح در مدرسهٔ ادب بودم. بعد از ظهر بمنزل آمده پس از صرف نهار بمدرسهٔ علمیّه رفتم. آنجا یکساعت درس داشتم. پس از اتمام درس، بخانه آمده دو ساعت در خانه بودم. بعد عصر بمدرسهٔ ادب رفته و در آنجا بیش از نیم ساعت منتظر معظمی بوده تا بالاخره باتّفاق او و یزدان‌فر برای خریدن کفش و دوختن عبای آقایان ببازار رفتیم. بیش از یکساعت که در آنجا بودیم در حجرهٔ یکی از رفقای آقایان کمی نشسته صحبت کردیم. بعد بخیابان رفته و از آنجا بطرف منزل علوی رهسپار شدیم. بنا بود در آن شب جلسه باشد ولی جلسه در میان نبود. ما نیز مدّتی نشسته بالاخره باتّفاق آقایان ساعت ۸/۵ از خانهٔ علوی بیرون آمده بخیابان رفتیم و از پامنار با علوی خداحافظی کرده منزل آمده پس از صرف شام خوابیدم.

جمعه بیست و چهار شوّال - شانزدهم اردیبهشت - صبح از خواب برخاسته بمطالعهٔ بعضی از کتابهای فرانسه مشغول شدم. بعد نزدیک دو ساعت و نیم بظهر، برای اخذ تعرفه و دادن رأی رفته رأی خود را پس از سه ربع معطّلی در صندوق انداختم. از آنجا پیاده بباغ مخبرالدوله رفتم. هیچ یک از آنها (میسیز کلمن و میسیز رپیر) درس

نخواندند برای اینکه می‌خواستند بشمیران روند. بعد نزد مرگان رفته تا نیم ساعت بظهر مانده آنجا بودم. بعد بمنزل فرّخی رفتم. نبود. از آنجا هم پیاده بخانه آمدم. هوا گرم بود. باری، پس از صرف نهار کمی خوابیدم و سه ساعت و نیم بغروب مانده در حالی که تصحیح کتابهای انشای شاگردان تمام شد و مشغول تهیّهٔ دیکته برای ایشان بودم، آقای علوی آمد. باتّفاق او پیاده بمنزل فرّخی رفتیم. بعد میرزا علیخان سیاسی و عبدالحسین خان مجیر و آقا سیّد حسین آمدند. کمی در آنجا مانده تنها بعمارت انگلیسی برای دیدن دوست خود مستر جب رفتم و بنا شد علوی در منزل فرّخی بماند تا من برگردم. مستر جب جوانی بلند قد خوش اندام و بر روی هم حرکات یک نفر از نجبای انگلیس بخوبی از او هویداست، فرانسه خوب می‌داند و تمام مذاکرات من با او در زمینهٔ ادبیّات و از این قبیل چیزهاست. اولین روزی که او را ملاقات کردم گفتم من مثل سایر ایرانیها نمی‌خواهم روابط سیاسی با انگلیس داشته باشم بلکه می‌خواهم در نتیجهٔ معاشرت با آنان باخلاقشان آشنایی پیدا کنم. باری، چون مستر پیرسن امریکایی مقالاتی راجع به ایران نوشته بود و من روزی نزد مستر جب از آن تعریف کردم، او گفت اگر مایل باشید روزی او را دعوت کرده شما هم خواهید آمد. آن روز جمعه ۲۴ شوّال بود ولی جز مستر پیرسن، کسان دیگری هم بودند. بر روی هم مدعوین ۵ نفر می‌شدند. باری، قریب یک ساعت و نیم در آنجا بودم. بعد با مستر پیرسن و یکنفر دیگر بیرون آمدیم و برای دیدن علوی بمنزل فرّخی رفتم. در آنجا بدون رفتن در خانه از خیابانهای ناصری، پامنار و پست‌خانه گذشته بلغانطه رفتم. او را در آنجا یافتم. مدّتی با هم بودیم و در ضمن عدّه‌ای که در آنجا نشسته بودند صحبتهای سیاسی بمیان آورده بعد از قدری مذاکره مجلس خاتمه یافت. و باتّفاق علوی خانه آمدم و چون خسته بودم کمتر از معمول کتاب مطالعه کردم و در ساعت ده و نیم خوابیدم.

شنبه بیست و پنجم شوّال - هفدهم اردیبهشت - صبح سه ساعت در مدرسهٔ ثروت کار داشتم. ظهر خانه آمده پس از صرف نهار و چای بمدرسهٔ دارالمعلّمین رفتم. دو ساعت نیز در آنجا بودم. آنگاه بهمراهی علوی منزل مافی رفتیم. یک ساعت آنجا

بودیم. از آنجا بلغانطه آمدیم. مدّتی نیز در آنجا نشسته آنگاه بکنفرانسی که راجع به کنت < دو > گوبینو سفیر فرانسه در دربار ناصرالدین شاه سعید نفیسی در طالار دارالفنون می‌داد رفتم. کنفرانس خوب بود ولی مطالب زیاد با تفصیل نوشته شده بود. سالون کنفرانس در ابتدا مثل محبس روشنایی نداشت و فرانسویان با نگاه عبرت آنجا را می‌نگریستند. در اثنای نطق دو چراغ آوردند که بیشتر اسباب افتضاح شد. باری، پس از ختم نطق بخانه آمده قدری مطالعهٔ جزوات حقوق نمودم و بعد بخواب رفتم.

یکشنبه بیست و ششم شوّال - هجدهم اردیبهشت - تمام روز در مدرسهٔ ادب کار دارم ولی چون آخر سال است در کلاس چهارم متوسّطه مذاکره بود. لذا من نیز سر درس حاضر نشده کتاب می‌خواندم. عصر تنها بلغانطه رفته مدّتی در آنجا مانده کتاب خواندم. بعد از مدّتی بیرون آمده و یزدان‌فر را دیدم. باتّفاق او دو مرتبه بلغانطه رفته معطّل شدیم تا علوی آمد. بعد نیک‌نفس هم وارد شد. بعد از مدّتی همه باتّفاق بیرون آمدیم و کمی در خیابان لاله‌زار گردشی کرده بعد در جلوی مجلس نشسته و زیر درختها بستنی خوردیم. از آنجا هم بخانه آمده بعد از صرف شام خوابیدم. چیزی که در این ایّام قابل ذکر است خبر اعتصاب عمومی در انگلیس است که از این راه ممکن است راه نجاتی برای ایران پیدا شود.

دوشنبه بیست و هفتم شوّال - نوزدهم اردیبهشت - تمام روز را در مدرسهٔ دارالمعلّمین هستم. ظهر بخانه آمده پس از صرف نهار و چای بآنجا رفتم. عصر در همراهی فرزان بمنزل ذکاءالملک رئیس‌الوزراء رفتیم برای مجلس ختم وقارالسلطنه شوهر خواهر فروغی. بیش از یک ساعت در آنجا ماندیم. یکربع را در اطاقی که مجلس در آنجا بود و باقی را در حیاط نزد آقای فروغی. بعد از آنجا آمده با آقای میرزا غلامحسین خان سیاسی بواگون نشسته در میدان سپه پیاده شدیم. من بلغانطه رفتم. رفقا رفته بودند و گفته بودند آنجا بماند تا ما بیاییم. مدّتی در آنجا ماندم. چون نیامدند بسمت لاله‌زار رفتم و سپردم اگر بیایند بگویند که مرا در لاله‌زار پیدا خواهند کرد. بالاخره در لاله‌زار ایشان را دیدم و چون با مستر سیلوستر صحبت می‌کردم، بایشان گفتم زود بر

خواهم گشت. ایشان زیاد در انتظار نمانده مرا گذاشته رفتند. دو ساعت در پی ایشان می‌گشتم و در این دو ساعت خیلی بد گذشت. باری، عاقبت آنان را پیدا کردم و مدّتی هم بگله‌گذاری گذشت. بعد آقایان برای رفع کدورت بمنزل من آمدند. دو ساعت در آنجا بودند و مذاکراتی راجع بامور سیاسی و ملاقاتی که علوی با مصدّق السلطنه کرده بود، شد. در ساعت ده مجلس خاتمه یافت. من هم بعد از صرف شام خوابیدم.

سه‌شنبه بیست و هشتم شوّال - بیستم اردیبهشت - صبح در مدرسهٔ ادب بود. دو ساعت بدون کاری در دفتر مدرسه مشغول بخواندن کتاب شارل دیکنس بودم. باری ظهر بخانه آمده و بعد از ظهر برای یک ساعت درس انگلیسی بمدرسهٔ علمیّه رفتم. از آنجا بباغ مخبرالدوله نزد میسیز رپیر رهسپار شدم. بیش از یک ساعت نزد او بوده بعد بلاله‌زار آمده و در همراهی صفوی و یکی دیگر از رفقا تا نزدیک بازار رفتیم. از آنجا بمنزل یزدان‌فر آمده < تا > در جلسه‌ای که در منزل یزدان‌فر با رفقا معظمی، فرساد، علوی، نیک‌نفس، و خود یزدان‌فر < و > من < برقرار بود > حضور داشته باشیم. باری، مدّتی مذاکراتی در خصوص[1] کارها در میان بود. بعد برادر یزدان‌فر و حاج علیخان که در نظامند و درجهٔ سلطانی دارند وارد شدند. مدّتی نیز با آنها در خصوص کارهای مملکت و سایر اوضاع صحبت شد. بالاخره ساعت ده بطرف خانه آمده پس از صرف شام و کمی مطالعهٔ اشعار انگلیسی خفتم.

چهارشنبه بیست و نهم شوّال - بیست و یکم اردیبهشت - صبح دو ساعت در مدرسهٔ ثروت بودم. زنگ سوم بمدرسهٔ آلیانس بهمراهی علی اصغر خان ناصر رفتیم. بعد با آقای معظمی[2] از مدرسهٔ آلیانس بوزارت معارف برای دیدن مرآت رفتیم. بیش از نیم ساعت منتظر شدیم. عاقبت آمد و کاری که داشتیم تا اندازه‌ای صورت گرفت و آن تحصیل اجازهٔ تمهید کنفرانس در یکی از مدارس بود. در جواب گفت این را باید درخواست کرد تا ترتیب آن معیّن گردد. از آنجا بخانه آمده و پس از صرف نهار و

---

۱. + صحبت

۲. + را

چای بمدرسهٔ دارالمعلّمین رفتم و پس از انجام کار بلغانطه آمده رفقا نبودند. برای ختم پدر فهیم الملک بمدرسهٔ خان مروی رفتیم و در بین راه معظمی و یزدان‌فر را دیدم. نیم ساعت در آنجا نشسته بعد بطرف لغانطه رفتیم. بین راه علوی و نیک‌نفس را دیدم و بنا شد بانجمن نظارت که مشغول خواندن آراء بودند برویم. مدّتی در آنجا گردش کرده بعد بلغانطه رفتیم. یکساعت آنجا بمناقشه و مباحثه گذشت. بعد بهمراهی معظمی بخانه آمده پس از صرف شام خفتم.

۵ شنبه ۳۰ شوّال - بیست و دوم اردیبهشت - صبح سه ساعت در مدرسهٔ ادب درس داشتم ولی بواسطهٔ مذاکرهٔ شاگردان سه کلاس حضور نیافته در اطاق ناظم مدّتی بمطالعهٔ کتاب اقتصاد و زمانی بصحبت با ناظم و مدیر گذشت. ظهر بخانه آمده پس از صرف نهار بمدرسه علمیّه رفتم و ساعت دو بعد از ظهر کلاس شروع شد. سه ساعت بعد از ظهر بطرف پارک مخبرالدوله رفته و مدّتی با میسیز رپیر صحبت می‌کردم. در موقع مراجعت بطرف خانه میسیز کلمن را دیدم و برای رفتن بآنجا در روز جمعه صحبت کردیم. باری، ساعت ۶ بلغانطه آمده و رفقا را در آنجا نیافتم. بدارالفنون برای استماع آراء و یافتن رفقا رفتم. مدّتی در آنجا بودم. تا ساعت ۸ رفقا را یافته و مدّتی با هم بوده، بعد بلاله‌زار رفتیم. در بین راه فرساد را دیدیم. تا ساعت ۹ با هم بودیم. بخانه آمده پس از صرف شام و کمی مطالعهٔ کتاب انگلیسی بخواب رفتم.

جمعه اول ذیقعده - بیست و سوم اردیبهشت - صبح از خواب برخاسته مدّتی بمطالعهٔ کتاب حقوق صرف شد. بعد برای سه ساعت قبل از ظهر بباغ مخبرالدوله رفتم. یک ساعت نزد میسیز کلمن بود. آنگاه نزد میسیز رپیر رفتم. او می‌خواست همراهی کرده مرا نیز بدانجا دعوت کرد. بعد از یک ربع انتظار، با شوهرش و علی نوکرش بقلهک رفتیم و دو ساعت در آنجا بودیم. گلهایی را که با خود برده بودند در آنجا کاشته یکساعت بعد از ظهر بخانه آمده نهار را در لغانطه خورده بودم. بعد از صرف نهار، بیش از دو ساعت خوابیدم چون از خواب برخاسته حمام رفتم. آنگاه بمنزل علوی، معظمی، < و > یزدان‌فر رفته هیچیک نبودند. برای گردش بلاله‌زار رفتم. در

بین راه ناصر را دیدم. با او دو مرتبه بلغانطه آمده مدّتی با هم بودیم. بعد از لغانطه برخاسته مدّتی با هم بودیم و من او را تا نزدیک گلوبندک همراهی کرده بعد خداحافظی کردم. بخانه آمده خفتم. شب کاغذی از مستر فرست امریکایی رسید و در جوف آن عکسی از خود او بود و کاغذی برای عبّاس.

شنبه دوم ذیقعده - بیست و چهارم اردیبهشت - صبح سه ساعت در مدرسهٔ ثروت کار داشتم. نزدیک ظهر بادارهٔ پرسنل رفتم و در آنجا شیدفر را دیدم. مرا بمنزل خویش دعوت کرد. با او بخانه رفته مدّتی بصحبت گذشت. دو ساعت بعد از ظهر بمدرسهٔ دارالمعلّمین رفتم. دو ساعت در آنجا درس داشتم. بالاخره بعد از انجام کار با علوی و محسن آقا واگون نشسته بلغانطه آمدیم. مدّتی در انتظار نشستیم تا یزدان‌فر آمد. با ایشان بدارالفنون رفتم. ساعت هشت و نیم باد غریبی وزید. مجبور بمراجعت شدیم و علوی و نیک‌نفس را هم گم کردیم. چون بخانه رسیدم صرف شام شد و بعد بخواب رفتم. از روز شنبه برای امتحان حقوق خود را حاضر کردم. شب شنبه از ایطالیا مستر هنری فیرست (Henry First) کاغذی که دو عکس هم در جوف داشت، برای من فرستاد.

یکشنبه سوم ذیقعده - بیست و پنجم اردیبهشت - صبح سه ساعت در مدرسهٔ ادب کار داشتم. چون موقع مذاکره است فقط زنگ سوم صبح سر درس حاضر شدم. مابقی ساعات را در دفتر مدرسه بمطالعهٔ کتاب و صحبت مشغول بودم و بعد از ظهر هم در آنجا کار داشتم. بمناسبت مذاکرهٔ شاگردان نرفتم و در خانه جزوات حقوق را مطالعه می‌کردم و تا ساعت ۵ بعد از ظهر خانه مانده و رفوگری از اهالی آذربایجان که خیلی شیرین بیان بود مرا بمذاکرات خود مشغول می‌داشت. در این روز کاغذی از آقا سیّد ابوالفضل طباطبایی از مصر بمن رسید. باری ۵ بعد از ظهر بمنزل علوی رفته و با هم برای حضور در جلسهٔ معلّمین بمدرسه دارالمعلّمین حاضر شدیم. چندی بمذاکرات بیهوده گذشت. بالاخره ساعت ۸ بعد از ظهر از راه بازار بخانه آمدم و مدّتی بمطالعهٔ جزوات حقوق مشغول بودم تا بالاخره خوابم برد.

دوشنبه چهارم ذیقعدة الحرام - بیست و ششم اردیبهشت - این روز سه ساعت در مدرسۀ دارالمعلّمین کار داشتم. پس از انجام آن بخانه آمده و بعد از ظهری بمناسبت اینکه مدرسه دارالمعلّمین تعطیل بود، در خانه بمطالعۀ جزوات حقوق گذشت. در این روز کاغذی برای آقا سیّد ابوالفضل طباطبایی بقاهره نوشتم. ساعت پنج بعد از ظهر بمدرسۀ ادب رفتم. یزدان‌فر و معظمی را ملاقات نموده نزدیک غروب هوا خیلی بد شد. باد شدیدی می‌وزید. لذا بیشتر از یک ساعت در آنجا در حضور مدیر مدرسه صنیع الملک که آدم نجیب خوش اخلاقی است بصحبتهای مختلف گذشت. باری ساعت شش و نیم باتّفاق یزدان‌فر بدارالفنون رفتیم و مدّتی در آنجا بسر بردیم. بعد علوی و معظمی و نیک‌نفس و ناصر را در آنجا یافتیم. مدّتی نیز این چنین گذشت. بالاخره بخانه آمده خفتم.

سه‌شنبه پنجم ذیقعده - بیست و هفتم اردیبهشت - چون صبح در مدرسۀ ادب کار داشتم و مدرسه برای امتحان تعطیل بود، در خانه مانده بمطالعۀ جزوات حقوق مشغول بودم. باری بعد از ظهر بمدرسۀ علمیّه رفته مدّتی بیکار < مانده > تا وقتی سه نفر از شاگردان آمدند. قریب سه ربع مذاکره کردید. از آنجا نزد میسیز رپیر رفتم. بیش از یکساعت نیز با او بودم. بعد طرف لغانطه روان شدم. در نزدیکی آن علوی، نیک‌نفس، و یزدان‌فر را دیدم. با هم بلغانطه رفتیم. یک ساعت در آنجا بودیم. بعد بدارالفنون رفتیم و مدّتی هم در آنجا ماندیم. پس بخانه آمده پس از صرف شام خفتم.

چهارشنبه ششم ذیقعده - بیست و هشتم اردیبهشت - صبح از خواب برخاسته و پس از مطالعۀ جزوات حقوق بمدرسۀ ثروت رفتم. چون شاگردان مذاکره داشتند، سر درس حاضر نشده برای دیدن آقای مرآت بوزارت معارف رفتم. مدّتی در آنجا بودم. بعد بخانه آمده بمطالعۀ جزوات حقوق مشغول شدم و بعد از ظهر هم مشغول همین کار بودم. ساعت ۵ بعد از ظهر برای حضور در کمیسیون مدرسۀ ادب بآنجا رفته و دو ساعت آنجا بودم. بعد بخانۀ نیک‌نفس رفته یزدان‌فر و معظمی هم آمدند و در آنجا مدّت زیادی راجع بحقوق کلاسهای جدید التّأسیس مذاکره شد و کاغذهایی نیز بدکتر میسلپو و شاه

نوشته بعد از خاتمهٔ جلسه از آنجا بیرون آمده و برای استماع نتیجهٔ ملاقات نیک‌نفس با مصدّق السلطنه بخانهٔ من آمدند. دو ساعت نیز باین جهت بمذاکرات گذشت. بعد بواسطهٔ کسالت شام نتوانستم بخورم. لذا کمی مطالعه کرده خوابیدم.

۵ شنبه هفتم ذیقعده - بیست و نهم اردیبهشت - صبح که در مدرسهٔ ادب کار داشتم بملاحظهٔ مذاکرهٔ شاگردان نرفتم. بعد از ظهر هم که یک ساعت بیشتر در مدرسهٔ علمیّه کار داشتم تصمیم برفتن نگرفتم. لذا از صبح در خانه نشسته بمطالعهٔ جزوات حقوق مشغول بودم و چون عصر عده‌ای از معلّمین که در کلاسهای جدید التأسیس کار دارند برای اخذ تصمیمات بخانهٔ من می‌آمدند، از صبح بتمهید مقدّمات مشغول بودم. باری، از ساعت ۵ بعد از ظهر آقایان کم کم شروع به آمدن نمودند و نزدیک به چهل نفر حضور پیدا کردند و مدتی بمذاکره راجع بحقوق حقّهٔ ما را که صرف آتشبازی و چراغان شبهای تاجگذاری پهلوی کرده‌اند، در میان بود. بالاخره تصمیم بر این قرار گرفت که روز شنبه نهم ذیقعده در وزارت معارف حاضر شده و عریضهٔ بمشاور اعظم کفیل بی‌کفایت معارف داده و در ضمن بگوییم که در صورت نرسیدن حقوق از کار خودداری خواهیم کرد. مجلس در ساعت هفت بهم خورد. بعد بهمراهی عدّه‌ای از آقایان بخیابان رفته و مدّتی در دارالفنون باستماع قرائت آرا مشغول بودم. از آنجا بهمراهی یزدان‌فر بخیابان جلوی مجلس آمده در دکانی نشسته مدّت زیادی راجع بکارهای شخصی و سایر مذاکرات صحبت در میان بود. بالاخره ساعت ده بخانه آمده و چون خسته بودم زیاد مطالعه نتوانستم کرد. کمی شام خورده خفتم.

جمعه ششم ذیقعده - سی‌ام اردیبهشت - تمام روز جمعه را در خانه نشسته بمطالعهٔ جزوات حقوق مشغول بودم. بر روی هم روز خوشی نبود. عصر که از شدّت کسالت نمی‌توانستم مطالب جزوات را بخوبی درک کنم، بخیابان رفتم. در بین راه یزدان‌فر و علیرضا خان قریب و هورفر را دیدم که می‌خواستند برای هیأت ممتحنهٔ شش ساله قند و چای بخرند. مدّتی در دکان عطاری برای خرید آقایان معطّل شدم. بالاخره بهمراهی ایشان بلغانطه رفتم. قریب یک ساعت هم آنجا بودیم. بعد بیرون آمده و

کمی در خیابانها گردش کردیم. بعد برای امضای کاغذی راجع بحقوق معلّمین که تدیّن بایستی امضا کند بمنزل او رفتیم. چون نبود برگشتیم. در بین راه کاغذ را نزد یزدان‌فر بمن داد که من چون در جیبم کاغذ تا می‌شود این را در دست بگیر. من که آن را گرفتم دیگر از من نگرفت. این مطلب که حکم رو دست دادن داشت، خیلی در من تأثیر کرد. باری بخانه آمده و پس از کمی مطالعه بخواب رفتم. شب هم بواسطهٔ کسالت خیلی نخوابیدم.

شنبه نهم ذیقعده - سی و یکم اردیبهشت - صبح بواسطهٔ مذاکرهٔ شاگردان بمدرسهٔ ثروت نرفتم و تا ظهر در خانه بمطالعهٔ جزوات حقوق مشغول بودم. ظهری بواسطهٔ کسالت غذا نخوردم. نزدیک ساعت بظهر بوزارت معارف حاضر شده زیرا بنا بود باتّفاق عده‌ای از معلّمین برای حقوق کلاسهای جدید التاسیس نزد کفیل حاضر شوم. مدّتی در انتظار اجتماع معلّمین بودیم. بالاخره قریب بیست نفر حاضر شدند. در این اثنا آقای کفیل آمدند و در حیاط مدرسهٔ طب قدیم می‌زدند. چون معلّمین جلو رفته گفت «اگر با من کار دارید، من وقت ندارم». آنگاه با یک زبان تند و چهرهٔ خشمناکی گفت: «بچه حق شما بمیلسپو کاغذ نوشتید. شما چرا این کار را کردید. مگر از مقرّرات اداری مخبر نیستید.» تمام این جمله را بقهر بیان کرد که اگر حضّار در آن موقع حس داشته باشند، تا ابد الدهر این بی‌شرف را دشمن می‌دارند. یکی از رفقا گفت در نتیجهٔ استیصال و بیچارگی این کار < را > کرده‌ایم. بهمهٔ مقامات رجوع نموده‌ایم. از هیچ یک نتیجه‌ای بدست نیامد. چون کارد باستخوان رسید، این چنین کردیم. دیگری از این قبیل سخن گفت. امّا کفیل بدون جواب روی خود را برگردانده رفت. من به این شخص بی‌تربیت بیسواد زیاد حمله می‌کنم. < چون بعد > از آنکه چند هفته‌ای هذیان گفت، بواسطهٔ وکیل نشدن خیلی غضبناک بود. جای شگفتی است که پیش از انتخابات همین شخص با کمال مهربانی معلّمین را همراهی می‌کرد و بسخنان آنها گوش می‌داد و شبی در میان سخنانی که بزبان می‌آورد می‌گفت من خیلی خشنودم که در قلوب آقایان جا دارم. بعد شروع بشرح بکارهایی که برای معارف نکرده بود کرد و یکی از متملّقین هم فریاد کشید یکی هم کلاس‌های جدید التأسیس

است (کلاس‌های جدید التأسیس اینهاست که ۸ ماه پولش را نداده‌اند). باری، پس از این کار کفیل باطاق خویش رفت. ما نیز در اطاقی نزدیک بآن رفته نشستیم و از او وقت خواستیم. گفت: «وقت ندارم». تمام معلّمین که در آنجا بودند با حالت یأس و غضب بیرون آمده و بحال اجتماع بعمارت وزراء رفتند. اتّفاقاً رئیس‌الوزراء هم نبود بعد متفرّق شدند. ظهر بخانه آمدم. حالم هیچ خوب نبود. سه ساعت بعد از ظهر هم باید بباغ مخبرالدوله بروم. باری، با هزار زحمت از جای برخاسته این راه دراز را طیّ کردم. قریب سه ربع نزد میسیز کلمن (Mrs. Coalman) بودم. از آنجا بخانهٔ مستر رپ رفتم. آن روز درس نخوانده و چون میسیز کلمن می‌آمد آنجا، آنها هم ببازی طنیس نبردند. قریب یک ساعت هم آنجا نشسته چای صرف شد. بالاخره ایشان باتوموبیل نشسته رفتند. من نیز پیاده (چون نخواستم با آنها در اتوموبیل بنشینم) ببریونک بمنزل سلطان‌زاده رفتم. عدّهٔ کمی حضور داشتند بعد یک یک آمدند تا قریب بیست نفر. پس از مذاکرات مختلفه قرار شد گروهی بعنوان نمایندگی انتخاب شوند که از رئیس‌الوزرا وقت بخواهیم. علوی، شمس، عمیدی، و من و سپهر برای این کار انتخاب شدیم. من خواستم استعفا بدهم ولی قبول نشد. بالاخره باتّفاق علوی و نیک نفس از راه سرچشمه آمده ایشان بدارالفنون رفته من نیز بخانه آمدم و قریب یک ساعت بمطالعهٔ جزوات حقوق مشغول بودم و پس از صرف شام که باز از جهت کسالت نتوانستم زیاد بخورم، بخواب رفتم.

یکشنبه دهم ذیقعده - غرّهٔ خرداد - صبح پس از کمی مطالعهٔ جزوات حقوق بمدرسهٔ ادب رفتم. آقای معظمی آنجا بودند. مدّتی با هم در صحن مدرسه قدم می‌زنیم. دو ساعت بظهر بخانه آمده شروع بمطالعهٔ جزوات کردم. باری، بواسطهٔ امتحان مدرسهٔ ثروت بعد از ظهر با کسالتی که داشتم، آنجا رفتم و مدّت چهار ساعت به حالت تب برای گفتن املا و گرفتن اوراق انشاء بر پا ایستاده بودم. این مدّت خیلی سخت گذشت. بالاخره ساعت ۵ بعد از ظهر بدارالفنون رفتم و مدّتی هم آنجا بودم. ساعت هشت و نیم خانه آمده بمطالعهٔ جزوات حقوق اشتغال ورزیده و پس از صرف شام خفتم.

دوشنبه یازدهم ذیقعده - دوم خرداد - صبح با آنکه مدارس بمناسبت ولادت حضرت رضا تعطیل بود، چون بشاگردان مدرسهٔ دارالمعلّمین گفته بودم برای رفع اشتباهات بیایند، بمدرسهٔ مزبور رفتم و مدّتی در آنجا مشغول بمذاکره بودیم. ظهر بخانه آمده و پس از صرف نهار و چای بمطالعهٔ جزوات حقوق مشغول شدم و ساعت ۵ بعد از ظهر برای انجمنی که باید در منزل شمس زنجانی تشکیل یابد بآنجا رفتم. اعضای انجمن نیامده بودند. مدّتی مشغول صحبت و سخنان ادبی و سیاسی بودیم. بعد آقایان آمدند و تا ساعت ۸ در آنجا بودیم. از منزل آقای شمس باتّفاق ایشان و عمیدی بخیابان آمده و من در این راه یزدان‌فر و قریب و هورفر را دیدم. کمی با یزدان‌فر بودم. بعد از او خداحافظی کرده، بخانه آمدم و تا نصف شب در خانه مشغول مطالعهٔ جزوات حقوق بودم.

سه‌شنبه دوازدهم ذیقعده - سوم خرداد - صبح برای امتحان مدرسهٔ ادب در آن حضور یافتم و دیکته‌ای که برای کلاس دوم تهیه کرده بودم، گفتم. بعد موضوع انشاء را نیز معیّن کرده و خود بطرف مدرسهٔ ثروت رفتم. مدّتی در آنجا با مدیر مدرسه صحبت کردیم. بعد بطرف خانه آمدم و تا ساعت ۶ بعد از ظهر در خانه بمطالعهٔ جزوات حقوق مشغول بودم. ساعت ۶ بمنزل علوی رفتم. در آنجا انجمن نمایندگان معلّمین بود. قریب دو ساعت در آنجا بودیم. بعد بطرف خیابان رفتم و از جهت درج مقاله‌ای که راجع بکفیل وزارت معارف بود، باداره‌ٔ اقدام حاضر شدیم. بعد از آنجا دوستان را وداع گفته بخانه آمدم. تا ساعت ۱۱ بمطالعهٔ جزوات حقوق اشتغال داشتم.

چهارشنبه سیزدهم ذیقعده - چهارم خرداد - صبح بمدرسهٔ ثروت نرفتم و در خانه بمطالعهٔ دروس حقوق اشتغال داشتم. بالاخره پس از صرف نهار و چای، مدّتی بخواب رفته و پس از بیدار شدن کمی مطالعهٔ آن جزوات را کردم و ساعت ۵ بعد از ظهر برای ملاقات رئیس‌الوزرا بطرف منزل مشارالیه رهسپار شدم. رفقا همه حضور نیافته فقط شمس و سپهر آمدند. مدّتی در آنجا قدم می‌زدیم. بعد باتّفاق شمس و دیندار بطرف میدان سپه آمدیم و من که می‌خواستم در جلسهٔ منزل معظمی حضور یابم بآنجا رفتم.

رفقا نیامده بودند. مدّتی با معظمی صحبت می‌کردیم. بالاخره آقایان یک یک حضور یافتند. و پس از مذاکرات زیاد که در نتیجهٔ ملاقات معظمی با مصدّق السلطنه پیش آمد، قرار شد کاغذهایی برای استمداد در تأسیس کلاسهای اکابر باعضای کمیسیون معارف بنویسیم. این کار مدّتی ما را بخود مشغول داشت. بالاخره ساعت ۱۱ بخانه آمده پس از صرف شام خفتم. عصر روز مزبور کسالتی عارض شد ولی تب کم کم رفع شد.

۵ شنبه چهاردهم ذیقعده - پنجم خرداد - صبح بمدرسهٔ ادب نرفتم و تا نزدیک ظهر در خانه بمطالعهٔ جزوات حقوق مشغول بودم. نزدیک ظهر بآنجا رفتم و مدّتی با یزدان‌فر بودم. بعد دو مرتبه آمده انشاء و دیکته‌های مدارس ادب و ثروت را تصحیح کردم و کمی هم مطالعهٔ جزوات حقوق نمودم تا ساعت چهار بعد از ظهر بمدرسهٔ ادب رفتم. مدّتی نزد یزدان‌فر بودم. بعد بخانه آمده پس از مطالعهٔ مختصری دوباره بخیابان رفتم. رفقا که عبارت بودند از علوی، معظمی، فرساد، ناصر، هورفر، < و > یزدان‌فر برای رفتن بشمیران در آنجا حضور یافتند. ایشان رفتند. بعد در این راه قریب را دیدم و مدّتی با او بودم. دو مرتبه بلغانطه آمدم. شیدفر آنجا آمد. بهمراهی او و محسن آقا شیرین‌سخن بخیابان علاءالدوله رفتم. مدّتی در آنجا بودیم تا بالاخره برای ساعت ۹ بخانه آمده پس از مطالعهٔ کمی، بخواب رفتم.

جمعه ۱۵ ذیقعده - ششم خرداد - تمام روز را در خانه بودم و بمطالعهٔ جزوات حقوق مشغول بودم. در این روز مقاله‌ای برای درج در روزنامه راجع بمعلّمین نوشتم و شب تا ساعت ۶ بخواب نرفتم. باری، بقدری در این ایّام بر من سخت می‌گذرد که حد ندارد زیرا پریشانی فکر دیگر اجازهٔ تحصیل درست نمی‌دهد، ولی چه باید کرد؟!

شنبه ۱۶ ذیقعده - هفتم خرداد - صبح زود از خواب برخاسته بمطالعهٔ جزوات حقوق مشغول شدم. بعد برای حضور در امتحانات دارالمعلّمین به آن مدرسه رفتم. در بین راه علوی را دیدم. تا ظهر در آنجا به این کار مشغول بودیم. ظهر با علوی بخانه آمدیم.

شنبه ۱۶ ذیقعده - هفتم خرداد - صبح زود از خواب برخاسته بمطالعهٔ جزوات حقوق مشغول شدم. بعد برای حضور در امتحانات دارالمعلّمین به آن مدرسه رفتم. در بین راه علوی را دیدم. تا ظهر در آنجا به این کار مشغول بودیم. ظهر با علوی بخانه آمدیم. بعد از صرف نهار بمطالعهٔ جزوات حقوق مشغول شدم. سه ساعت بعد از ظهر بخانهٔ علوی رفتم و با او بطرف دارالمعلّمین حرکت کردیم. تا ساعت ۶ بعد از ظهر آنجا بودیم. از آنجا بخانهٔ شمس زنجانی که نزدیک بود، رفتم. باتّفاق او بطرف لاله‌زار حرکت نمودیم و برای درج مقاله‌ای که راجع بمعلّمین نوشته بودم، بهمراهی آقایان و معظمی باداراهٔ اقدام رفتم. دو ساعت در آنجا نشستیم. بالاخره از آنجا هم بطرف لغانطه پایین آمدیم. یزدان‌فر و هورفر آنجا بودند. یک ساعت هم در آنجا گذراندیم. بعد بطرف خانه آمدیم. شب بدون مطالعهٔ هیچ کتابی بخواب رفتم.

یکشنبه هفدهم ذیقعده - هشتم خرداد - صبح برای امتحان فرانسه باید < در > مدرسهٔ دارالمعلّمین حاضر شد. لذا ساعت ۵ بظهر < مانده > پس از کمی مطالعهٔ حقوق، بمنزل علوی رفتم و با او طرف دارالمعلّمین روان شدیم. مدّتی معطّل ماندیم. بالاخره امتحان شروع شد و تا دو ساعت بعد از ظهر گرفتار بویم. بعد بخانه آمده، پس از صرف نهار و چای بخواندن جزوات حقوق اشتغال یافتم و تا ساعت شش و نیم در خانه بودم. در این ساعت بمنزل علوی رفتم. او نبود. ولی پرتو (آقا سیّد عبدالعلی) که از دوستان ۷ سالهٔ منست، در آنجا بود. یک ساعت با هم بودیم. بعد باتّفاق او و صبا بیرون آمده و در ناصریه از همدیگر جدا شدیم. در راه محمود خان نجم آبادی و فرساد را دیدم. باری، ساعت هشت بخانه آمده پس از مطالعهٔ زیاد، صرف شام شده خفتم.

دوشنبه هجدهم ذیقعده - نهم خرداد[1] - صبح زود از خواب برخاسته بمطالعهٔ جزوات حقوق اشتغال ورزیدم و مدّتی بدون درنگ می‌خواندم. بالاخره خسته شدم و بمدرسهٔ ادب رفتم. یزدان‌فر آنجا بود. مدّتی در آن مدرسه با صنیع الملک مدیر مدرسه که شخص نجیب بی‌آلایشی است، صحبت کردیم. بالاخره نیم ساعت بظهر مانده

---

۱. در اصل: اردیبهشت

بلغانطه رفتیم و نهار را در آنجا صرف نمودیم. کم کم عدّه‌ای از رفقا بالاخره پیدا شدند. علوی یکساعت بعد از ظهر آمد و بعد معظم السلطنه هم آنجا آمد. باری، مدّتی با هم در آنجا بودیم. علوی زود رفت. یزدان‌فر با من هم بطرف مدرسهٔ ادب رفتیم و مدّت یک ساعت در آنجا بودیم. بعد باز بهمراهی او بطرف وزارت معارف رفتیم. یزدان‌فر برای تصحیح اوراق امتحان بوزارت‌خانه رفت. من هم بمدرسهٔ حقوق رفتم. صدیق اعلم آنجا بود. مدّتی انتظار کشیدم تا درس او تمام شد. با هم تا خیابان لاله‌زار آمدیم. بعد با او هم خداحافظی کرده بخانه آمدم. یک ربع در خانه بودم. بعد بطرف منزل علوی رفتم. شمس آنجا بود. قریب یک ساعت و نیم آنجا بودیم. بعد بیرون آمده، بلاله‌زار رفتیم. مدّتی در گردش بودیم. بالاخره فرساد (فرساد بزرگ) را در کتابخانهٔ بروخیم دیدیم. با او بلغانطه رفتیم و از لغانطه بطرف خانه آمدیم. در پامنار معظمی و نیک‌نفس را دیدیم. قریب یک ساعت با هم صحبت کردیم. پس بخانه آمده پس از صرف شام بخواب رفتم. در همین روز مقاله‌ای که تحت عنوان «از فرشته بهتر» بود و راجع بحقوق و وضع معلّمین است، در روزنامهٔ اقدام با امضای «آموزگار» درج شد. این اولین مقاله‌ای است که بقلم من در روزنامه نوشته شد.

سه‌شنبه نوزدهم ذیقعده - دهم خرداد - تمام روز را در خانه بودم ولی با اینکه بنا بود بمطالعهٔ جزوات حقوق مشغول باشم، در نتیجهٔ پریشانی خیال تمام روز گذشت و بیش از ۴۰ صفحه نخواندم. مدّتی از بعد از ظهر این روز را بخواندن کاغذهای انگلیسی راجع بامور حاج میرزا محمود که مدّتی در انگلیس بوده است، گذشت. میرزا محمّدعلی پسر آن مرحوم هم در آنجا بود. بیش از دو ساعت بتفریح گذشت. غروب بمنزل علوی رفتم. بیمار بود و در بستر از تب می‌سوخت. قریب یک ساعت نزد او بودم. بعد بخانه آمدم و کمی مطالعهٔ جزوات حقوق را کردم. اکنون حدود ده ساعت و ربع است که از ظهر می‌گذرد. در این اطاق تصمیم گرفته شد که من بعد به هیچ وجه وقت خود را بموضوعهای جزیی مصروف نداشته و در تعقیب خیالات خود کوشا باشم و در این کار از پروردگار توانا کمک می‌خواهم و امیدوارم این تصمیم باعث پیشرفت کارهای مهمی که در نظر دارم شده و در مدّت کمی که در دنیا

زندگانی می‌کنم کارهایی انجام بدهم. آری با خواست خدا و تصمیم و پشتکار همه چیز می‌توان شد و هر امری را انجام می‌توان داد. خدا می‌گوید لَیْسَ لِلْإِنْسَانِ إِلَّا مَا سَعَی. فرانسویان می‌گویند Vous faire, c'est travail. من نیز تکرار می‌کنم کار نشد ندارد. امروز عدّهٔ زیادی برای مذاکره راجع بامور متفرّقه در خانه آمده‌اند که بیشتر باعث پریشانی خیال من شد.

چهارشنبه بیستم ذیقعده - یازدهم خرداد - این روز از صبح تا غروب در خانه بودم و بمطالعهٔ جزوات حقوق اشتغال داشتم. عصر که می‌خواستم برای عیادت علوی بمنزل او بروم، بواسطهٔ باران شدیدی که شروع شد، از این قصد برگشتم و مدّت دو ساعت در اطاق نشسته بمنظرهٔ روح بخش باغچه‌ها که در این حال حالتی دیگر داشتند، چشم انداخته بودم. باری، شب نزدیک شد. من نیز در اطاق نشسته کمی از جزوات حقوق را خواندم. بعد بخواب رفتم.

۵ شنبه بیست و یکم ذیقعده - دوازدهم خرداد - صبح ۵ ساعت بظهر مانده برای امتحان دروس فارس و انگلیسی بمدرسهٔ ادب رفتم. تا ساعت دو بظهر < مانده > آنجا بودم. بعد بمدرسهٔ دارالمعلّمین رفتم و تا یک ساعت بعد از ظهر هم در آنجا ماندم. پس از آن بخانه آمده و پس از کمی مطالعه، سه ساعت بعد از ظهر بمدرسهٔ ادب رفتم. آنگاه بخانه آمده و بعد از خانه بلغانطه رفتم. علوی را در بین راه دیدم. مدّتی با او بودیم. معظمی را نیز دیدیم. بعد از آقایان خداحافظی کرده بخانه آمدم و پس از مدّتی مطالعه بخواب رفتم. در این روز کاغذی از پاریس حسینعلی خان بهرامی فرستاده بود.

جمعه بیست و دوم ذیقعده - سیزدهم خرداد - صبح تا غروب در خانه ماندم و بواسطهٔ تلفونی که از طرف میسیز رپیر و میسیز کلمن شده بود، بباغ مخبرالدوله نرفتم و تمام روز را کتاب خواندم بقدری که نزدیک غروب سردرد گرفتم. لذا بیرون رفته، مدّتی در خیابان گردش کردم تا رفقا را دیدم. زمانی را بلغانطه نشستیم. بعد برای عیادت علوی بمنزل او رفتیم. نبود. رفقا هورفر، یزدان‌فر، معظمی، و نیک‌نفس

بودند. از منزل علوی مراجعت کردیم. هورفر زودتر خداحافظی کرده رفت. بعد یزدان‌فر رفت. مدّتی در خانهٔ نیک‌نفس بصحبت گذشت. بالاخره ساعت ده خانه آمده بدون مطالعهٔ کتاب خفتم.

شنبه بیست و سوم ذیقعده - چهاردهم خرداد - صبح ۵ ساعت بظهر مانده برای امتحان تاریخ بمدرسهٔ ادب رفتم و تا دو ساعت بظهر مانده آنجا بودم. از آنجا بهمراهی یزدان‌فر بوزارت معارف آمدیم. بعد از او خداحافظی کردم. بمدرسهٔ حقوق رفتم تا اسم خود را در دفتر برای دادن امتحان ثبت نمایم. چون این کار مستلزم ارائهٔ سجلّ احوال و تصدیق مدرسه‌ای که از آن فارغ التحصیل شده‌ام بود، ثبت اسم موکول بدفعهٔ دیگری شد. لذا بخانه آمده و کمی مطالعه نمودم. بعد از نهار دایی پدرم موسوم بعزیزاللّه که پیرمرد شیرین بیان خوش مزّه‌ایست آمد و تمام بعد از ظهر را بصبحت با او گذراندم. عصر بمنزل علوی رفتم. نبود. از آنجا بخیابان رفتم و از کتابخانهٔ کاوه دو جلد کتاب عربی بنام البوساء که ترجمهٔ کتاب *Les Misérables* ویکتور هوگو نویسنده و شاعر شهیر فرانسوی است با کلمات حضرت علی خریدم. از آنجا کتابخانهٔ طهران و بعد بلغانطه رفتم. فرساد و نیک‌نفس هر یک بعد از دیگری آمدند. مدّتی در آنجا بودیم بعد بطرف خانه روان شدیم و مدّتی با نیک‌نفس و بعد از او مدّتی با آقا شیخ محمّدحسین نهاوندی صحبت می‌کردم. بالاخره ساعت ده و نیم بخانه آمدم.

یکشنبه بیست و چهارم ذیقعده - پانزدهم خرداد - صبح را تا ظهر در خانه بودم و بمطالعهٔ جزوات حقوق پرداختم. سه ساعت بعد از ظهر برای امتحان انگلیسی بمدرسهٔ علمیّه رفتم و تا ساعت ۵ آنجا بودم. از مدرسهٔ علمیّه با میرزا علیرضا قریب بوزارت معارف رفتم. یزدان‌فر، ناصر، و هورفر را در آنجا دیدیم. از وزارت معارف بخانه آمدم و بعد از ده دقیقه توقّف بخیابان رفتم. مدّتی در خیابان گردش کردم و بعد بلغانطه رفته ده دقیقه نیز در آنجا بودم. سپس بخانه آمده بعد از کمی مطالعه بخواب رفتم.

روز دوشنبه بیست و پنجم ذیقعده - شانزدهم خرداد - ساعت ۵ صبح برای امتحان بمدرسهٔ ثروت رفتم. تا ظهر در آنجا بودم. از آنجا بطرف خانه آمدم و کمی بمطالعه پرداختم. بعد برای اینکه نوکر علوی آمده و مرا خواسته بود، بمنزل علوی رفتم و با هم بطرف خانهٔ فرّخی رهسپار شدیم. در منزل فرّخی عدّهٔ زیادی از قبیل موسوی‌زاده، عین الممالک، و غیره بودند. مدّتی بمذاکرات سیاسی گذشت. بالاخره ساعت ۹ با علوی و عبدالحسین خان مجیر از منزل فرّخی بیرون آمدیم و بخانه رهسپار شدم. شب صد ورق از جزوات حقوق را مطالعه کرده بخواب رفتم.

سه‌شنبه بیست و ششم ذیقعده - هفدهم خرداد - از صبح تا غروب بمطالعهٔ جزوات حقوق مشغول بودم. فقط مدّت کمی را بمطالعهٔ سایر کتب گذراندم. باری، عصر ساعت ۶ برای ملاقات مصدّق السلطنه بیرون رفتم و با درشگه بمنزل او رفتم ولی مصدّق السلطنه نبود. کمی در انتظار بودم تا آمد. بیشتر از یک ساعت صحبت کردیم. اغلب مذاکرات راجع باوضاع کنونی ایران بود. از معارف و علوم و تمدّن سایر ملل نیز سخن بمیان آمد. بالاخره ساعت ۸/۵ بیرون آمده برای دیدار دوستان بلغانطه رفتم. ایشان را در آنجا نیافتم. یکسر خانه آمده و پس از قدری مطالعه و صرف شام، بخواب رفتم.

چهارشنبه بیست و هفتم ذیقعده - هجدهم خرداد - از صبح تا غروب در خانه بمطالعهٔ جزوات حقوق مشغول بودم. دو ساعت بعد از ظهر کاغذی از علوی رسید که در آن مرا ساعت ۵ بمنزل خود دعوت میکرد. ساعت ۵ بمنزل علوی رفته از آنجا ببازار رهسپار شدیم و بالاخره بلغانطه رفته قریب نیم ساعت آنجا بودیم. بعد بخیابان لاله‌زار رفته و چون علوی میخواست نزد فرّخی رود، با او خداحافظی کرده بخانه آمدم ولی بدبختانه چهار ساعت بکارهایی جز حقوق اشتغال ورزیدم و بدین طریق کاری از پیش نرفت. ساعت ۱۱ بخواب رفتم.

پنجشنبه بیست و هشتم ذیقعده - نوزدهم خرداد - این روز را نیز بمطالعهٔ جزوات حقوق گذراندم و از صبح تا پنج ساعت بعد از ظهر در خانه بودم. از ساعت مذکور

آقای سپهر آمد و باتّفاق او بمنزل شمس رفتیم. قریب سه ربع آنجا بودیم. بعد حرکت کرده هر سه عازم خیابان شدیم. در بین راه عمیدی را دیدیم. با او تا میدان سپه همراهی کردیم. بعد آقایان سپهر و شمس را خداحافظی کرده، باتّفاق عمیدی بطرف خانه روان شدم. در بین راه احسانی را دیدم. مدّتی با او صحبت کردم. بالاخره با او بلغانطه رفتم و در آنجا ناصر و آقا جلال‌الدین طهرانی و معظمی و آقا جلال‌الدین شوشتری را دیدم. امّا نزد آنها نرفته و بطرف خانه آمدم. مدّتی نیز بمطالعه گذشت تا بالاخره پس از صرف شام بخواب رفتم.

جمعه بیست و نهم ذیقعده – بیستم خرداد – صبح که از خواب برخاسته بمطالعهٔ جزوات مشغول شدم و این کار تا غروب ادامه داشت. صبح هوا خوب بود امّا بعد از ظهر ابرهای زیادی هوا را گرفته بقدری اسباب دلتنگی شد که حد نداشت. باری غروب بیرون رفته و در بین راه شیدفر را دیدم و مدّت کمی باو بقدم زدن در لاله‌زار گذشت. بالاخره ساعت ۸ بمنزل آمده دو مرتبه شروع بمطالعه کردم و پس از صرف شام نیز قسمتی را بهمین کار گذرانیدم بالاخره ساعت ۱۱ بخواب رفتم ولی دو ساعت از نصف شب گذشته بیدار شده و قریب سه ساعت بمطالعه گذراندم تا دوباره خوابم برد.

شنبه غرّه ذیحجّه – بیست و یکم خرداد – صبح زود از خواب برخاسته پس از مطالعهٔ جزوات حقوق بطرف منزل علوی رفتم که باتّفاق دارالمعلّمین رویم. او نبود. تنها بمدرسهٔ دارالمعلّمین رفتم و تا یک ساعت بعد از ظهر بامتحانات شفاهی تاریخ ادبیّات مشغول بودم و مدّتی هم در سر درس فرانسهٔ کلاس ششم رفتم. بالاخره یک ساعت و نیم بعد از ظهر بخانه آمده و پس از صرف نهار بمطالعهٔ جزوات حقوق مشغول شدم. عصر نیز برای گردش بخیابان رفتم ولی بواسطهٔ گرد و غبار زود برگشتم. مدّتی در مدرسهٔ دارالفنون که آراء را می‌خواندند با آقا مرتضی نخجوانی بودم. صدیق اعلم را نیز در آنجا ملاقات کرده و مدّتی با وی مذاکره می‌کردم تا بالاخره در وسط لاله‌زار از او خداحافظی کرده بخانه آمدم. اوّل شب خوابیدم و پس از صرف شام مدّتی بمطالعه گذشت و در شب دو مرتبه برای مطالعه برخاستم. بر روی هم شب خوشی نبود.

یکشنبه دوم ذیحجّه - بیست و دوم خرداد - صبح زود از خواب برخاسته بمطالعهٔ جزوات حقوق مشغول شدم. تمام روز را در خانه مانده بیرون رفتم و در این روز بیش از روزهای سابق خواندم. ساعت هفت بعد از ظهر بنا بر قراری که نیک‌نفس و معظمی و ناپلئون و یزدان‌فر داده بودند، بیرون رفتم و کمی در خیابان لاله‌زار قدم زدم. بعد بلغانطه رفتم. مدّتی تنها نشسته فکر می‌کردم تا علوی آمد و بعد عدّهٔ دیگری از یزدیها که موسوی‌زاده هم با آنها بود. کمی صحبت کردیم و چون سایر رفقا نیامدند، علوی رفت. پس از او من نیز بخانه آمده پس از مطالعهٔ چند صفحه خوابیدم. پس از صرف شام نیز کمی مطالعه کردم تا بالاخره خواب رفتم.

دوشنبه ۳ ذیحجّه - بیست و سوم خرداد - تمام روز را در خانه بمطالعهٔ جزوات حقوق گذراندم و در این روز بواسطهٔ مطالعهٔ زیاد کسل شدم بقدری که نزدیک غروب به هیچ وجه مطالب مندرجه را نمی‌فهمیدم. باری، تا ساعت ۸ بعد از ظهر باین طریق گذشت. در ساعت مذکور قرار بود بمنزل آقا محمّد هادی نیریزی که از دوستان چندین سالهٔ پدرم است، برویم. از جا برخاسته با پدرم به آنجا رفتیم. منزل او نزدیک دروازهٔ شهرنو بود. کسالت من مرا بقدری دلتنگ کرده بود که قدرت تکلّم نداشتم. باری، ساعت ۹ بخانهٔ مزبور رسیدیم. یکی دیگر از رفقای آقا محمّد هادی هم در آنجا بود. آقا محمّد هادی با اینکه از تجّار بازار است و معمولاً این طبقه در ایران بامور سیاسی توجّهی ندارند، مردی باهوش است که در سیاست نظر دارد. من آرزو می‌کنم که روزی لااقل نصف کسبه و تجّار باین درجه برسند و حقوق خود را تمییز بدهند. باری، مدّتی بمذاکرات سیاسی گذشت و پس از صرف شام که من نیز بواسطهٔ کسالت نتوانستم بخورم، باز مذاکرات سیاسی پیش آمد. بالاخره، نصف شب از آنجا حرکت کرده و کوچه و بازارها را که بندرت در آنها آدمی دیده می‌شد، طی نموده بخانه آمدم. در منتهای کسالت بخواب رفتم.

سه‌شنبه چهارم ذیحجّه - بیست و چهارم خرداد - تمام روز را در خانه نشستم و بدون هیچ درنگ بمطالعهٔ جزوات حقوق اشتغال ورزیدم. بر روی هم روز بسیار

بدی بر من گذشت. عصر هوا ابر شد و بادهای سخت وزیدن گرفت. من ساعت هفت بنا بر معهود برای دیدار مصدّق السلطنه که بمنزل نیک‌نفس آمد، رفتم. یزدان‌فر آنجا بود. رفقا یک یک حاضر شدند و پس از دو ساعت مذاکره آقای مصدّق السلطنه تشریف آوردند. من بفاصلهٔ کمی از رفقا خداحافظی کردم. بخانه آمدم و تمام شب را نخوابیدم و بمطالعه گذراندم. حقیقتاً شب بسیار بدی بود. بدبختانه این زحمات نتیجه نمی‌دهد زیرا اساس غلط است. برای اسکات فرانسویان یک عدّه از پست‌ترین اشخاص فرانسه را برای مدرسهٔ حقوق استخدام کرده‌اند و نمی‌دانم از جهت تقلید فرانسویان یا از بی‌فکری طرز امتحان غریبی در این مدرسه حکمفرماست: تمام امتحانات را در یک روز یا در یک نصف روز تمام می‌کنند. شاگرد بیچاره نمی‌داند شب امتحان یا چند شب قبل از آن چه کتابی را نگاه کند. باری، اوضاع مملکت و هرج و مرج این چنین بی‌قانونی و بیفکری را سبب می‌شود. در هر صورت شب چهارشنبه چهارم ذیحجّه یکی از بدترین شبهای زندگانی من است و بدتر از همه اینکه[1] باین دروس حقوق که با بدترین اسلوب فرانسویان جزوه می‌گویند مایل نیستم زیرا می‌دانم بدون مراجعه بدانها و حضور بدرس، از کتب فرانسویان، بوجه اتم می‌توان مطالبی را که در جزوه ناقص ذکر شده بدست آورد ولی افسوس که آنچه البتّه بجایی نرسد فریاد است. در هر صورت، شب بد هم تمام شد. ساعت هفت بظهر چای خورده و بمدرسهٔ حقوق رفتم.

چهارشنبه پنجم ذیحجّه - بیست و پنجم خرداد - در این روز امتحان کلاس دوم مدرسهٔ حقوق بود. صبح زود بمدرسهٔ حقوق رفتم و عده‌ای از شاگردان که با بیشتر آنان آشنایی نداشتم، در آنجا دیدم. هیچ یک از معلّمین نیامده بودند. باری، چهار بظهر < مانده > یک یک معلّمین حاضر شدند و امتحان شروع شد. من تا ظهر امتحانات خود را تمام کردم و خسته و وامانده بطرف خانه آمدم و عصر برای نتیجهٔ امتحانات

---

۱. + میل زیادی

بمدرسه رفتم ولی موکول بفردای آن روز کردند. عصر بلغانطه رفته و نیک‌نفس، ناصر، فرساد، هورفر، قریب، و یزدان‌فر را در آنجا یافتم. با هم مدّتی صحبت کردیم تا بالاخره بخانه آمده و با کمال خستگی از بیخوابی شب پیشین بخواب رفتم.

پنج‌شنبه ششم ذیحجّه - بیست و ششم خرداد - صبح زود از خواب برخاسته، بطرف مدرسهٔ دارالمعلّمین رفتم تا یک بعد از ظهر در آنجا بامتحانات مختلفه مشغول بودم. یک بعد از ظهر با علوی بطرف خانه آمدم و با هم سر بازار خداحافظی کرده، من پس از صرف نهار بخواب رفتم و کمی از تئاترهای مولیر را مطالعه نمودم. عصر برای نتیجهٔ امتحانات مدرسهٔ حقوق به آنجا رفتم ولی باز نتیجه معلوم نشد امّا از اخبار غیرمستقیم پذیرفته شدن خود را فهمیدم. در بین صحبت با شاگردان در مدرسهٔ حقوق، هورفر به آنجا آمد و با همراهی او بخیابان لاله‌زار آمدیم و از آنجا بلغانطه کمی نشستیم تا معظمی آمد. باری، بطرف خانه آمدیم و پس از صرف شام بزودی خفتم.

جمعه هفتم ذیحجّه - بیست و هفتم خرداد - صبح زود از خواب برخاسته بمطالعهٔ کتب مختلفهٔ فرانسه مشغول شدم و تا ظهر از خانه بیرون نرفتم. عصر برای دیدن میسیز کلمن و میسیز رپیر با آنکه حدس می‌زدم شمیران باشند، رفتم بباغ مخبرالدوله. ولی اتّفاقاً میسیز رپیر را دیدم که شمیران می‌رفت و قرار شد که با میسیز کلمن مذاکره کرده قراری بدهد. باری، از آنجا بمنزل فرّخی رفتم و عدّهٔ زیادی آنجا بودند و عدّهٔ زیادی هم بعد آمدند. بالاخره ساعت ۸ با علوی و آقا سیّد اسداللّه و عسگرخان و آقا بزرگ بطرف خانه آمدیم. و در بین راه خداحافظی کرده با علوی بلغانطه رفتیم. مدّتی آنجا بودیم. بخانه آمده، پس از نوشتن چند سطر و صرف شام بخواب رفتم.

شنبه هشتم ذیحجّه - بیست و هشتم خرداد - صبح با آنکه بایستی بمدرسهٔ دارالفنون برای امتحان شاگردان کلاس ششم ابتدایی حضور یابم، بمدرسهٔ دارالمعلّمین رفتم < برای > امتحان فرانسهٔ شاگردان کلاس دوم. مقداری در حضور فروغی گذشت. عدّه‌ای را من به تنهایی امتحان نمودم. باری، قریب نیم ساعت بعد از ظهر کار تمام

شده، بخانه آمدم. پس از صرف نهار بخواب رفتم و عصر مشغول تصحیح کتابچهٔ حقوق بودم که نیک‌نفس آمد. قریب نیم ساعت اینجا بود تا باتّفاق بمنزل علوی رفتیم. دو ساعت هم آنجا بودیم. بالاخره، بیرون آمده نیک‌نفس خداحافظی کرد. با علوی بلغانطه رفتیم. معظمی < و > عسگر خان هم آمدند. آنها می‌خواستند بمنزل فاضل تونی بروند. ما را گذاشته رفتند. دو مرتبه بلغانطه آمدیم و رفقا را در آنجا دیدیم. بالاخره ساعت ۱۰ بخانه آمده پس از قدری تصحیح جزوهٔ حقوق و صرف شام، بخواب رفتم.

یکشنبه نهم ذیحجّه - بیست و نهم خرداد - صبح برای امتحان مدرسهٔ دارالمعلّمین به آنجا رفتم و بفاصلهٔ سه ساعت امتحان تمام شد. قریب دو ساعت بظهر، بطرف مدرسهٔ دارالفنون رفته و در قسمت امتحان ریاضی که وحید رئیس امتحانات در آنجا بود، حضور یافتم. بنا بود علوی آنجا بماند تا با هم بخانهٔ فرّخی برویم. او نماند و رفت. و من نیز یک ساعت بعد از ظهر پیاده تا منزل فرّخی رفتم تا یک ساعت بغروب آنجا بودیم. بعد هر سه باتّفاق (علوی و من و فرّخی) بیرون آمده، علوی بمنزل فدائی رفت. فرّخی هم می‌خواست بشعبهٔ ادارهٔ طوفان که در ناصریه است برود، اتّفاقاً نشد چون هوا ابر بود و رگباری هم آمد. مدّتی در یکی از دکانها نشستیم. بالاخره با فرّخی خداحافظی کرده بلغانطه رفتم. عدّه‌ای از دوستان < را > آنجا دیده کمی با هم صحبت کردیم. بعد بیرون آمده بلاله‌زار رفتیم. قریب یک ساعت در آنجا بودیم. بالاخره بطرف خانه روان شدیم ولی چون زود بود، بدکان یکی از پالوده فروشها رفته قریب یک ساعت با یزدان‌فر آنجا بودیم بعد بخانه آمده پس از صرف شام خوابیدم.

دوشنبه دهم ذیحجّه - سی‌ام خرداد - صبح مدّتی بتصحیح جزوهٔ حقوق مشغول بودم. بعد بطرف منزل علوی رفتم. نبود. لذا در کوچه‌های محلّات عودلاجان و چاله میدان برای دیدن وضع مردم براه رفتن مشغول شدم در این قسمت خانهٔ آبادان یا آدمی باتوان پیدا نمی‌شود. توانگران اگر این وضع رقّت انگیز < را > ببینند بدیهی است که رحم خواهند نمود. بالاخره یک ساعت بظهر بمنزل علوی آمدم و مدّتی بکتاب خواندن گذشت. قریب ظهر رفقا که عبارت بودند از هورفر، یزدان‌فر، < و >

نیک‌نفس آمدند. روز بسیار خوشی بود. تمام بخنده و گفتگوهای شیرین گذشت. بالاخره ساعت ۶ بعد از ظهر بیرون رفتیم. در بین راه سه نفر دیگر از رفقا را دیدیم. بهمراهی آنان مدّتی مشغول گردش بودیم و به کافه مدرن که در بیرون دروازهٔ دولت واقع است رفته نزدیک نیم ساعت در آنجا بودیم. از آنجا به خندق رفتیم و قریب یک ساعت هم آنجا بخنده و صحبت گذشت بالاخره هر یک بطرف خانهٔ خود متوجّه شده من نیز خانه آمده پس از صرف شام و تصحیح جزوهٔ حقوق بخواب رفتم.

سه‌شنبه یازدهم ذیحجّه - سی و یکم خرداد - ساعت ۵ و نیم بظهر برای امتحان شاگردان ۶ سالهٔ مدارس بمدرسهٔ دارالفنون رفتم و تا ساعت یک بعد از ظهر در آنجا بامتحان کردن مشغول بودم. در ساعت مزبور خانه آمده، پس از صرف نهار بمطالعهٔ ترجمهٔ کتاب میزرابل مشغول شدم. ساعت ۵ بعد از ظهر علوی آمده و قریب نیم ساعت بنوشتن قرعه گذشت. بالاخره بیرون رفته و کم کم بمنزل فرّخی رسیدیم. تا ساعت ۹ در آنجا بودیم. حقیقتاً مهتاب بسیار قشنگی بود و منزل فرّخی که باغچه‌ایست، بسیار با طراوت شده بود. باری، در ساعت مزبور از آنجا حرکت کردم. بخانه آمده و پس از تصحیح جزوات حقوق و صرف شام بخواب رفتم.

چهارشنبه دوازدهم ذیحجّه - غرّه تیر - صبح برای امتحانات بمدرسهٔ دارالفنون رفتم و تا ظهر در آنجا بودم. بعد از ظهر پس از مطالعهٔ کتاب میزرابل برخاسته بمنزل علوی رهسپار شدم و با او بلالهزار روان شدیم. عدّه‌ای از رفقا را در راه دیدیم. با ایشان از دروازه بیرون رفته و در جاده شمیران نشسته و بچّه‌ها هم با حنجرهٔ داودی خود ما را محظوظ می‌ساختند. باری، از آنجا با علوی و هنربخش به ساوی هتل رفتیم و سینمای بی‌مزّه‌ای را تماشا کردیم. ساعت ۱۱ بخانه آمده پس از صرف شام خفتم.

۵ شنبه سیزدهم ذیحجّه - دوم تیر - صبح در مدرسهٔ دارالفنون برای امتحان حضور یافته و ظهر بخانه آمدم. عصر چهار بعد از ظهر برای انجمنی که راجع بامتحانات مدرسهٔ ادب بود، بدانجا رفتم و تا پنج و نیم آنجا بودم. بعد بطرف شعبهٔ ادارهٔ طوفان

بناصریه رفتم. علوی را در راه دیده با او بلغانطه رفته مدّتی در آنجا ماندیم. از لغانطه بمنزل فرّخی رفتیم و عدّه‌ای در آنجا بودند. باری، شب آمد و ماه شب چهارده به کمال زیبایی بخودآرایی مشغول شد. در آن باغچه از زیر برگها اشعّهٔ سیماب گون ماه هر ناظری را محظوظ می‌ساخت. تا نصف شب در خیابانهای آن باغ تنها قدم زدم. گاهی به ماه نگریستم، زمانی گلها را در اشعّهٔ آن دیدم. گوشهایم صدای پرندگان شبانه را می‌شنید. باری، نصف شب با علوی و پرتو از خیابانها گذشته نزدیک لاله‌زار بدرشگه نشستیم و بخانهٔ پرتو رفتیم. مدّتی با او صحبت کردیم. بالاخره ساعت سه بعد از نصف شب بخواب رفتم.

جمعه چهاردهم ذیحجّه - سوم تیر - پنج ساعت بظهر از خواب برخاسته و پس از صرف چای، چهار ساعت بظهر مانده با علوی بخانهٔ نیک‌نفس رفتیم. در موقع بیرون آمدن از خانهٔ نیک‌نفس، معظمی را در راه دیدیم. باتّفاق آقایان بمنزل یزدان‌فر رفته، ناپلئون هم آنجا بود. از آنجا بخیابان لاله‌زار آمدیم. هورفر را در راه دیده چون قرار بود بشمیران برویم، معطّل اتوموبیل شدیم. باری، بالاخره همه در اتوموبیل نشسته بتجریش رفتیم و خانه‌ای اجاره کردیم. یکی از رفقا برای خرید بیرون رفت و محمّد آقای ارباب ثقفی را در راه دید. او ما را بباغ خود دعوت کرد و تا چهار ساعت بعد از ظهر آنجا بودیم. از آنجا باتّفاق دوستان و صاحبخانه و رفیق او که نصیری نام داشت، بقلهک رفتیم ولی از راه معمولی نبود بلکه از خیابانهای سایه‌دار و مصفّا گذشته بباغ فردوس رفتیم و از آنجا بخیابان معروف بتیغستان آمدیم. مدّتی گشتیم. بالاخره همهٔ رفقا جز معظمی ماندند. با او در اتوموبیل نشسته بشهر آمدیم و تا ساعت ۱۰ در گراند سینما گذشت. بعد بخانه آمده پس از صرف شام خفتم.

شنبه پانزدهم ذیحجّه - چهارم تیر - صبح بمدرسهٔ دارالفنون رفتم و یک ساعت بعد از ظهر بخانه برگشته بعد از صرف نهار و مطالعهٔ کتاب تیره‌بختان خوابیدم. ۵ ساعت بعد از ظهر بخانهٔ علوی رفتم. نبود. دو مرتبه بدارالفنون رفتم. یزدان‌فر، هورفر، و صادق و عدّه‌ای دیگر آنجا بودند. بیرون آمده با هورفر و یزدان‌فر نزدیک سبزه میدان رفتم. در

آنجا هورفر کار خود را انجام داده سپس بلاله‌زار آمدیم. علوی و فرساد را در آنجا یافتیم. با ایشان به بیرون دروازهٔ دولت رهسپار شدیم. در این راه فاضل تونی را دیدم. با او صحبت می‌کردم ولی رفقا ما را پس گذاشته برگشتند. باری، با آقای فاضل مدّتی نشسته راجع بامور مملکت بدبخت ایران صحبت می‌کردیم. ساعت ۹ خداحافظی کرده در ساعت ده بخانه رسیدم. خستگی زیاد بر من دست داده بود. کمی کتاب تیره‌بختان را خوانده پس از صرف شام بخواب رفتم.

یکشنبه شانزدهم ذیحجّه - پنجم تیر - صبح بمدرسهٔ دارالفنون حاضر شده و برای یک ساعت بظهر مانده کار خود را تمام کردم. مدّتی در مدرسهٔ دارالفنون گردش کردم. باری بعد بخانه آمدم و چون بنا بود در مدرسهٔ دارالمعلّمین حضور بهم رسانیم، سه ساعت بعد از ظهر بمنزل علوی رفتم و باتّفاق او و زین العابدین خان بدرشگه نشسته آنجا رفتیم. وزیر معارف نصیرالدوله و رئیس کلّ مالیّه میلسپو برای بازدید اثاثیهٔ شکستهٔ مدرسه آمدند. بیش < از > ده دقیقه نماندند و رفتند. شاگردان که منتظر عکس انداختن بودند تا ساعت ۶ آنجا ماندند. باری، بالاخره عکسی برداشته شد. آنگاه با رفقا از مدرسه بیرون آمده با علوی و هنربخش بلغانطه رفتیم. مدّتی در آنجا مانده بعد بلاله‌زار رهسپار شدیم. کمی گردش کردیم. از آنجا با معظمی به Hôtel de Paris هتل دو پاریس رفتیم. بالاخره بخانه آمده پس از مطالعهٔ کتاب تیره‌بختان و صرف شام بخواب رفتم.

دوشنبه هفدهم ذیحجّه - ششم تیر - صبح برای امتحان بمدرسهٔ دارالفنون رفتم و تا ظهر آنجا بودم. بعد از ظهر بخانه آمده و پس از صرف نهار و مطالعهٔ کتاب تیره‌بختان بخواب رفتم. زیاد نخوابیدم از آنکه هوا گرم بود. ساعت چهار بعد از ظهر بمنزل نیک‌نفس رفتم تا با او برای عکس برداشتن بمدرسهٔ علمیّه رویم. او نبود. قریب یک ساعت در کوچه منتظر او بودم. چون نیامد خود تنها بدانجا رفته و عکسی از شاگردان کلاس چهار متوسّطه با معلّمین ایشان برداشته شد. باری، از مدرسهٔ علمیّه بخیابان لاله‌زار آمده و هر دم با عدّه‌ای از رفقا گردش می‌کردم تا ساعت ۱۰ بخانه آمده پس از صرف شام بخواب رفتم.

سه‌شنبه هجدهم ذیحجّه - هفتم تیر - صبح زود از خواب برخاسته کمی بمطالعهٔ کتب انگلیسی گذشت. آنگاه ساعت نه بمیدان سپه رفته و در آنجا اتوموبیل نشسته بقلهک رفتم. ساعت ده منزل میسیز رپیر بودم. مدّتی با او صحبت کردم. بعد چون میسیز هنکل زن مستشار فلاحت می‌خواسته مرا ببیند، با میسیز رپیر باتوموبیل نشسته بتجریش رفتیم و قریب نیم ساعت آنجا بودم. دو مرتبه با اتوموبیل میسیز رپیر بقلهک آمده از میسیز کلمن ملاقاتی نمودم. آنگاه ساعت یک بعد از ظهر باتومبیل نشسته بخانه آمدم و پس از صرف نهار و مطالعهٔ کتاب انگلیسی بخواب رفتم. عصر ساعت ۵ بمنزل علوی رفتم. عدّهٔ زیادی از دوستان آنجا بودند. تا هفت بعد از ظهر آنجا بودیم. از آنجا بیرون آمده بلاله‌زار رفتند. و چون هوا طوفانی شد، کمی در لغانطه نشسته بخانه آمدم و بدون مطالعهٔ کتاب صرف شام کردم و خفتم.

چهارشنبه نوزدهم ذیحجّه - هشتم تیر - ۵ ساعت بظهر بمدرسهٔ دارالفنون رفتم. در این روز امتحانات شفاهی تمام شد. ظهر بخانه آمده و پس از صرف نهار و مطالعهٔ کتاب انگلیسی بخواب رفته و چون بیدار شدم قریب سه ساعت نیز کتاب خوانده آنگاه بشعبهٔ ادارهٔ طوفان در ناصریّه رفتم. فرّخی با سه نفر دیگر در آنجا بودند. پس از کمی درنگ، همه باتّفاق برخاسته بیرون رفتم و در بین راه علوی و حسین آقای هورفر را دیدیم. باتّفاق ایشان بباغچهٔ فرّخی که در بیرون دروازهٔ دولت است، رفته و تا ساعت ده و نیم آنجا بودیم. تمام این مدّت بمذاکرات ادبی گذشت. یکی شعر حافظ می‌خواند، آن یک از غزلیّات سعدی می‌گفت. هر یک این بزم ادبی را بگونه‌ای گرم کردند. باری، در ساعتی[1] که در بالا نوشتم، از منزل فرّخی بیرون آمدیم و چون هوا گرفته و بیم آمدن باران بود، تند راه افتادیم. ساعت یازده بخانه رسیده بدون مطالعهٔ کتاب سر سفره رفتم و چون میل زیادی نداشتم، زودتر از سایرین برخاسته خوابیدم.

پنج‌شنبه بیستم ذیحجّه - نهم تیر - صبح زود از خواب برخاسته، پس از خوردن چای بمطالعهٔ کتاب سه تفنگدار انگلیسی پرداختم. تمام روز را در خانه بودم و مقدار

---

۱. در اصل: ساعت

زیادی از این کتاب را خوانم. ساعت پنج بعد از ظهر بمدرسهٔ دارالفنون برای مشاوره در امور امتحانات سال ششم ابتدایی رفته تا ساعت هفت آنجا بودم. آنگاه باتّفاق رفقا بلاله‌زار و خیابان علاء الدوله و بلغانطه رفتم. مدّتی در لغانطه بصحبت گذشت. بالاخره ساعت ۹/۵ بخانه آمده پس از کمی مطالعه بخواب رفته بعد برخاسته صرف شام کرده دوباره خوابیدم.

جمعه بیست و یکم - دهم تیر - صبح از خواب برخاسته ورقی چند از کتاب سه تفنگدار انگلیسی خواندم آنگاه چون بنا بود بمنزل نیک‌نفس بروم، ساعت هفت و نیم آنجا رفته او نبود. لذا بخانهٔ معظمی رفتم. در بین راه هورفر و یزدان‌فر را نیز دیدم. با هم بخانهٔ معظمی رفتیم. نیک‌نفس آنجا بود. باری، باتّفاق آقایان بمنزل عماد رجب دعوتی داشتیم. رفتیم. اوّل مجلس رونقی نداشت ولی کم کم رو بخوبی گذاشت و بر روی هم روز بدی نگذشت. تمام آن روز بخنده با شنیدن ساز و ویولن گذشت. تنها آوازه‌خوانی کم داشت. باری، عصر باتّفاق مدعوین که بده نفر می‌رسیدند، از خانهٔ عماد بیرون آمده بیرون دروازه دولت رفتیم و مدّتی گردش کردیم. ساعت هشت و نیم باتّفاق علوی و عماد بسینما رفتیم. پردهٔ بدی نبود. ساعت یازده بخانه آمده پس از صرف شام بخواب رفتم.

شنبه بیست و دوم ذیحجّه - یازدهم تیر - سحر از خواب برخاسته در این موقع بواسطهٔ ورود یکی از خویشاوندان که بمشهد رضا مشرّف شده بود، پسر دایی برای عید آمد. چون مهتاب بود، من نیز به مادرم که می‌خواست همان وقت برود، همراهی کردم. در تمام خیابانها و کوچه‌ها و بازارها جز مستحفظین و فقراکه روی زمین خوابیده بودند، کسی را ندیدم. باری، قریب دو ساعت بآفتاب مانده بمکان معهود رسیدیم و مدّتی بصحبت گذشت. ساعت ۸ برخاسته بیرون آمدم و تا مدّتی در بازار بودم. باتّفاق آقا علی عنایت و شیدفر بناصریّه رفتیم. علوی آنجا بود. با علوی بوزارت معارف رفته آقا شیخ محمود عراقی را که از گیلان مراجعت کرده بود، در آنجا دیدم. باتّفاق علوی بعزم خانه برگشتم. در بین راه بشعبهٔ ادارهٔ طوفان در ناصریّه رفتیم. فرّخی آنجا بود. چون کاری داشت، بیرون رفت و ما مدّتی بانتظار نشستیم تا برگشت. با علوی و

فرّخی درشگه نشسته بمنزل فرّخی رفتیم و تمام روز را در آنجا ماندیم. خوش گذشت. عصر فدائی و دو نفر دیگر از دوستان او آمدند. قریب دو ساعت راجع بامور سیاسی و اقتصادی صحبت کردیم. بالاخره ساعت نه و نیم بخانه آمده چون خسته بودم، کمی غذا خورده بخواب رفتم.

یکشنبه بیست و سوم ذیحجّه - دوازدهم تیر - صبح زود از خواب برخاسته پس از قدری مطالعه بحمام رفتم. از آنجا آمده، ساعت هشت و نیم بمیدان سپه حاضر شده، چون اتوموبیل نبود، قدری در انتظار ماندم. باری، باتوموبیل نشسته بقلهک رفتم. میسیز کلمن مریض بود. قریب دو ساعت در خیابان تیغستان گردش کردم. بالاخره، دوباره باتومبیل نشسته در میدان سپه پیاده شدم. پس از صرف نهار، خوابیدم. آنگاه بیدار شده و چون بنا بود رفقا بمنزل من بیایند، در انتظار بودم. یزدان‌فر و علوی آمده باتّفاق ایشان ببخش پیش‌آهنگان رفتیم. بد نگذشت و شاگردان بد بازی نکردند. اگر مقاصد سیاسی در این کار نباشد، برای زندگی اطفال لازم است. باری، مغرب از آنجا بیرون آمده با رفقا بخیابان لاله‌زار رفتیم. مدّتی هم در آنجا بودیم. بعد باتّفاق معظمی، هورفر، یزدان‌فر، < و > نیک‌نفس بلغانطه آمده قریب یک ساعت آنجا نشستیم. از آنجا برخاسته بخانه آمدم و پس از کمی مطالعه بخواب رفتم. شب کسالت بخش بدی داشتم.

دوشنبه بیست و چهارم ذیحجّه - سیزدهم تیر - صبح از خواب برخاسته قریب سه ساعت کتاب انگلیسی خواندم. آنگاه بوزارت معارف رفته رفقا آنجا بودند. از مرآت ملاقاتی شد. از وزارت معارف ببازار رهسپار شده احمد زرافشان که از قدیمی‌ترین دوستان منست را ملاقات کردم. مشارالیه در همدان بود و سه روز اجازه داشت که در طهران بماند. و باری در بازار معظمی را دیدم. با او بطرف خانه آمده قرار شد که عصر رفقا منزل من بیایند. ساعت شش هورفر، نیک‌نفس، و یزدان‌فر آمدند. قریب یک ساعت و نیم آنجا بودیم. از آنجا بخیابان رفته پس از کمی گردش، بلغانطه و از لغانطه بمنزل مؤیّد الشریعه شیرازی که در شرف حرکت بشیراز است، رفتیم. ساعت ده و نیم خانه آمده پس از صرف شام خفتم.

سه‌شنبه بیست و پنجم ذیحجّه - چهاردهم تیر - صبح از خواب برخاسته پس از کمی مطالعه بعزم رفتن بقلهک از خانه بیرون رفتم. چون در شمال جنگ درگرفته بود، تمام اتوموبیلها را توقیف کرده به بجنورد می‌فرستادند. لذا در درشگه نشسته بقلهک رفتم. قریب یک ساعت نزد میسیز رپیر بودم. از آنجا بیرون آمده خواستم بتجریش بروم. درشگه یا اتوموبیلی نیافتم. لذا پیاده بتجریش رفتم و چون منزل میسیز هینکل را نمی‌دانستم، مدتی در تجریش سرگردان بودم. بالاخره ظهر منزل هینکل را پیدا کردم. نرفته سپس در اتوموبیل بزرگ (که متعلّق بروسها است) نشسته دو ساعت و نیم بعد از ظهر بخانه آمدم. نهار خورده کتاب خواندم. خوابم نبرد. ساعت ۵ بعد از ظهر علوی آمده، باتّفاق او بمنزل جوان (محمود نجم آبادی) رفتیم. در آنجا راجع بتشکیل جلسه برای دیپلمهای دارالمعلّمین صحبت در میان بود. باری، ساعت هفت و نیم از آنجا بیرون آمده با علوی و هورفر و هنربخش بلاله‌زار رفتم. از آنجا با هورفر و نیک‌نفس بلغانطه رفته مدتی نشستیم. آنگاه بخانه آمده پس از صرف شام خفتم.

چهارشنبه بیست و ششم ذیحجّه - پانزدهم تیر - صبح بمطالعهٔ کتب انگلیسی گذشت. نزدیک ظهر بمنزل علوی رفتم. نبود. بخزانه‌داری رفتم. علوی و هنربخش و شیدفر آنجا بودند. قرار شد پول گرفته با هم برویم. ایشان نمانده رفته در موقع پول گرفتن نیک‌نفس آمد با هم ببازار رفته ناهار خوردیم. در بازار علوی و هنربخش را دیدم. با نیک‌نفس خداحافظی کردم. با آقایان برای خرید گیوه بدکان گیوه فروشی رفتم. بعد از اتمام خرید گیوه، بار دیگر بمنزل علوی رفتم. قریب سه ساعت آنجا بودیم. از آنجا بیرون آمده با علوی بمنزل یزدان‌فر رفتم. نبود. کمی گردش کردیم. بالاخره دوباره برگشته یزدان‌فر و هورفر آنجا بودند. قریب سه ساعت در آنجا بودیم و صفحات صوت آواز طاهرزاده و تار آقا حسینقلی که هر دو نفر بزرگترین خوانندگان و نوازندگان عصر معاصر ایرانند، را شنیدم. از آنجا بیرون آمده کمی در خیابان گردیدم و بلغانطه رفته پس از یک ساعت درنگ، بخانه آمده بعد از صرف شام خفتم.

۵ شنبه بیست و هفتم ذیحجّه - شانزدهم تیر - تا غروب در خانه بودم. سه ساعت و نیم بعد از ظهر آقا میرزا محمود خلیلی با یکی از رفقای موسوم به تقیخان بمنزل من آمدند و تا ساعت شش بعد از ظهر آنجا بودند. یک ساعت پس از حرکت ایشان بیرون رفتم و تنها تا دروازه دولت رفتم. در راه نوربخش را دیدم. با او بلالهزار آمده و ناصر را ملاقات کردم. در این راه دکتر شیخ را دیده با او بکافه لندن رفتم. از آنجا بخانه آمده پس از کمی مطالعهٔ کتاب انگلیسی (راجع بتاریخ بهائیها) و صرف شام خفتم.

جمعه بیست و هشتم ذیحجّه - هفدهم تیر - صبح پس از مطالعهٔ کتاب انگلیسی راجع ببهائیها، بعزم رفتن بونک بیرون رفتم. درشگه نیافتم. درین راه علوی و هنربخش و مصطفی خان نوریانی را دیدم. بهمراهی آقایان ببازار رفتم. ایشان برای رفتن دماوند محتاج بخرید اجناسی بودند. باری، از بازار بمنزل علوی رفتم و نهار صرف کرده تا ساعت هفت بعد از ظهر آنجا بودم. از آنجا بخیابان رفته و خیابانهای قوام السلطنه و علاءالدوله را گردش کردیم. آنگاه بلغانطه آمده ساعتی نشسته، بعد از لغانطه با علوی بطرف خانه آمده پس از کمی مطالعه و صرف شام خفتم.

شنبه بیست و نهم ذیحجّه - هجدهم تیر - صبح بسیار زود از خواب برخاسته در سر پامنار الاغی گرفته بعزم ونک از دروازه بیرون رفتم. الاغ راه نمیرفت و هوا گرم بود. در راه هم هیچ سایهای پیدا نبود. باری، دو ساعت بظهر مانده بونک رسیدم و بباغ آقا جلالالدین طهرانی وارد شدم. رفقا که عبارت بودند از یزدانفر، فرساد، نیکنفس، و هورفر آنجا بودند. کمی بصحبت و مطایبه گذشت. آنگاه صرف نهار کردیم و بعد بمطالعهٔ کتابهای لاروس پرداختم. تا یک بعد از نصف شب هم بیدار بودیم و بصحبت گذرانیدیم. بالاخره خفتم ولی بواسطهٔ گرمی اطاقی که در آنجا بودیم، خوابم نبرد.

یکشنبه سیام ذیحجّه - نوزدهم تیر - صبح از خواب برخاستم و پس از صرف شیر و چای، بیرون رفتم. چون روز عید آب پاشان ارامنه بود، بونک ارامنه رفتم. دختران زیبا هر یک دست جوانی را در دست گرفته در کنار سبزه و جوی نشسته بودند. یکی با

نگاه عاشقانه بمحبوبهٔ خویش می‌نگریست. آن سرمست شراب با معشوقهٔ خویش می‌رقصید. همه در شادی و عیش بودند. یکی از لوطی‌های طهران نیز بساط پهلوان کچل را مهیّا کرده بود و بر خرّمی و سرور حاضرین می‌افزود. نزدیک ظهر بخانه آمده پس از صرف نهار کمی بصحبت گذشته بعد ساعت ۵ بعد از ظهر دوباره آنجا رفتم. نسیم‌های خوشی می‌وزید. دختران زیبا که خود را بلباسهای قشنگ آراسته بودند، گروه گروه در سبزه می‌خرامیدند. دسته‌ای ساز می‌زدند. آنگاه غروب نزدیک شد و ساعتهای شادمانی رو برفتن گذاشت ولی در آخر این ساعات یک لحظه وجد و سروری پدیدار شد که هر باذوقی را مدهوش می‌کرد. چراغی کم نور می‌سوخت و دسته‌ای از ارامنهٔ قفقاز ساز می‌زدند. در این میان دختران زیبا را بنوبت در میان کشیده برقص وا می‌داشتند. با آن حرکات و غرابت اگر سلمان فارسی بود، از راه راست منحرف می‌شد. این دقایق را قلم نمی‌تواند شرح دهد. تنها یک اشاره لازم است تا صاحب ذوق باقی مطلب را خود درک نماید. باری، خواستم بشهر بیایم. مرکوبی پیدا نشد. ناچار با رفقا بباغ رفتیم و در آنجا تا نصف شب بخنده و شوخی گذشت. بعد از صرف شام خفتم.

دوشنبه غرّه محرّم الحرام ۱۳۴۵ - بیستم تیر - صبح زود (هفت و نیم بظهر) در ونک از خواب برخاسته بهمراهی سه نفر از آشنایانی که با ما بودند، پیاده بطرف طهران آمدیم. در راه شخص دیگری که او خود همراهی داشت، بما ملحق گشت. در بین راه بد نگذشت. صحبت و شوخی راه را کوتاهتر می‌کرد. باری، چهار ساعت و نیم بظهر بمیدان سپه آمده از آنجا بلغانطه رفته نان و چای خوردم. از لغانطه بخانه آمده و پس از مطالعهٔ کتاب انگلیسی و خواب نهار خورده و بعد دو مرتبه کتاب خوانده بخواب رفتم. عصر نزد فرّخی رفته و از آنجا بلغانطه آمده نیک‌نفس و معظمی آنجا بودند. یک ساعت بعد آقا جلال‌الدین شوشتری که از همراهان راه ونک بود، آمد. نیم ساعت گذشت که یزدان‌فر و هورفر بهمراهی شیخ نصراللّه که بیشتر در ونک است و کمی خبط دماغ دارد، آمدند. مدّتی نشسته صحبت کردیم. سپس برخاسته بخانه آمده پس از مطالعهٔ کتاب و صرف شام بخواب رفتم.

سه‌شنبه دوم محرّم - بیستم تیر - صبح زود از خواب برخاسته پس از کمی مطالعه بعزم رفتن بقلهک حرکت کرده در میدان سپه باتوموبیل نشسته در قلهک پیاده شدم. ولی درس میسیز رپیر در آن روز تعطیل گردید. لذا پیاده بتجریش رفتم و قریب یکساعت و نیم با میسیز هنکل زن مستشار فلاحت که بیست روز بیش نیست وارد شده بمذاکرهٔ فارسی مشغول شدیم. نیم ساعت بظهر در تجریش اتوموبیل نشسته ظهر خانه رسیدم. پس از صرف نهار، خفته زود برخاستم و قسمت مهمّی از کتاب انگلیسی راجع ببابیها و بهائیها را خواندم. ساعت شش بعد از ظهر عدّه‌ای از فارغ التحصیل‌های دارالمعلّمین برای مذاکره و تشکیل جلسات ادبی آمدند. مدتی بمذاکره گذشت. ساعت هفت و نیم بیرون رفته در خیابان گردش کردم. از آنجا بلغانطه رفته آنگاه خانه آمده بدون مطالعهٔ کتاب شام خورده خفتم.

چهارشنبه سوم محرّم - بیست و یکم تیر - صبح از خواب برخاسته پس از مطالعهٔ زیاد بمجلس شورای ملّی برای دیدن عبدالحسین خان سرداری رفتم. قریب سه ربع در آنجا مانده آنگاه بدایرهٔ صندوق[1] وزارت مالیّه رفته مقداری پول از بابت حقوق کلاسهای متوسّطه که عقب مانده بود، گرفتم. فرساد، معظمی، < و > یزدان‌فر نیز آنجا بودند. با هم بلغانطه آمده از لغانطه بخیابان ناصریّه رفتیم. بعد بالاخره با همه خداحافظی کرده با معظمی ببازار رفتیم. قریب ظهر بخانه آمدم. روز هیچ نخوابیدم و مقدار بسیار زیادی از کتاب انگلیسی راجع ببهائیها را خواندم. هفت بعد از ظهر خیابان رفته و پس از رفتن بلغانطه و مدّتی صحبت کردن خانه آمدم. چند صفحه کتاب خواندم و شام خورده خفتم. در این روز کاغذی از سیّد ابوالفضل طباطبایی که در مصر است، رسید.

پنج‌شنبه چهارم محرّم - بیست و دوّم تیر - صبح از خواب برخاسته پس از مطالعهٔ کتاب انگلیسی راجع ببهائیها با یزدان‌فر بمنزل جودت ناظم مدرسهٔ ادب رفتیم. عدّه‌ای هم از رشتیها آمدند. تا ۳ ساعت بظهر آنجا بودیم. از منزل جودت، با خود او و دهزاد بیرون آمده دهزاد خداحافظی کرد و دیگران بوزارت معارف رفته مدّتی در

---

۱. در اصل: بصندوق

آنجا بودیم. بعد ببازار آمده نیک‌نفس و فرساد را دیدیم. بعد با یزدان‌فر و نیک‌نفس و فرساد ببازار مالخرها رفته نهار خوردیم. آنگاه بدکان میوه‌فروش رفته قریب سه ساعت آنجا بودیم. نیک‌نفس زودتر از همه رفت. من بقیّهٔ روز را در کتابخانه‌ها و غیره گذرانیدم. نزدیک غروب بلغانطه رفتیم. آقا شیخ محمود خلیلی هم آمد. از لغانطه بیرون آمده با رفقا بخیابان رفته ولی در بین راه از سایر رفقا خداحافظی کردم. با خلیلی خیلی راه رفتیم. بالاخره او را هم وداع کرده بلاله‌زار آمدم. احسانی را دیدم. با هم لغانطه رفتیم. بعد قریب ساعت ده بخانه آمده پس از مختصر مطالعه‌ای شام خورده خفتم.

جمعه پنجم محرّم - بیست و سوم تیر - از صبح تا غروب در خانه بودم و تمام روز را بمطالعهٔ کتب انگلیسی گذراندم. بواسطهٔ گرمی هوا، خواب نکردم. نزدیک هفت بعد از ظهر بخیابان رفته و گردش‌کنان بمنزل فرّخی رسیدم. قریب یک ساعت آنجا بودم. آنگاه دو مرتبه بخیابان آمده رفقا را دیدم. با هم لغانطه رفتیم. و از لغانطه هم با یزدان‌فر و معظمی بمنزل نیک‌نفس رفته قریب دو ساعت آنجا بودیم. بالاخره برخاسته بخانه آمده پس از صرف شام خفتم.

شنبه ششم محرّم - بیست و چهارم تیر - صبح از خواب برخاسته، پس از مطالعهٔ کتاب بطرف خزانه‌داری رفتم. یزدان‌فر و عدّهٔ دیگری از رفقا آنجا بودند. یزدان‌فر زود بازار رفت و بنا شد من نیز بروم. قریب یک ساعت بظهر ببازار حجرهٔ سیّد احمد که در تیمچهٔ سقط فروشها دکان دارد رفتم. این سیّد خوش‌سیما و خوش اخلاق و زیاد زرنگ است. بناست روزی دماوند آمده بدوستان ملحق گردد. باری، در همان حجره نهار صرف شد. مدّتی بصحبت گذشت. بعد از آنجا بدکان میوه‌فروشی رفتیم. خیلی صحبت کرده خندیدم. از آنجا بخیابانها برای اتوموبیل رفتیم و بالاخره اتوموبیلی برای رفتن بدماوند گرفتند و بنا شد من نیز بروم. چهار ساعت بغروب بمنزل یزدان‌فر رفتم. بنا بود یک نفر از رفقایش آنجا بیاید. اتّفاقاً نیامد. بعد از یک ساعت و نیم نیک‌نفس و ناصر آمدند. مدّتی با آنها بودم. بالاخره از خانه بیرون آمدیم. یزدان‌فر می‌خواست بقصر قاجار رفته

برادر خود را که در نظام منصب سلطانی دارد و در آن اردو زندگی می‌کند، ببیند. مرا نیز باین گردش و دیدار دعوت کرد. قبول نمودم. با هم و نوکرش که نظامی بود، درشگه نشسته غروب نزدیک بود. درشگه ما را از خیابانهای پر جمعیّت شهر گذرانده آنگاه بخیابان باصفای شمیران رساند. در دو طرف درخت و آب بود. در این راه معظمی را دیدیم. او را نیز با خود آورده بمقصد رسیدیم. نظامی ما را هدایت کرد. از چادرها گذشته بچادری که می‌خواستیم رسیدیم. صاحب منصب مزبور < را > که اسمش علی‌رضا خان است، یافتیم. اوضاع نظامی کمی بهبودی یافته و اگر در باطن روح و تربیتی در کار نیست، از زمان ناصرالدین شاه و سلاطین بعد آن بمراتب بهتر است. چادر مزبور نیز بزرگ و تمیز بود. تخت خواب و چند صندلی و دو میز در آن بود. تلفونی بچوب چادر نصب کرده بودند. بر روی هم شباهتی بچادرهای نظام اروپا داشت. خصوصاً صاحب منصبی که درآن زندگی می‌کند، خود در فرنگ تحصیلات نظامی خود را تمام کرده است. قریب دو ساعت در بیرون چادر کنار آب و مقابل مهتاب بسخن‌گویی گذشت و بالاخره پس از صحبت‌ها و خنده‌ها، در اتوموبیلی که باختیار صاحب منصب مزبور بود، نشسته با دو نفر صاحب منصب دیگر راه افتادیم. ده دقیقه گذشت که بشهر رسیدیم. از میدان سپه صاحب منصبان مزبور را وداع کردم. خود بلغانطه رفتم و از لغانطه بمنزل نیک‌نفس، ولی او نبود. لذا ده دقیقه مانده آنگاه برخاسته هر یک بخانه رفتیم چون خسته بودم، پس از کمی مطالعه و نوشتن سطری چند بخواب رفتم.

یکشنبه هفتم محرّم - بیست و پنجم تیر - صبح از خواب برخاسته و پس از کمی درنگ در خانه، بطرف خزانه‌داری رفتم. رفقا آنجا بودند. با هم بحجرهٔ سیّد احمد رفته و در بازار نهار خورده بخانه آمدم و مقدّمات سفر دماوند را مهیّا کرده دو ساعت بعد از ظهر بخیابان لاله‌زار رفتم. دوستان همسفر یزدان‌فر، نیک‌نفس، فرساد، ناصر، و برادر کوچک نیک‌نفس آقا بزرگ بودند. در راه سانحه‌ای روی نداد. از راههای دماوند و گاهی در جلگه و شب در کوه بوده گذشتیم و مناظر طبیعی را با چشم غریب دیده نیم ساعت بغروب بدماوند رسیدیم. در دماوند اوّل مصطفی خان نوریانی آنگاه شیدفر و هنربخش و علوی را دیدیم. شب را با مختصر تفریح و غذا گذرانیده خفتم.

دوشنبه هشتم محرّم - بیست و ششم تیر - پیش از طلوع آفتاب از خواب برخاستیم و با نیک‌نفس در دامنۀ کوهی که سبز و خرّم بود، منظرۀ زیبای طلوع آفتاب را دیدیم و آنگاه بباغ آمده بعد از صرف شیر و چای، با رفقا بیرون رفتیم. در این روز مسجدی دیدم بسیار کهنه که در زمان شاه اسماعیل (۹۲۷) آن را تعمیر کرده بودند. و سنگی که مشعر بر تخفیف مالیاتی دماوند بود، از زمان شاه عبّاس بزرگ در آنجا مشاهده کردیم. تمام اینها می‌رساند که دماوند یکی از قدیمترین ده‌های ایران است. عصر برای دیدن علوی و شیدفر و هنربخش که در روح افزا بودند، بدانجا رفتیم. شب بتکیۀ دماوند رفته مردم مشغول شام خوردن بودند. از آن شام نیز خوردیم.

سه‌شنبه نهم محرّم - بیست و هفتم تیر - صبح زود از خواب برخاسته در مقابل منظره‌ای که شاید بهترین مناظر دماوند است، طلوع آفتاب را دیدم. پس از صرف چای، علوی، شیدفر، < و > هنربخش آمدند و نهار را با ما خوردند و تا شش بعد از ظهر نزد ما بودند. عصر با آنها بیرون رفته مسافت زیادی پیمودیم. بعد بخانه آمده پس از صرف شام خفتم.

چهارشنبه دهم محرّم - عاشورا بیست و هشتم تیر - صبح علوی و شیدفر آمدند تا برای تعزیه بتکیۀ دماوند برویم ولی تعزیه صبح شروع نشد. لذا، علوی و شیدفر رفته بعد از صرف نهار با یزدان‌فر بتکیۀ مزبور رفتیم. تعزیۀ امام بود. خوب نبود. باری، عصر خانه آمده عصر بگردش بیرون رفتیم و شب بخانه آمده علوی و شیدفر و هنربخش با ما بودند. شام خورده، آنها بروح افزا رفته خفتیم.

۵ شنبه ۱۱ محرّم - بیست و نهم تیر - با رفقا بمنزل علوی و هنربخش و شیدفر بروح افزا رفتم. تا غروب با آنها بودیم. عصر بخانه آمده پس از صرف شام خفتیم.

جمعه دوازدهم محرّم - سی‌ام تیر - صبح از خواب برخاسته بتماشای گل و گیاهان بیرون رفتیم ولی چون بنا بود علوی و رفقایش نزد ما بیایند، زودتر مراجعت کردم. تا غروب < را > با آنان گذرانیدم. شب دیرتر از معمول شام خورده، خفتم.

شنبه سیزدهم محرّم - اول مرداد - صبح از خواب برخاسته مدّتی بتفریح گذشت. آنگاه نهار صرف کرده مدّتی بصحبت گذرانیدیم. نزدیک غروب با ناصر بتماشای طلوع ماه بیرون رفتیم. مناظر دلفریب دماوند و چمن و دشت را شعاع ماه رونقی داده بود که قلم از شرح آن عجز دارد. دهقان راه منزل خود گرفته و شبان گوسفندان خود را به آغل میبرد. نسیم فرح بخش شمیم گیاهان خوشبو میآورد و آب با صدایی که گویی مرده را جان میدهد، از میان گیاهان درهم و سبزهها گذشته و راه خود را میرفت. اشعّهٔ قمر در این هنگام اثری میبخشید که تنها چشم قوّهٔ درک لطافت آن را دارد. باری، کمی بعد سایر رفقا آمده با هم بخانه رفته شام خورده خفتیم.

یکشنبه چهاردهم محرّم - دوم مرداد - صبح با رفقا بدیدن امامزادهها بیرون رفتیم. دماوند چون از دههای قدیمی است، امامزاده زیاد دارد و شاید اغلب آنان از نسل سادات علوی طبرستانند که از پس از انقراض ایشان باین کوهستانها پناه آوردهاند. باری، مدّتی با رفقا بدیدن امامزادهها گردش کردیم. آنگاه بباغ آمده با کاظمی رئیس سجل احوال دماوند نهار خوردیم. باغ ارباب نعمت اللّه که مسکن ماست، از بزرگترین باغهای دماوند است. تنها یک اطاق دارد که در مقابل درّهٔ خرّمی قرار گرفته است. روز را در چادر و شب را در این اطاق میگذرانیدم. عصر علوی و شیدفر و هنربخش آمدند. مدّتی با ما بودند. بعد از طلوع ماه، ببیابان رفته عدّهای از رفقا را که جلوتر از ما رفته بودند، یافتیم. آنگاه با نوای ساز مدّتی در سبزه قدیم زدیم. بعد بخانه آمده شام خورده خفتیم. عصر این روز محمّد میرزا با حسین گوهری بدماوند آمده بباغ ما وارد شدند.

دوشنبه پانزدهم محرّم - سوم مرداد - صبح از خواب برخاسته پس از کمی تفریح با یزدانفر بحمام خردمند رفتیم. این حمام بیش از انتظار پاک و خوب بود، بطوری که میزبان گفت، از دو ثلث حمامهای شهر طهران بهتر بود. نزدیک دو ساعت در حمام بودیم. از حمام بیرون آمده بخانهٔ کاظمی رئیس سجل احوال دماوند رفته نهار بدی خوردیم. این شخص تمام آشنایان خود را در اطاق کوچکی جای داده و بدون فکر عدّهای را معذب داشته بود. باری، طاقت گرمای آنجا را نداشتم. از خانهٔ کاظمی بیرون

آمده، با علوی و هنربخش و شیدفر و سایر رفقا برای روانه کردن علوی و رفقایش نزدیک پل دماوند که ایستگاه اتوموبیل‌هاست، رفتیم. علوی و هنربخش و شیدفر بنا بود بطهران روند ولی اتوکار جا نبود و ناچار بواسطهٔ نداشتن جا بما ملحق شدند.

سه‌شنبه شانزدهم محرّم - چهارم مرداد - صبح از خواب برخاسته مدّتی بگردش گذراندیم. آنگاه نهار خورده و تا غروب با رفقا بصحبت گذرانیدم. غروب این روز را بیرون نرفتم و با نیک‌نفس در زیر چادر نشسته، بتماشای مناظر زیبای دماوند پرداختم. شب زودتر شام خورده، خفتم.

چهارشنبه هفدهم محرّم - پنجم مرداد - صبح زود از خواب برخاسته، پس از صرف چای با یزدان‌فر و فرساد بگردش بیرون رفتیم. نزدیک دو ساعت به تفریح گذراندیم. نزدیک ظهر بخانه آمدیم. در بین راه اتوموبیلی که باید علوی و رفقایش را بطهران برد، در ایستگاه دیدیم و چون من نیز می‌خواستم با آنها بیایم، دلال را دیده، بیعانه دادم. نهار و چای خورده، بعد از کمی درنگ بایستگاه آمدیم. تمام رفقا برای وداع حاضر بودند. نزدیک دو ساعت با ما بودند. آنگاه خداحافظی کرده رفتند. ما نیز با پیشکار شوفر در اتومبیل نشستیم. بالاخره دو ساعت بغروب آمده، حرکت کردیم. نیم ساعت از شب گذشته، بدون وقوع حادثه‌ای بشهر رسیدیم. چند شب پیش اتومبیلی نزدیک سرخ حصار بکوه خورده واژگون شده بود - یک نفر مرده و دو نفر سخت مجروح شدند که بعد از آوردن بطهران زندگی را وداع گفتند. باری در چهارراه سیّد علی پیاده شده با علوی درشگه نشسته جلو بازار پیاده شدیم. یکسر از آنجا بخانه آمدم. در این روز خبر مرگ دکتر سیّد رضا خان رضوی را شنیدم. این خبر در من خیلی اثر کرد. زیرا این جوان را که شخصاً می‌شناختم ولی زیاد با او رابطه نداشتم، سه چهار روز پیش در دماوند دیده بودم. روزی بباغ ما آمد. با هم صحبت کردیم و چون همانجا کسالتی یافت، بباغ سیّد علی اصغر که مریض او بود رفته، طبیب بیمار شده بود. در وسط چمن چون آهویی بپهلو افتاده بود. از کسالت فوق العاده اضطراب داشت. هر دقیقه میزان الحراره را از جیب درآورده، تعیین میزان حرارت خودش

می‌کرد. گویی ملهم غیبی او را از مرگ خود خبر داده بود. باری آن جوان با این درد دو روز در دماوند نمانده چون بطهران رسیده بود، ترک زندگی کرده پدر پیر و مادر نالان خود را بی‌پسر کرد. در روز ۱۵ محرم کاغذی از مستر جب آمده بود.

پنج‌شنبه هجدهم محرّم - ششم مرداد - صبح زود از خواب برخاسته، پس از نوشتن کاغذی بمستر جب، بمنزل یزدان‌فر رفتم و پیغام او را دادم. از آنجا بخزانه‌داری رفته علوی را یافته با او بلغانطه و از لغانطه بمنزل علوی رفته، نهار خورده پس از مطالعهٔ کتاب بخواب رفتم. عصر بخانه آمده کاغذی برای رفقا بدماوند نوشتم و با علوی بمنزل فرّخی رفتم. تا سه از شب گذشته منزل او بودیم. از آنجا بخانه آمده پس از صرف شام بخواب رفتم.

جمعه نوزدهم محرّم - هفتم مرداد - صبح از خواب برخاسته، تا ظهر بخواندن کتاب انگلیسی مشغول بودم. بعد قریب یکساعت خوابیده، پس از آن از خواب برخاسته دوباره بمطالعهٔ کتاب مشغول شدم. دو ساعت بغروب بمنزل علوی رفته و با او برای دیدن زین‌العابدین خان شیدفر بسبزه میدان رفتم. هر سه بلاله‌زار برای خرید رهسپار شدیم. کمی در هتل استریا نشسته، بعد بخانه آمده، پس از مطالعهٔ کتاب و صرف شام خفتم.

شنبه بیستم محرّم - هشتم مرداد - صبح از خواب برخاسته، بمطالعهٔ کتاب پرداختم. سه ساعت بظهر معظمی آنگاه علوی آمدند. پس از کمی درنگ، با هم بیرون رفتیم. معظمی زود از ما جدا شده با علوی بشعبهٔ ادارهٔ طوفان در ناصریه رفتیم و تا ظهر آنجا بودیم. از آنجا با فرّخی و علوی درشگه نشسته بمنزل فرّخی بیرون دروازه دولت رهسپار شدیم و تا سه ساعت از شب گذشته آنجا بودیم. اغلب راجع بامور روزنامهٔ ایران که در شرف انتشار است، صحبت نمودیم. باری ساعت سه و نیم از شب گذشته بخانه آمده، پس از صرف شام خفتم.

یکشنبه بیست و یکم محرّم - نهم مرداد - صبح پس از مطالعه و نوشتن چند صفحه انگلیسی برای رفتن بقلهک از خانه بیرون رفتم. در میدان سپه برای اتوموبیل قریب

یک ساعت معطّل شدم. کاغذی که برای مستر فروست امریکایی نوشته بودم بچاپارخانه سپردم و دو ساعت بظهر مانده بتجریش رفتم. نزدیک یک ساعت و نیم نزد میسیز هنکل زن مستشار فلاحت بودم تا آنگاه با اتوموبیل بقلهک آمدم. چون بنا بود علوی و شیدفر بهتل لوکس بیایند، آنجا رفتم. علوی را دیدم. نهار را در آنجا خورده روز خوشی گذشت. عصر نزد میسیز رپیر رفتم و قریب یک ساعت با او بصحبت گذشت. آقا مرتضی افجه‌ای را در قلهک دیده کمی با او گردش کردیم. بالاخره دو ساعت از شب گذشته با علوی باتوموبیل نشسته در میدان چهارراه مخبرالدوله پیاده شدیم. یکسر بخانه آمده، پس از صرف شام خفتم.

دوشنبه بیست و دوّم محرّم - دهم مرداد - صبح از خواب برخاسته و پس از صرف چای بمطالعهٔ کتاب انگلیسی پرداختم تا پنج ساعت بعد از ظهر بی‌درنگ کتاب خواندم. در ساعت مزبور بخانهٔ علوی رفتم. آقا علی آنجا بود. مدّتی بود که او را ندیده بودم. باری، با علوی بیرون آمده و پس از کمی تأمل در خیابان ناصریه، بمنزل فرّخی رفتیم. نبود. قریب سه ساعت در انتظار نشستیم، نیامد. بالاخره، بیرون آمدیم. چون علوی با یکی از رفقا از راه دیگری رفتند، تنها بخانه آمده، پس از مطالعهٔ کتاب و صرف شام، بخواب رفتم.

سه‌شنبه بیست و سوم محرم - یازدهم مرداد - از صبح تا نزدیک ظهر در خانه بمطالعهٔ کتاب مشغول بودم. و یک بظهر آقا شیخ محمود خلیلی آمده کمی با هم بودیم. بعد از خانه بیرون رفته فرّخی را در راه دیدم. کمی در شعبهٔ ادارهٔ طوفان مانده آنگاه بخانه آمدم. عصر برای دیدن آقای فروغی بمنزل ایشان رفتم. نبودند. یکی از رفقای قدیمی خود عیسی خان را آنجا دیدم. با هم بخیابان آمدیم و بعد از کمی گردش او رفته من بلغانطه رفتم. از لغانطه بیرون آمده بخانه رهسپار شدم و پس از کمی مطالعه و صرف شام بخواب رفتم.

چهارشنبه بیست و چهارم - دوازدهم مرداد - تا نزدیک ظهر بخواندن کتاب مشغول بودم. دو ساعت بظهر بشعبهٔ ادارهٔ طوفان رفتم. از آنجا با فرّخی، خلیلی مدیر اقدام < و > آقا شیخ حسین طهرانی بمنزل حسین آقای تقوی رفتم. نهار را در همانجا

خورده تا دو ساعت بغروب ماندیم. دو ساعت بغروب از خانه بیرون آمده بمنزل فرّخی رفتم تا او بیاید مدت زیاد آنجا نمانده بلاله‌زار و از لاله‌زار بناصریه آمدم. آنگاه بلغانطه رفته و از آنجا بخانه آمده پس از مدتی درنگ شام صرف کرده خفتم.

۵ شنبه بیست و پنجم محرم - سیزدهم مرداد - صبح بشعبهٔ روزنامه طوفان رفته علوی در آنجا بود. ظهر با فرّخی و علوی بمنزل فرّخی که بیرون دروازه بود رفته نهار را آنجا خوردم. تا غروب ماندیم. آنگاه برای رفتن بشمیران از خانهٔ فرّخی بیرون آمده بطرف میدان سپه رهسپار شدیم. جمعیت زیادی برای رفتن شمیران در میدان توپخانه گرد آمده بودند. در این بین زین‌العابدین خان شیدفر را نیز دیدیم. با او بدرشگه نشسته بتجریش با هم رفتیم. در راه بسیار خوش گذشت. در تجریش با علوی بدزآشوب رفته از اینکه شیدفر می‌خواست بدربند رود، او را وداع گفته بمقصد رفتیم. صبا را در باغ دیدیم. پرتو با رفقایش بحصارک رفته بودند.

جمعه بیست و ششم محرم - چهاردهم مرداد - صبح با علوی بحمام دزآشوب رفتیم. خیلی پاک و تمیز بود. از آنجا بتکیهٔ دزآشوب رفتیم و تعزیهٔ شهربانو را که خیلی ساده گذشت تماشا کردیم. بخانه آمده پس از صرف نهار بمنزل عباس خان عضو وزارت خارجه که در همان دزآشوب منزلی داشت رفتیم. تا دو از شب گذشته آنجا بودیم. چون بخانه آمدیم عده‌ای از رفقای پرتو که بعضی را می‌شناختم در آنجا یافتم. بواسطهٔ زیادی جمعیّت آن شب چندان خوش نگذشت. شب زودتر با علوی و آقا سید اسداللّه پارسا شام خورده خفتیم.

شنبه بیست و هفتم محرم - پانزدهم مرداد - صبح زود از خواب برخاسته بطهران آمدم کاری که داشتم زود انجام داده بدون درنگ بدزآشوب برگشتم. عصر بتجریش رفته شب را نیز بدون مراجعه بکتاب گذرانده نصف شب شام خورده خفتم.

یکشنبه بیست و هشتم محرم - شانزدهم مرداد - صبح از خواب برخاسته و پیاده بقلهک رفتم. میسیز رپیر را ملاقاتی کرده از آنجا نزد میسیز کلمن رفتم. آنگاه

بتجریش آمده میسیز هنکل را دیدم. نیم ساعت بظهر مانده بدزآشوب رفته عصر با علوی و پرتو دوباره بقلهک رفتیم. شب را تا یک ساعت از نصف شب گذشته بیدار بودم. در ساعت مذکور شام خورده خفتم.

دوشنبه بیست و نهم محرم - هفدهم مرداد - صبح از خواب برخاسته پس از کمی تفریح بخواندن کتاب *Le petit chose* که از مصنّفات A. Daudet است پرداختم. کتاب مزبور از رمانهای بسیار خوبی است که در آن احوال اشخاص مختلفه مجسم است. باری، عصر بتجریش رفته پس از مراجعت بخواندن کتاب و صحبت با دوستان تا نصف شب بیدار مانده شام خورده خفتم.

سه‌شنبه اول صفر - هجدهم مرداد - در این روز چند فصل از کتاب مزبور خواندم. ۵ ساعت بعد از ظهر عده‌ای برای بازی کردن با رفقا آمدند. ایشان تا پاسی از شب گذشته آنجا بودند. در این شب زیادتر از هر شب بیدار مانده، یعنی دو ساعت از نصف شب گذشته بخواب رفتم.

چهارشنبه دوم صفر - نوزدهم مرداد - این روز را تمام بخواندن کتاب پتی شوز گذراندم. عصر با رفقا بتجریش رفته زودتر از همیشه مراجعت کردیم. بمانند معمول نصف شب شام خورده، خفتم.

۵ شنبه سوم صفر - بیستم مرداد - تمام روز را در باغ ماندم. در این روز فرّخی با صبا پسر کمال السلطان صبا از شهر آمدند. شب را با این رفقا بخوشی گذرانده نصف شب شامی خورده خفتم.

جمعه چهارم صفر - بیست و یک مرداد - از صبح تا غروب در دزآشوب ماندم. نزدیک غروب برای دیدن فدائی بباغی که منزل داشت، رفتم. عده‌ای از دوستان او آنجا بودند. چون از اصفهان برگشته بود، راجع باوضاع و عادات و عمارات و اخلاق آن پایتخت قدیمی سخن رفت. عصر با محمود آقا که از لاهیجان وکیل شده بتجریش

رفتم. از آنجا بدرشگه نشسته بقلهک رهسپار شدیم. جمعیّت زیادی برای تفریح آنجا آمده بودند. تا دوازده شب در قلهک بودیم. بعد پیاده مراجعت کرده شب را مانند شبهای پیش گذرانده دیر خفتم.

شنبه پنجم صفر - بیست و دوم مرداد - تمام روز را در باغ گذراندیم. نزدیک غروب عده‌ای از رفقایی که حریف قمار دوستان بودند، آمدند. من با فرّخی بحمام دزآشوب رفتم. در حمام بسیار بد گذشت از آنکه احوالم بهم برآمد. باری، از حمام مراجعت کرده با دوستان بصحبت مشغول بودیم. در این بین، صحبت بجدال کشیده بهم برآمدگی دست داد. تمام شب را با حالت غضب بخاموشی گذراندم. نصف شب شام خورده خفتم. نزدیک صبح واقعه‌ای روی داد که شاید تا آن شب نظیر آن رخ نداده بود. در اثر خوابهای پریشان بیدار شدم و هیکل دزدی که مقابل من ایستاده در نظرم مجسم گشت. قریب ۵ دقیقه حرف زدن نمی‌توانستم. یک بار زبان گشوده با فریادی که نصف دزآشوب را خبر کرده بود، همه را بیاری خواستم. هیچگاه حالت آن دقایق از نظرم نخواهد رفت. بدترین ساعات زندگانی با کندی می‌گذرد. ایّام خوش شتاب دارند. شاید نیم ساعتی که با وهم دست بگریبان بودم یک ماه در نظرم گذشت. آری بسر که هر آن در معرض خطر و وهم است هنوز در مقابل وهم و وحشت و قدرت طبیعت از موری ناتوان‌تر است. باری، وقتی بیدار شده بیاری آمدند. شاید تمام این قضیه هم وهم تنها نبود بلکه دزد در نتیجهٔ زبان گرفتگی زود فرار کرده مثل هیکل او در نظر مجسم مانده. باری پس از جستجو و بحال آمدن من شروع بگریه کردم چون زن فرزند مرده نزدیک دو ساعت بدشک نشستم و تا صبح باین حالت با رفقا بیدار ماندم.

یکشنبه ششم صفر - بیست و سوم مرداد - در این روز بایست بقلهک بروم ولی دوستان در اثر حالت شب گذشته مرا از آن مانع شدند. خود نیز مایل برفتن نبودم. تا غروب با فرّخی و سایر رفقا در باغ گذراندم. عصر با علوی و فرّخی و پارسا بقلهک رفتم. این دو نفر بشهر رفته من با علوی بدزآشوب برگشتیم و چون شبهای گذشته این شب را بپایان رساندم.

دوشنبه هفتم صفر - بیست و چهارم مرداد - صبح زود از خواب برخاستم. سایر رفقا نیز یک یک برخاسته بصحبت مشغول شدیم. نهار خورده مهیای حرکت بطهران گشتیم. عصر بتجریش آمدیم. تمام دوستان جز علوی و صبا بشهر برگشته ساعت سه بخانه آمده چهار شام خورده نزدیک نصف شب بخواب رفتم.

سه‌شنبه هشتم صفر - بیست و پنجم مرداد - از صبح تا نزدیک ظهر بخواندن کتاب سه تفنگدار انگلیسی مشغول بودم و آن را در همین روز تمام کردم. ظهر بیرون رفته و کمی در بازار گردش نمودم. بعد از ظهر نیز پس از کمی خواب بخواندن کتاب مشغول شدم. پنج ساعت و نیم بعد از ظهر علوی آمده با او بدرشگه نشسته بخیابان ارامنه منزل حسین خان خسروخاوری و بعد بدارالمعلّمین رفتیم. این سومین جلسه فارغ التحصیلهای دارالمعلّمین است. باری، بیش از یک ربع آنجا نمانده با درشگه بخیابان نائب السلطنه منزل فرساد رفتیم. مصدق السلطنه که بنا بود برای دیدار دوستان آنجا بیاید، آمده بود. نزدیک یک ساعت و نیم از هر مطلبی سخن بمیان آمد. بالاخره مصدق السلطنه و علوی با هم بیرون رفته بشمیران رهسپار شدند. من نیز با دوستان: یزدان‌فر، معظمی، و فرساد تا خیابان لاله‌زار بگردش رفتیم. بعد نزدیک ساعت ده هر یک خداحافظی کرده بطرف خانه‌های خود رفتیم. شب بدون مطالعه کتاب شام خورده بلافاصله خفتم.

چهارشنبه نهم صفر - بیشت و ششم مرداد - از صبح تا سه ساعت بظهر مانده بخواندن کتاب انگلیسی *Twenty Years After* از مصنّفات A. Dumas مشغول بودم. آنگاه بیرون رفته کمی با خلیلی در خیابان راه رفتم. بعد نزد فرّخی رفتم. پنج ساعت بعد از ظهر علوی را در منزلش ملاقات کردم. با او بمنزل فرّخی رفتم. شب را با علوی و آقا سید اسداللّه پارسا گذرانیدم تا اندازه‌ای بد نگذشت. دو ساعت از نصف شب گذشته بخواب رفتم. در این ایام خبر ورود سالارالدوله بکردستان منتشر شده است.

پنج‌شنبه دهم صفر - بیست و هفتم مرداد - صبح زود از خواب برخاسته در باغی که بگلهای گوناگون زینت یافته بود گردش کردم. آنگاه سایر رفقا برخاسته بصحبت

کردن مشغول شدم. علوی پس از صرف چای بشمیران رفت و بنا شد ما نیز غروب برویم. آن روز را تمام در منزل فرّخی بودم و بیرون نیامدم. بواسطهٔ جنگ با سالارالدوله عده زیادی از نظامیان بیچاره را با اتوموبیلهایی که همه بزور از مردم گرفته بودند می‌بردند. آنچه ظلم و جور است در ایران بمردم می‌شود. همه از اوضاع ناراضی هستند ولی فقر و فلاکت طوری دامن‌گیر مردم ایران شده که قدرت عمل نمانده. انگلیسیها و روسها هم مزید این فلاکت و بدبختی شده‌اند. باری، مغرب برای تماشای خیابان شمیران و مهتاب به پشت بام رفتم و مدّتی در آنجا بتماشای مردم و منظره شهر پرداختم. نزدیک ساعت ده یک نفر از رفقای فرّخی موسوم به آقا ولی از مترجمین وزارت مالیّه بمنزل فرّخی < آمد. از آنجا > بیرون آمده ده و نیم بخانه رسیدم. از شب واقعهٔ شب یکشنبه حالم چندان خوب نبست. لذا شام نخورده زود بخواب رفتم. شاه چند روز است از خراسان برگشته وزراء نیز که برای افتتاح راه مازندران رفته بودند، برگشته‌اند.

جمعه یازدهم صفر - بیست و هشتم مرداد - از صبح تا نزدیک ظهر در خانه بخواندن کتاب مشغول بودم. آنگاه برای عیادت نیک‌نفس بمنزل او رفتم. بیمار را به ونک برده بودند. بطرف منزل پرتو رفتم. از محلهٔ یهودیها گذشتم. حقیقتاً مصیبت و بلا سراسر ایران را گرفته است. فقر و فلاکت این مملکت را از بین برده، خانه‌های خراب مردم فقیر، لباسهای پاره و کوچه‌های کثیف همه دلیل از میان رفتن سعادت این مملکت است. بدون اغراق بفاصلهٔ هر ده قدم در محلهٔ یهودیها موسسهٔ رهنی برای گرو گذاشتن اسباب مهیّاست. مسلمانان غیرمستقیم در تحت تبعیّت یهودیها درآمده‌اند. علما، سیاسیون، دولت و شاید خود مردم بفکر درمان این دردها نیستند. باری، پرتو نبود. بخانه آمدم و فصل اول از داستانی که می‌خواهم بنویسم < را > در این روز شروع کردم. هوا زیاد گرم < است >. کمی خوابیده بعد از صرف چای سواره بمنزل فرّخی رفتم. عدهٔ زیادی از یزدیها در آنجا بودند. تا سه ساعت از شب گذشته آنجا بودم. با میرزا علیخان سیاسی بطرف منزل آمده چون میل نداشتم، شامی نخورده خفتم.

شنبه دوازدهم صفر - بیست و نهم مرداد - سه ساعت بظهر مانده برای دادن جزوهٔ حقوق که یک سال نزد من بود بمجلس شورای ملی رفتم. عبدالحسین خان سرداری صاحب جزوه را دیدم و جزوه را بوی سپردم. آنگاه بطرف خیابان ناصریه آمدم. بعلوی و فرّخی در راه بر خوردم. با ایشان بمطبعهٔ شوروی که در عمارت سفارت قدیم روس در پامنار واقع است رفتیم. رئیس مطبعه را ملاقات کردیم. آنگاه با درشگه بمنزل فرّخی رفتم. نهار را صرف کردم. چهار ساعت و نیم بعد از ظهر با درشگه بطرف زرگنده حرکت کردم. در راه بیش از پنج اتوموبیل که سه تای آنها مخصوص بسفارتخانه‌ها بود ندیدم. تمام اتوموبیلها را دولت برای جنگ کردستان توقیف کرده بدون رضایت صاحبان آنها در هر یک بیش از معمول سرباز نشانده است. باری، اوضاع مملکت بقدری در هم بر هم است که شرح نمی‌توان داد. قریب دو ساعت در زرگنده مانده و پس از آنکه کار باتمام رسید با درشگه برگشتم. مهتاب تمام جادهٔ باصفای شمیران را روشن کرده بود. در راه خیلی خوش گذشت. در میدان توپخانه پیاده شده بلاله‌زار آمدیم و به هتل استریا L'Hôtel Astoria[1] که مهمانخانهٔ خوب مصفّایی است رفتیم. فدائی را در آنجا دیدیم. باری قریب یک ساعت نیز در آنجا مانده بعد بخانه آمده پس از صرف شام خفتم. علوی شب را بمنزل فدائی رفت.

یکشنبه سیزدهم صفر - سی‌ام مرداد - صبح زودتر از هر روز از خواب بیدار شده چند حکایت فارسی را بانگلیسی ترجمه کردم. آنگاه ساعت چهار بظهر بیرون رفته بطرف قلهک رهسپار شدم. میسیز رپیر را ملاقات کردم و قرار شد هر سه‌شنبه ملاقات < کرده امروز > بکار خویش خاتمه داده و در شهر دوباره شروع بکار کنیم. از قلهک پیاده بتجریش رفتم. هوا خیلی گرم بود. بالاخره بتجریش رسیده یک سر بمنزل میسیز هنکل رفتم و قریب یک ساعت نزد او بودم. میسیز هنکل نیز چون می‌خواهد با شوهر خویش که مستشار فلاحت است بآذربایجان رود، گفت پس از مراجعت در شهر دو مرتبه شروع بکار خواهیم کرد. ظهر از آنجا بیرون آمدم و دو

---

۱. در اصل: L'Hotel Austeria

دستگاه اتوموبیل دیدم. ناگاه چند اتوموبیل تازه ساخت دیده پس از تحقیق معلوم شد این اتوموبیلها مخصوص اتو پهلوی است و بواسطهٔ رقابت با روسها که اتوموبیلهای بزرگی در راه شمیران در کار دارند و مبالغ هنگفتی می‌دهند قیمت بلیط را ارزانتر کرده‌اند لذا از طهران تا قلهک با اتوموبیل چهار قران ولی با اتوموبیل اتو پهلوی ۳ < قران > باید داد. باری یک ساعت بعد از ظهر در مقابل منزل فرّخی پیاده شدم. او نبود. پیاده در هوای گرم بخانه آمدم. نهار خورده خفتم. عصر نزدیک دو ساعت کتاب انگلیسی خوانده بطرف خیابان ناصریه رهسپار شدم. فرّخی بود اما زیاد خوش نبود. درشگه نشسته بمنزل فروغی رفتم. او در منزل بود. اشخاص مختلفه آمده و از هر طرف سخن رفت. باری تا ساعت ۱۱ آنجا بودم. با خلیلی و محمّد میرزا از فارغ التحصیلهای دارالمعلّمین با عجله بخانه آمده شام خورده خفتم.

دوشنبه چهاردهم صفر - سی و یکم مرداد - صبح زود از خواب برخاسته پس از خواندن کتاب بطرف خزانه‌داری رفتم و صد و پنجاه تومان پولی که از بابت چهار ماه و بیست دو روز که باید بگیرم گرفته در همانجا رفقا را دیدم. با هم بوزارت معارف رفتیم. مرآت را ملاقات کردم. از وزارت معارف با رفقا ببازار آمده در بین راه عسگر خان ارباب جمعی را دیدم. با او بدرشگه نشسته بطرف خانهٔ فرّخی رفتیم. در راه علوی را در درشگه دیدیم که از خانهٔ فرّخی می‌آمد. با او برگشتیم. چون ساعت طلا و زنجیر طلای او گم شده بود برای اعلام بکمیسر رفتیم. تعطیل شده بود. بعدلیّه برای ملاقات آقای مشیرالدوله رفتیم. یکی ساعت را به او داده گفت دیشب که در منزل فرّخی بودیم یکی آن را در جیب من گذارده است. باری در این موقع از مرگان امریکایی و وزرات مالیّه ملاقاتی کردیم و با رفقا علوی و عسگرخان در بازار نهار خورده بمنزل علوی رفتیم تا عصر آنجا بودم. از منزل علوی بدرشگه نشسته نزد فرّخی رفتیم و مدتی هم آنجا بودیم. بخانه آمده خفتم. بعد از غروب بیدار شده پس از صرف شام باز خفتم.

سه‌شنبه پانزدهم صفر - اول شهریور - صبح تا مدتی بخواندن کتاب مشغول بودم. آنگاه بشعبهٔ ادارهٔ طوفان رفته قریب دو ساعت با فرّخی گذشت. با او بیرون آمده

رفقا را در راه دیدیم. با ایشان ببازار رفتیم. < با > علوی نیز اضافه کمی در بازار گردش کردیم. بعد با همه رفقا خداحافظی کردیم. بمنزل علوی رفته نهار خورده پس از نهار بخواندن کتاب پرداختم. از ۵ بعد از ظهر فارغ التحصیلهای دارالمعلّمین یک یک گرد آمدند و مدّتی راجع بانجمن علمی و ادبی که میخواهیم تشکیل دهیم صحبت بمیان بود. بزور ساعت هشت جلسه ختم شده با رفقا بیرون آمدم و از خیابان ناصریه گذشته بشمال شهر رسیدیم. عده‌ای از رفقا ما را ترک گفتند. بلغانطه رفتم. یزدان‌فر و نیک‌نفس آنجا بودند. کمی بعد فرساد آمد. بالاخره برخاستیم و یک یک خداحافظی کردیم. بخانه آمده پس از صرف شام خفتم.

چهارشنبه شانزدهم صفر - دوم شهریور - صبح مدتی در خانه بخواندن کتاب مشغول بودم آنگاه بمنزل یزدان‌فر رفتم. از آنجا بطرف خانهٔ فدائی برای دیدن علوی رهسپار شدیم. علوی در آنجا نبود. بوزارت معارف رفتیم. مدتی در آنجا بودیم. ببازار آمده پس از صرف نهار بمنزل علوی رفتیم. ناصر یزدان‌فر < و > نیک‌نفس بودند. تمام روز را بلهو و لعب گذراندیم و شب را تا نیمه نشسته بخواب رفتم.

۵ شنبه هفدهم صفر - سوم شهریور - صبح زود از خواب برخاسته و ببازی مشغول شدیم. این کار شاید بدترین فساد اخلاق بشر است. دوستی را از میان می‌برد. انسان را پست فطرت، بیشرف و عصبی می‌کند. باری ۶ تومان یافتم و پس از آن مصمم شدم که دیگر در مدت عمر بهیچ وجه این گونه بازی ننمایم و امیدوارم خداوند در انجام این تصمیم با من همراهی کند. باری، نیم ساعت از شب رفته با کمال خستگی با رفقا از خانهٔ علوی بیرون آمده من با علوی بشعبهٔ ادارهٔ طوفان رفتیم. فرّخی و پرتو آنجا بودند. قرار شد فردا با هم بمنزل پرتو برویم. از شعبهٔ ادارهٔ طوفان بلغانطه رفتیم. فرساد آنجا بود. رفقا نیم ساعت بعد آمدند. یک ساعت آنجا بودیم. بعد برخاسته بمنزل آقا شیخ محمّدتقی نهاوندی بروضه رفتم. در این میان نیک‌نفس با من همراهی کرد. تا ساعت ده آنجا بودیم. بخانه آمده پس از صرف شام خفتم.

جمعه هیجدهم صفر - چهارم شهریور - صبح زود از خواب برخاسته پس از خواندن کتاب انگلیسی نزدیک سه ساعت بظهر بیرون رفتم. اول بمنزل شمس الادبای تبریزی نزدیک مدرسهٔ ثروت رفتم و مدتی آنجا ماندم. از آنجا بمنزل پرتو رفته مدتی گذشت تا فرّخی آمد. تمام روز را در همانجا ماندیم. شب با فرّخی و علوی درشگه نشسته بخانهٔ فرّخی رفتیم. مهتاب بسیار خوبی بود. شب به پشت بام رفته خیلی خوش گذشت.

شنبه نوزدهم صفر - پنجم شهریور - صبح از منزل فرّخی بادارهٔ طوفان آمدم و تا ظهر آنجا بودم. ظهر با عده‌ای از رفقا دوباره بمنزل فرّخی رفتیم و تا غروب بخوشی گذراندم. عصر علوی رفت ولی نزدیک شب بنا بود بخانه بیایم ولی منزل فرّخی ماندم.

یکشنبه بیستم صفر - ششم شهریور - صبح از منزل فرّخی با آقا سید اسداللّه پارسا بادارهٔ طوفان آمدیم و بنا بود بمنزل علوی برویم ولی این جلسه موکول ببعد شد. در راه رفقا معظمی، نیک‌نفس و یزدان‌فر را دیدم و قرار شد عصر بدزآشوب برویم. با رفقا خداحافظی کرده دوباره بشعبهٔ طوفان رفتم تا ظهر آنجا بودم. ظهر بمنزل فرّخی رفتم. تا ۵ بعد از ظهر در همانجا ماندم. پنج بعد از ظهر با علوی بمنزل یزدان‌فر رفتیم. معظمی نیز آمد. با هم بمنزل نیک‌نفس رفتیم و در میدان توپخانه باتوموبیل نشسته در قلهک پیاده شدیم. مدتی در آنجا گردش کرده شام بدی در زیر خیمه خوردیم. بعد باتوموبیل نشسته بدزآشوب رفتیم و شب را بدون سانحه‌ای خوابیدیم.

دوشنبه بیست و یکم صفر - هفتم شهریور - صبح علوی بشهر رفت که ساززن و آوازه‌خوانی بیاورد. ما را تمام روز در این کار گذشت. بالاخره عصر با یکی از رفقا عسگرخان آمد. شب را نخوابیدم چون عسگر خان نمی‌گذاشت کسی بخوابد.

سه‌شنبه بیست و دوم صفر - هشتم شهریور - صبح از خواب برخاسته با رفقا بیرون آمدیم و در تجریش باتوموبیل نشسته چهار بظهر وارد طهران شدیم. یکسر بادارهٔ فرّخی رفتم و مقداری از کتاب آنا کارنین را برای پاورقی روزنامهٔ طوفان ترجمه

کردیم. ظهر با علوی بمنزل فرّخی رفتم و آنچه ترجمه کرده بودم پاکنویس نمودم. عصر با فرّخی و علوی بشعبهٔ طوفان آمدیم. آنگاه بمطبعه رفته و از آنجا بخانه آمدم.

چهارشنبه بیست و سوم صفر - نهم شهریور - صبح از خواب برخاسته پس از ترجمه بطرف شعبهٔ طوفان رفتم. تا غروب با فرّخی و علوی بودم. شب هم در منزل فرّخی بودیم.

۵ شنبه بیست و چهارم صفر - دهم شهریور - صبح بشعبهٔ طوفان رفته مدتی در آنجا ماندیم. ظهر با فرّخی و صمصامی بمنزل علوی رفته نهار را آنجا خورده ۵ بعد از ظهر بشعبه رفتیم و چون روز جمعه روزنامه منتشر می‌شد کارها را انجام داده مقاله ترجمه کردم. شب بخانه آمده پس از صرف شام خفتم.

جمعه بیست و پنجم صفر - یازدهم شهریور - صبح از خواب برخاسته مشغول ترجمه شدم. سه بظهر علوی آمده با او بخانهٔ یزدان‌فر رفتیم و راجع برفتن بشمیران مدتی صحبت داشتیم. نزدیک ظهر از آنجا با علوی بمنزل فرّخی رفته تا چهار بعد از ظهر آنجا بودیم. در ساعت مذکور با علوی بیرون رفته آوازه‌خوانی را که شب بباغ بیاید خبر کرده و از آقای محمود خلیلی که منزلش در همان حوالی بود دیدنی کردم. غروب رفقا را در میدان سپه یافته با دو نفر از آنها نیک‌نفس و معظمی باتوموبیل نشسته یکسر بدزآشوب رفتیم. رفقا بعد آمدند. من پیاده برای تفریح بتجریش رفتم و نیک‌نفس و معظمی < را > در موقع مراجعت در راه دیدم. آنها برگشته در باغی از باغهای فدائی دایی علوی انجمن و مهمانی تشکیل یافت. شب زیاد خوش گذشته دیر خوابیدیم.

شنبه بیست و ششم صفر - دوازدهم شهریور - صبح زود از خواب برخاسته رفقا نیز یک یک بیدار شدند. ساعتی گذشت. آوازه‌خوان و ساززن که هر دو استاد فن بودند با حنجره و مضراب وجدی پدید آوردند که گفتنی نیست. باری، تا غروب بشنیدن اشعار خوب و صدای محبوب و ساز مرغوب مشغول بودیم. غروب از دزآشوب بتجریش آمده همه در اتوموبیل بزرگ روسها نشسته بشهر آمدیم. شب با علوی بمنزل فرّخی رفتیم. بد نگذشت.

یکشنبه بیست و هفتم صفر - سیزدهم شهریور - صبح با علوی و فرّخی و صمصامی بعزم آمدن بشعبهٔ طوفان از خانه بیرون آمدیم. با فرّخی بدرشگه نشسته در شعبه پیاده شدیم. مدتی در آنجا ماندیم. بعد بخزانه‌داری رفته پول برج تیر را گرفتم و باز بشعبه آمدم. تمامی را در همانجا خوردیم و تا غروب آنجا بودم. عصر با رفقا در خیابان گردش کردیم و چون شب قریب ۶۰ یا ۷۰ نفر در منزلم دعوت داشتند بخانه آمده تا چهار از شب گذشته بپذیرایی مشغول بودیم.

دوشنبه بیست و هشتم صفر - چهاردهم شهریور - صبح از خواب برخاسته بترجمه پرداخته و تا دو ساعت و نیم بظهر منتظر علوی نشستم. در ساعت مذکور او آمد و با هم بمنزل یزدان‌فر رفتیم. آنجا بمنزل فرّخی رفته تا نزدیک غروب آنجا بودیم. از منزل فرّخی بمنزل یزدان‌فر رفتیم و با او هر سه درشگه نشسته بامیریه رفته و از امیریه با همان درشگه برگشته در میدان سپه پیاده شدیم. ناصر هم بما ملحق شد. بعد دکتر شیخ آمد. با هم بمهمانخانهٔ استریا رفته دو ساعت آنجا بودیم. از آنجا با معظمی و یزدان‌فر بیرون آمده کمی گردش کردیم. بخانه برگشته پس از ترجمه و صرف شام بخواب رفتم.

سه‌شنبه بیست و نهم صفر - پانزدهم شهریور - در این روز اغلب مدارس طهران باز بود. صبح بادارهٔ طوفان رفته و از آنجا همراه با علوی و صمصامی بمنزل فرّخی در بیرون دروازه رفته و تا نزدیک غروب آنجا بودیم. عصر با فرّخی درشگه نشسته بشعبه آمدیم و چون مترجم انگلیسی نیامده بود، اخبار رویتر را ترجمه کردم و با حالت کسالت بخانه آمدم. کمی کتاب انگلیسی مراجعه کردم. بخواب رفتم. ساعت ۱۱ علوی آمده و چون خبر برای روزنامه کم بود، مقاله نوشتم. علوی رفت و من دوباره بخواب رفتم.

چهارشنبه سی‌ام صفر - شانزدهم شهریور - صبح بمنزل علوی رفته با او بمدرسه دارالمعلّمین رفتیم. فروغی آمده مدتی صحبت داشتیم. بعد با محسن آقا هنربخش و علوی درشگه نشسته در وزارت معارف پیاده شدیم. از مرآت ملاقاتی بعمل آمد. از وزارت معارف بادارهٔ طوفان آمده رفقا را یافتیم. با علوی، یزدان‌فر، و معظمی در بازار

صحافها نهار خوردیم. از آنجا بمنزل علوی رفتیم. پرتو، صهبا، و آقا عمادالدین نوری آنجا بودند. سپهر نیز کمی بعد آمد. رفقا رفته من نیز تنها بمنزل یزدان‌فر رفتم. عصر بنا بود مصدق السلطنه بیاید. تمام رفقا باستثنای نیک‌نفس آمدند. مدّتی صحبت کردیم. بعد او رفته رفقا نیز بگردش بیرون آمدند. پس از اندک راه رفتن بخانه آمده کمی ترجمه نمودم. پس از صرف شام بخواب رفتم.

۵ شنبه غره ربیع الاول - هفدهم شهریور - صبح کمی از کتاب آنا کارنین را برای پاورقی طوفان ترجمه کردم. بشعبهٔ اداره رفتم. چون فرّخی نبود بعزم رفتن مجلس بیرون آمده ببازار رفتم. رفقا را دیدم و کمی با آنها راه رفتم. یک ساعت بعد از ظهر بخانه آمده و پس از صرف نهار خوابیدم عصر مقدار زیادی را ترجمه کردم. بیرون رفتم و پس از کمی گردش بخانه آمده بترجمه مشغول شدم.

جمعه دوم ربیع الاول - هجدهم شهریور - صبح کمی بترجمه پرداخته پس از رفتن حمام درشگه نشسته بمنزل فرّخی رفتم. علوی و پارسا آنجا بودند. نزدیک ظهر میرزا علیخان سیاسی هم آمد. تا غروب در آنجا بودیم. بد نگذشت. غروب یزدان‌فر آمده و تا دو از شب گذشته نزد ما ماند. با او و علوی و سیاسی بیرون آمده پس از گردش در خیابان، سیاسی خداحافظی کرد. با علوی و یزدان‌فر بلغانطه رفتیم و مدت زیادی نشستیم. از آنجا بخانه آمده پس از ترجمه و صرف شام خفتم.

شنبه سوم ربیع الاول - نوزدهم شهریور - صبح بمدرسهٔ ادب رفته رفقا در آنجا بودند. از آنجا با معظمی و یزدان‌فر بوزارت معارف و از وزارت معارف بشعبهٔ طوفان آمدم. علوی آنجا بود. مدتی با علوی نشسته بعد بخانه آمده پس از ترجمهٔ آنا کارنین بخواب رفتم. ۵ بعد از ظهر بشعبهٔ طوفان رفته و چون علوی نبود، درشگه نشسته بمنزل فرّخی رفتم. او با علوی بیرون رفته بود. پیاده برگشته ایشان را در راه یافتم. با علوی بمنزل یزدان‌فر رفتیم. معظمی، ناصر،[۱] گلشائیان، و دکتر شیخ و آقا جلال طهرانی

---

۱. در اصل: ناصری

آنجا بودند. کمی بخنده و گفتگو گذشت. بعد بیرون آمده گردش کردیم و راه زیادی رفتیم. شب بخانه آمده، پس از ترجمه و قرائت کتابی چند بخواب رفتم.

یکشنبه چهارم ربیع الاول - بیستم شهریور - صبح بمنزل علوی رفته باتفاق در دارالمعلّمین حضور یافتیم و تا یک ساعت و نیم بعد از ظهر در آنجا گرفتار بودم. آنگاه با آقا شیخ محمود از دارالمعلّمین بطرف خانه آمدم. در خانه پس از صرف نهار بترجمه مشغول شدم و ساعت پنج بعد از ظهر باداره طوفان رفتم و چون منزل حاجب الدوله را برای اداره اجاره کرده بودند، آنجا نیز رفته فرّخی و علوی را دیدم. صبا، پرتو، مافی بعد آمدند. باتفاق علوی بمطبعه رفته و باز باداره آمدم. دو مرتبه با پارسا بمطبعه رفتم و چون علوی آمد، با او خانه آمده خفتم.

دوشنبه پنجم ربیع الاول - بیست و یکم شهریور - صبح بمدرسهٔ علمیّه و از آنجا بمدرسهٔ ادب رفتم. رفقا در آنجا بودند. تا نزدیک ظهر همانجا ماندم. ظهر بخانه آمده پس از صرف نهار بترجمه و قرائت کتاب انگلیسی پرداختم. عصر بمدرسهٔ ثروت رفتم و از آنجا بطرف خانهٔ یزدان‌فر رهسپار شدم. با او کمی نشسته بیرون آمدیم. علوی را در راه دیده با او بگردش رفتیم. در شعبهٔ طوفان فرّخی و پرتو و مافی و صبا را دیدیم. در آنجا مدتی نشسته بخانه آمدم و پس از ترجمه و نوشتن، شام خورده خفتم.

سه‌شنبه ششم ربیع الاول - بیست و دویم شهریور - صبح بمدرسهٔ دارالمعلّمین رفته تا یک ساعت بظهر آنجا بودم. از آنجا بشعبهٔ طوفان آمدم و با فرّخی، صبا، علوی، صمصامی، پرتو، عسگرخان، < و > آقا سید اسدالله بمنزل فرّخی رفته نهار خورده تا عصر آنجا بودیم. از آنجا بجلسه شاگردان دارالمعلّمین منزل خانباباخان حاضر شده مدتی با هم بودیم. بعد با شیدفر و محسن خان هنربخش بلاله‌زار آمده بمطبعهٔ بسفور رفته نوشته رفقا را هم دیدم و با دوستان که عبارت بودند از معظمی، یزدان‌فر، و فرساد و دو نفر دیگر بخانه آمدم. در این روز مستوفی دو مرتبه قبول ریاست وزراء کرد.

چهارشنبه هفتم ربیع الاول - بیست و سوم شهریور - صبح بمدرسه ادب رفته دو ساعت درس دادم. نزدیک ظهر با ناصر بیرون آمده بشعبهٔ طوفان رفتم. از آنجا بخانه آمده پس از خوردن نهار بمطالعهٔ کتاب انگلیسی مشغول شدم. پنج بعد از ظهر بخانهٔ فرّخی که در ناصریه منزل مرحوم حاجب الدوله می‌باشد، رفتم و چون علوی و پرتو بکنفرانس هرتسفلد مستشرق آلمانی که راجع به شاهنامه نطق می‌کرد رفته بودند، بآنجا نیز رفتم و تا یک ساعت از شب گذشته آنجا بودم. نطق خیلی مفصلی بود و چنان که معلوم بود مستعمین را کسل ساخته بود. باری از آنجا با علوی و پرتو بمنزل فرّخی رفتم و تا ساعت ۹ در آنجا ماندیم. از آنجا بمنزل پرتو رفته شب در آنجا ماندم و تا نزدیک نصف شب بصحبت ادبی و غیره گذشت. نصف شب شام خورده خوابیدم.

پنج‌شنبه هشتم ربیع الاول - بیست و چهارم شهریور - صبح کمی کتاب خوانده نزدیک ظهر بادارهٔ طوفان رفتم و تا ظهر آنجا بودم. بعد بخانه آمده پس از صرف نهار و قرائت کتاب بخواب رفتم. عصر بادارهٔ طوفان رفته علوی آنجا بود. پرتو نیز آمد. باری تا دو از شب گذشته بصحبت گذشت. در آن وقت بمطبعه رفته بعد از آنجا بخانه آمدم و بخواندن کتاب پرداختم.

جمعه نهم ربیع الاول - بیست و پنجم شهریور - صبح بمنزل علوی رفته عسگرخان آنجا بود. علینقی خان نیک‌نفس و کریم خان هم آمدند. نهار را همانجا مانده و تا نزدیک غروب جایی نرفتم. عصر درشگه نشسته بمنزل فرّخی با علوی و عسگرخان رفتم. مدتی آنجا بودم. یک ساعت از شب گذشته بیرون آمدم. در خیابان معظمی، فرساد، و یزدان‌فر و محمودخان نجم آبادی را دیدم. با سه نفر اول لغانطه رفته مدتی راجع برفتن یزدان‌فر و معظمی بخوزستان صحبت شد. باری از آنجا بعلاءالدوله و از علاءالدوله بخیابان مجلس رفته طرف خانه آمدم. کسی در خانه نبود. در قفل بود. لذا در مهتاب توی کوچه‌ها سرگردان قریب دو ساعت قدم زدم تا آمدند. در این روزها خبر شکست سالارالدوله که در نواحی کردستان ظهور کرده بود منتشر است ولی این

واقعه قریب دو ماه است مسکوت عنه مانده بود یکباره دولت خبر فتح داد. از این رو معلوم میشود تا این وقت پیشرفتی نداشته است.

شنبه دهم ربیع الاول - بیست و ششم شهریور - صبح بمنزل علوی رفتم. بدارالمعلّمین رفته بود. آنجا رفته تا یک بظهر بوده از دارالمعلّمین با علوی و نیک‌نفس درشگه نشسته در وزارت معارف پیاده شدیم. از آنجا بمجلس رفتیم. فرّخی را یافته با او بخانهٔ او در بیرون دروازه رفتیم و قریب ۶ ساعت آنجا بودیم. عصر با فرّخی و علوی درشگه نشسته فرّخی در ناصریه پیاده شده با علوی ببازار رفتیم. از آنجا باز بمنزل فرّخی آمدیم. قریب دو ساعت آنجا بودیم. پس بلغانطه رفته رفقا را یافتم. یزدان‌فر کمی بعد آمد. با هم بخیابان رفتیم. رفتن یزدان‌فر و معظمی بخوزستان مشخص شده و از این بابت غمگین بودم. از ظهر نیز تب شدیدی داشتم. باری شب بخانه آمده بی خوردن شام خفتم. در این روز کابینهٔ مستوفی معرفی شد و محتشم السلطنه و احتشام السلطنه، مخبرالسلطنه، وثوق الدوله، نصیرالدوله و حاج مشیر اعظم اتابکی اعضای این کابینه می‌باشند. شب بسیار بد گذشت بهیج وجه خواب نرفتم.

یکشنبه یازدهم ربیع الاول - بیست و هفتم شهریور - صبح برخاسته آن را بخواندن کتاب گذراندم. نزدیک ظهر بشعبهٔ طوفان رفته و از آنجا بمنزل فرّخی در خانهٔ حاجب الدوله رفتم. علوی و عسگرخان نیز آمدند. نهار را خورده تا نزدیک عصر آنجا بودیم. بعد بشعبهٔ طوفان رفته تا یک ساعت از شب گذشته هم آنجا ماندیم. از آنجا بگردش رفته رفقا را یافتم. بلغانطه رفتیم. نیک‌نفس را دیدم. باری تا ساعت نه در خیابانها با هم گردش کردیم. تا خانه آمده پس از صرف شام خفتم.

دوشنبه دوازدهم ربیع الاول - بیست و هشتم شهریور - صبح از خواب برخاسته بدارالمعلّمین رفتم و تا نزدیک ظهر در آنجا بودم. از دارالمعلّمین بادارهٔ طوفان آمده با علوی در خیابان ناصریه غذا خوردیم. از آنجا درشگه نشسته با علوی به بیرون دروازه

منزل فرّخی رفتیم و تا نزدیک عصر آنجا بودم. چون لرز سختی کردم درشگه نشسته تنها بخانه آمدم. تمام شب را نخوابیدم. در این روز آقای فروغی مدیر دارالمعلّمین تدریس انگلیسی کلاس چهار را بمن پیشنهاد کرد.

سه‌شنبه سیزدهم ربیع الاول - بیست و نهم شهریور - صبح از خواب برخاسته با کسالت تمام بمدرسهٔ ادب رفتم. قریب یک ساعت آنجا بودم. یزدان‌فر را دیدم و قرار شد عصر با هم بمنزل ناپلئون برویم. باری از آنجا بدارالمعلّمین رفتم و تا یک بعد از ظهر آنجا بودم. راجع بدرس انگلیسی باز مدیر مدرسه تذکری داد. از آنجا بخانه آمده پس از صرف نهار بمنزل یزدان‌فر رفتم و از منزل او با هم بخانهٔ ناپلئون رفتیم. نیک‌نفس، فرساد، معظمی یک یک آمدند. سه نفر شخص خارجی نیز بودند. از آنجا بیرون آمده بخیابان رفتیم و از خیابان باداره‌ٔ طوفان. فرّخی را دیدم. کمی بعد عین الممالک دفتری و کمره‌ای آمدند. مدتی با آنها صحبت کردم. بعد بمطبعه رفته و از آنجا ساعت سه و نیم بخانه آمده پس از صرف شام خفتم.

چهارشنبه چهاردهم ربیع الاول - سی‌ام شهریور - صبح بمدرسه نرفته بلکه برای رفتن بطبیب در خانه ماندم. چهار بظهر بمنزل دکتر محمود خان شیمی رفتم. روز را مسهل خورده تا نزدیک غروب خانه ماندم. عصر بیرون رفته رفقا را جز فرساد و علوی یافتم. مدتی با هم صحبت کردیم. معظمی نیز برای استخاره نزد آقا سید محمود مجتهد تا در خانهٔ ما آمد ولی چون آقا سید محمود نبود، مراجعت کرد. باری، شب حالم بهتر از روز بود. شام خورده خوابیدم.

۵ شنبه پانزدهم ربیع الاول - سی و یکم شهریور - صبح از خواب برخاسته پس از نوشتن پاورقی باداره‌ٔ طوفان و از آنجا بمجلس رفتم. پروگرام هیئت دولت مورد مباحثه بود. الحق با چشم حقیقت که در این محوطه بنگریم جز یک مشت خائن دزد و اشراف نالایق یا فقرای متملّق کسی نمی‌توان یافت. و اگر خیرخواه یا باسوادی در آن توان یافت، انگشت‌شمار است. باری ظهر بخانه آمده پس از خوردن نهار خوابیده

عصری بادارهٔ طوفان در ناصریه رفتم و تا یک از شب گذشته بصحبت سیاسی و غیره گذشت. از آنجا بمنزل علوی که دعوت بودیم رفته شب بد نگذشت. دیر خوابیدیم و رفقا نیک‌نفس، یزدان‌فر، معظمی، فرساد، و عسگرخان بودند.

جمعه شانزدهم ربیع الاول - اول مهر ماه - صبح با علوی بمنزل فرّخی رفته و تا عصر آنجا بودیم. عدهٔ زیادی از رفقا هم جمع بودند. بد نگذشت. عصر با علوی بیرون آمده پس از گردش بخانه رفته شام خورده خفتم.

شنبه هفدهم ربیع الاول - دوم مهر ماه - صبح در خانه بترجمه پرداخته در انتظار علوی بودم تا آمد. با او بمنزل یزدان‌فر رفته و چون ایشان حضرت عبدالعظیم می‌رفتند و من و علوی از رفتن معذور بودیم، معذرت خواسته بادارهٔ طوفان رفتیم. تا نزدیک ظهر آنجا بودیم. آنگاه با علوی و میرزا علیخان بخانهٔ علوی رفته تا غروب آنجا بودیم. نزدیک مغرب با علوی و عسگر بیرون رفته و یک ساعت از شب گذشته بعبدالحسین خان هژیر[1] و آقا سید اسدالله پارسا برخوردیم. باری از خیابان بمنزل عبدالحسین خان که نزدیک خندق بود رفتیم و تا ساعت سه آنجا بودیم. بعد حرکت کرده بخانه آمدم. شام نخورده خفتم.

یکشنبه هیجدهم ربیع الاول - سوم مهر ماه - صبح بمدرسهٔ ادب رفته سه زنگ درس داشتم. بعد از ظهر بواسطهٔ کسالت در خانه بودم و بترجمه آنا کارنین مشغول شدم. عصر بمدرسهٔ ثروت رفته مدتی با شمس مدیر مدرسه صحبت داشتم. بالاخره بخیابان رفته و رفقا را باستثنای علوی و معظمی یافته مدتی در لغانطه بصحبت مشغول بودیم. شب بخانه آمده پس از صرف غذا خفتم.

دوشنبه نوزدهم ربیع الاول - چهارم مهر ماه - صبح بدارالمعلّمین رفته تا ظهر آنجا بودم. نهار را در منزل خورده عصر نزد علوی رفته و شب با هم در کنسرت[2] شهنازی

---

۱. در اصل: حجیر

۲. در اصل: کنسر

حضور یافتیم. عدهٔ زیادی جمع بودند. از رفقا فرساد، نیک‌نفس، و یزدان را هم دیدیم. تا نصف شب آنجا بودیم. بعد آمده پس از صرف شام بخواب رفتم.

سه‌شنبه بیستم ربیع الاول - پنجم مهر ماه - صبح بمدرسهٔ ادب رفته و تا ظهر آنجا بودم. بعد بخانه آمده و پس از صرف غذا بمدرسه علمیّه رفتم. از مدرسه علمیّه بپارک مخبرالدوله نزد میسیز رپیر و میسیز هنکل < رفته > و میسیز هنکل را دیدم. ولی دیگری را ملاقات نکرده، از پارک بمنزل فرّخی رفتم و از آنجا با علوی و فرّخی بادارهٔ طوفان آمدیم. کمی در آنجا مانده بلاله‌زار رفتم. رفقا نیک‌نفس، یزدان‌فر، معظمی، < و > فرساد را دیده بلغانطه رفته قریب دو ساعت نشستم. از آنجا بخانه آمده پس از صرف شام خفتم. در این روز خبر قتل نایب سرهنگ حقی معاون اتو پهلوی منتشر شد و همچنین توطئه‌ای که بر ضد پهلوی از بعضی صاحب منصبان و غیره تشکیل یافته بود، مکشوف گشت.

چهارشنبه بیست و یکم ربیع الاول - ششم مهر - صبح بمدرسهٔ ثروت رفته و نیم ساعت بظهر از آنجا بخزانه‌داری رفتم و پول مرداد را گرفتم. در این بین معظمی و یزدان‌فر را هم دیدم. چون دیر بود در لغانطه با یزدان‌فر نهار خوردیم. صمصامی و پرتو هم آمدند. باری یکساعت و نیم بعد از ظهر بدارالمعلّمین رفته و دو ساعت در کلاس ششم درس دادم. از آنجا با نجم آبادی (ابوالقاسم خان) بمدرسهٔ ثروت رفتم و قریب یک ساعت راجع بامور مدرسه و اختلافی که راجع بدرس کلاس سوم اتفاق افتاده بود با شمس مدیر بمناقشه و مباحثه گذشت. از آنجا با آقا شیخ ابراهیم راشدی بیرون آمده و تا دو ساعت از شب وقتی با مشارالیه در پهلوی مدرسهٔ دارالشفاء گشتیم و صحبتهای مختلفه نمودیم. از آنجا بخانه آمده پس از صرف شام و مطالعه خفتم.

پنج‌شنبه بیست و دویم ربیع الاول - هفتم مهر - صبح در مدرسهٔ ادب کار داشتم. بعد از ظهر دیر بخانه آمدم. چون برای ملاقات آقای مرآت بوزارت معارف رفته بودم. باری بزودی نهار خورده بمدرسهٔ علمیّه رفتم. از آنجا بمدرسهٔ ادب برگشته با یزدان‌فر

بخانهٔ آقای فاضل تونی رفتیم و قریب سه ساعت بصحبت گذرانیدیم. از خانهٔ مشارالیه بلاله‌زار رفته کمی گردش کردیم. بعد بخانه آمده پس از صرف شام خفتم.

جمعه بیست و سوم ربیع الاول - هشتم مهر - صبح تا دو ساعت و نیم بظهر خانه بودم. آنگاه بمنزل معظمی رفتم. رفقا همه در آنجا از نهار دعوت داشتند. علوی، نیک‌نفس، یزدان‌فر، فرساد، عسگرخان، آقا جلال طهرانی، و وامق که یکی از همدرسهای قدیم من است، در آنجا بودند. باری، روز را بخنده و صحبت گذراندیم. بد نگذشت. عصر با علوی و عسگرخان بمنزل فرّخی رفتم. عده‌ای هم آنجا بودند. قریب یک ساعت و نیم هم آنجا ماندیم. بالاخره من با یزدان‌فر و معظمی که تا منزل فرّخی آمده بودند، بمنزل حاجی میرزا یحیی دولت آبادی رفتیم. سایر رفقا آنجا بودند. از منزل مشارالیه با جمع رفقا بلغانطه رفته تا ساعت ۹ آنجا بودیم. بالاخره برخاستیم. بخانه آمده، پس از کمی مطالعه شام خورده خفتم.

شنبه بیست و چهارم ربیع الاول - نهم مهر - صبح بمدرسهٔ ادب رفتم. یک ساعت در کلاس ششم و دو ساعت در کلاس هفتم درس دادم. بعد از ظهر بمدرسهٔ دارالمعلّمین رفته یک ساعت در کلاس دوم و یک ساعت در کلاس سوم بودم. غروب از فروغی ملاقاتی کردم. بعد با علوی درشگه نشسته بادارهٔ طوفان آمدیم. در راه یزدان‌فر را دیدم. در همین روز یزدان‌فر رفتن خوزستان را تصمیم گرفتند. کنترات مدیریت مدرسه‌ای که در ناصری بخرج انگلیس افتتاح می‌یابد، امضا نمود. باری، با یزدان‌فر بلغانطه آمده قریب دو ساعت آنجا ماندیم. بعد رفقا همه آمدند. از آنجا بلاله‌زار رفته و از لاله‌زار بخانه آمدم. شام خورده خفتم.

یکشنبه بیست و پنجم ربیع الاول - دهم مهر - از صبح تا غروب در مدرسهٔ ادب درس داشتم. عصر در آنجا مانده تا یزدان‌فر آمد. با او بادارهٔ طوفان رفتیم. از ادارهٔ طوفان بلغانطه < رفته > نیک‌نفس و فرساد و هورفر آمدند. قریب یک ساعت و نیم آنجا بودیم. بعد بلاله‌زار رفته و عدهٔ دیگری از رفقا را دیده بخانه آمده پس از مطالعهٔ کتب فرانسه و انگلیسی بخواب رفتم.

دوشنبه بیست و ششم ربیع الاول - یازدهم مهر - صبح بمدرسهٔ دارالمعلّمین نرفته بخیابان رفتم. و از خیابان نزد میسیز رپیر و میسیز هنکل < رفته > از آنجا بخانه برگشته بعد از ظهر بمدرسهٔ دارالمعلّمین رفتم و از دارالمعلّمین با ناظم مدرسه بلغانطه آمدیم. یزدان‌فر کمی بعد آمد. با او مدّتی گردش کردم. رفقا را با شهابی < و > علوی دیدیم. بالاخره بخانه رفته خفتم.

سه‌شنبه بیست و هفتم ربیع الاول - دوازدهم مهر - صبح بمدرسهٔ ادب رفته تا ظهر آنجا بودم. از مدرسه با یزدان‌فر بوزارت معارف رفته قریب نیم ساعت در آنجا گذشت. از وزارتخانه بلغانطه رفته نهار خوردیم و در آنجا عباس خان < را > که یکی از رفقای آلمان پرتو است و با من نیز خصوصیتی دارد در آنجا یافتیم. کمی صحبت کردیم. با او برای خریدن کتابی تا خیابان علاءالدوله رفته چون کتابفروش نبود با یزدان‌فر برگشته از آنجا بمدرسهٔ ادب رفته قریب یک ساعت ماندیم. بعد با معظمی و جودت ناظم مدرسه بیرون آمده و مدتی در گردش بودیم. نزدیک غروب بخیابان لاله‌زار رفته و رفقا را یک یک یافتم. نیک‌نفس < را > چون کسالت داشت ندیدیم. باری باز بلغانطه رفته تا ساعت ۹ آنجا بودیم. بعد بخانه آمده پس از مطالعه و گوش کردن گرامافونی که شیراز از گجرات آورده بودند، مشغول شدم. بالاخره شام خورده خفتم.

چهارشنبه بیست و ششم ربیع الاول - سیزدهم مهر - صبح بمدرسهٔ ثروت رفته پس از انجام دروس بخانه آمدم. و بعد از ظهر بمدرسهٔ دارالمعلّمین رفتم. یک ساعت در کلاس دوم فرانسه گفتم. ساعت بعد با پروفسور عیسی خان بکلاس چهارم رفته و اول درس انگلیسی را شروع کردم. باری، عصر بخیابان لاله‌زار آمده رفقا را یافتم. مدتی با ایشان بصحبت و تفریح مشغول بودم. آنگاه بخانه آمده خفتم.

پنج‌شنبه بیست و نهم ربیع الاول - چهاردهم مهر - صبح در مدرسهٔ ادب کار داشتم. یزدان‌فر را در آنجا یافتم. تا ظهر بخانه رفتم و از آنحجا بمدرسهٔ علمیّه رفته دو ساعت

در آنجا درس داده بخیابان آمدم. و بادارهٔ طوفان رفتم. از ادارهٔ طوفان بخیابان آمده مدتی گردش کردم. بالاخره بخانه آمده خفتم.

جمعه سی‌ام ربیع الاول - پانزدهم مهر - صبح در منزل فرساد دعوت داشتم. دو ساعت و نیم بظهر بخانهٔ یزدان‌فر رفته با او بمنزل فرساد رهسپار شدیم. علوی، نیک‌نفس، معظمی، یزدان‌فر، صادقی که اکنون به مهران موسوم است، آقا جلال‌الدین طهرانی و من دعوت داشتیم. روزی بخوشی گذراندیم. از آنجا با معظمی و یزدان‌فر بمنزل جودت ناظم ادب رفتیم. نبود. لذا بخیابان رفته پس از کمی گردش بخانه آمده خفتم. در این روزها محاکمهٔ کسانی که بر ضد شاه کنکاش داشته‌اند، شروع شده.

شنبه غره ربیع‌الثانی - شانزدهم مهر - صبح بمدرسهٔ ثروت رفته و عصر بمدرسهٔ دارالمعلّمین رفتم. مدتی در آنجا مانده بعد بخیابان آمدم و با رفقا مشغول گردش شدم. شب دیر بخانه آمده پس از صرف غذا خفتم.

یکشنبه دوم ربیع‌الثانی - هفدهم مهر - صبح بمدرسهٔ ادب رفته معظمی و یزدان‌فر را دیدم. ظهر با یزدان‌فر بلغانطه رفته نهار خوردیم و از آنجا بمدرسهٔ ادب آمدیم. او رفت ولی نزدیک غروب آمد. مدتی را با هم گذرانیدیم. شب بخانه آمده پس از صرف غذا خفتم.

دوشنبه سوم ربیع‌الثانی - هجدهم مهر - صبح بمدرسهٔ دارالمعلّمین رفته و درس دادم. ظهر زودتر بخانه آمده و پاورقی را ترجمه کردم. دوباره بمدرسهٔ دارالمعلّمین رفتم و دو ساعت دیگر درس دادم. شب را در منزل آقا جلال دعوت داشتم. در آنجا نیک‌نفس، معظمی، فرساد و دو برادرش، علوی، عسگرخان، ناصر، و آقا جلال‌الدین شوشتری و دکتر شامبیاتی بودند. شب بد نگذشت. چون فردا یزدان‌فر بخوزستان می‌رفت این مهمانی برقرار شده بود. باری، نصف شب بخواب رفته صبح زود از خواب برخاستم.

سه‌شنبه چهاردهم ربیع‌الثانی - نوزدهم مهر - صبح با یزدان‌فر و علوی و عسگرخان بمدرسهٔ ادب رفته خداحافظی کردیم. من نیز سر درس حاضر نشده با رفقا بوزارت معارف و از آنجا بخیابان ناصریه بادارهٔ طوفان و از ادارهٔ طوفان با علوی و عسگرخان در درشگه نشسته بمدرسهٔ سلطانی رفتیم و یزدان‌فر با مقبول ناظم آن مدرسه و مدیر و معلّمین خداحافظی نموده بعد با نیک‌نفس بمهمانخانه‌ای که در همان حوالی بود رفتیم و غذا خوردیم. اندکی بعد فرساد و برادر بزرگتر یزدان‌فر آمدند. با هم بمنزل امیر رفتیم و قریب سه ساعت در آنجا بودیم. نزدیک چهار بعد از ظهر وداع کرده یزدان‌فر با اتوموبیل بزرگی که هفده نفر را جا داده بود بطرف خوزستان حرکت نمود. آن روز حال خوشی نداشتم. عصر گرفته و افسرده بخیابان رفتم و از رفقا معظمی را دیدم. و در وقتی که در سمساری کتاب انگلیسی می‌خریدم فرساد آمد. با او مدتی بودیم. در راه نیک‌نفس را دیدم. باری این شب که یزدان‌فر را وداع کرده روز افسردگی و تیرگی بود. امید دارم که در این سفر نیک فرجام شود. باری ساعت دو از شب گذشته خانه آمده پس از اندکی مطالعه بخواب رفتم. در این روز ارفع السلطنه < را > که از طرف کمپانی نفت برای دیدن مسافرین خوزستان آمده بود، ملاقات کردم.

چهارشنبه پنجم ربیع‌الثانی - بیستم مهر - صبح در مدرسهٔ ثروت کار داشتم. ظهر بخانه آمده پس از صرف نهار بدارالمعلّمین رفتم. بعد از دو ساعت کار باطاق فروغی رفته تا مغرب در آنجا بصحبت کردن مشغول بودیم. بعد با او و سید حسن خان فرزان ناظم دارالمعلّمین از راه خیابان امیریه بخیابان سپه رفته از فروغی خداحافظی نمود. با حسن خان فرزان بلاله‌زار رفتم. مدتی در آنجا گردش کردیم. بعد بخانه رفتم و پس از صرف شام خفتم.

پنج‌شنبه ششم ربیع‌الثانی - بیست و یکم مهر - صبح در مدرسهٔ ادب کار داشتم. تا ظهر در آنجا بودم. ظهر بخانه آمده آنگاه بمدرسهٔ ادب رفتم. دو ساعت کار داشتم. ساعت دو هم تعطیل شد. لذا بادارهٔ طوفان رفتیم و مدتی در آنجا ماندم. شب خیلی زود بخانه آمده از آنکه سراج الذاکرین پسر استاد پدرم مهمان ما بود. تا چهار ساعت

از شب گذشته با او بودم. باری پردم آمده من بخواب رفتم. برای شام خوردن بیدار شده پس از صرف آن باز بخواب رفتم. در سه روز پیش فیروزآبادی که از مراجع نظمیه بود برحمت ایزدی پیوست.

جمعه هفتم ربیع‌الثانی - بیست و دوم مهر - صبح در خانه بوده و مدتی بترجمه گذراندم. نزدیک ظهر علوی آمد که با هم بیرون برویم. من تا لباس پوشیدم او رفت. باری بخیابان لاله‌زار رفته کمی گردش کردم. بعد بخانه آمده آقای سراج الذاکرین منزل بودند. تا ظهر با او بصحبت کردن مشغول بودم. بعد از ظهر بخواندن کتاب گذراندم. عصر باداره‌ٔ طوفان رفته علوی، صمصامی، و فرّخی آنجا بودند و بحساب صمصامی رسیدگی می‌کردند. پس از نیمساعت درنگ با علوی و صمصامی درشگه نشسته بمنزل فرّخی رفتم. عسگرخان و هژیر[1] آنجا بودند. قریب دو ساعت آنجا ماندیم. بعد با عسگرخان و صمصامی ببیرون آمدیم و با علوی دوباره باداره‌ٔ طوفان رفتیم. نیم ساعت آنجا بودیم. بعد بخانه آمدم. پدرم آقا شیخ محمّد آقا صاحب الزمانی را که از معاریف وعاظ شهر بود دعوت نموده بود. او نیز خود با دو زن و دو بچه آمده تا ساعت پنج در منزل بودند. بعد در همان نیمه شب رفتند. من نیز خفتم.

شنبه هشتم ربیع‌الثانی - بیست و سوم مهر - صبح در مدرسهٔ ثروت درس داده بخانه آمدم. آنگاه بدارالمعلّمین رفتم و کار خود را انجام دادم. پس از اتمام دروس باطاق فروغی رفته عده‌ای از فارغ التحصیلهای دارالمعلّمین و گروهی هم از فارغ التحصیلهای دارالفنون آمده راجع بتأسیس کلاسهای عالی دارالمعلّمین سخن رفت. تا ساعت هفت آنجا بودیم. از آنجا با علوی درشگه نشسته باداره‌ٔ طوفان آمدیم و تا نه و نیم آنجا ماندیم. بعد بخانه آمده شام خورده خفتم. نصف شب برای ترجمه برخاسته دوباره خفتم.

یکشنبه نهم ربیع‌الثانی - بیست و چهارم مهر - از صبح تا غروب مدرسهٔ ادب کار داشتم. ظهر بخانه آمدم. سراج الذاکرین منزل ما بود. قریب یک ساعت و نیم با او

---

۱. در اصل: حجیر

صحبت کردم. بیرون رفتم و عصر با معظمی بیرون آمدیم و مدتی با هم بودیم. نزدیک غروب آقا جلال طهرانی را دیدم. بعد وامق و شامبیاتی را. تا مدتی در لغانطه بودیم. بعد بخانه آمده انگلیسی خواندم. جلال و سراج الذاکرین دیر آمدند. مدتی نیز با ایشان نشسته بعد شام خورده و بمطالعهٔ گرامر فرانسه پرداختم. آنگاه بخواب رفتم.

دوشنبه دهم ربیع‌الثانی - بیست و پنجم مهر - صبح در دارالمعلّمین درس داشتم و زنگ سوم بیکار بودم. در همانجا نشسته با ناظم صحبت کردم. ظهر بخانه آمده آقای سراج الذاکرین هم آمد. بعد از نهار بدارالمعلّمین رفتم. پس از دادن دو درس فرانسه شعبهٔ ادبی شروع شده تا ساعت هفت آنجا بودیم. بعد با علوی درشگه نشسته بادارهٔ طوفان رفتیم. پس از یک ساعت توقّف بخانه آمده شام صرف کرده خفتم.

سه‌شنبه یازدهم ربیع‌الثانی - بیست و ششم مهر - صبح در مدرسهٔ ادب درس داشتم. پس از اتمام دروس بخانه آمده حمام رفته آنگاه بپارک مخبرالدوله رفتم. میسیز رپیر را ملاقات کردم. سپس نزد میسیز هنکل رفته و شوهرش را ملاقات کردم. مدت زیادی با او مذاکره کرده آنگاه بخانه آمدم و پس از صرف شام بخواب رفتم.

چهارشنبه دوازدهم ربیع‌الثانی - بیست و هفتم مهر - صبح در مدرسهٔ ثروت درس داشتم. نهار بخانه آمدم. آقا سراج الذاکرین منزل ما بودند. با او صرف غذا کرده بدارالمعلّمین رفتم. عصر یک ساعت فارسی در شعبهٔ ادبی دارالمعلّمین خواندیم آنگاه یک ساعت هم آقای فروغی درس دادند. بعد بخانه آمده پس از صرف شام خفتم.

پنجشنبه سیزدهم ربیع‌الثانی - بیست و هشتم مهر - صبح در مدرسهٔ ادب بودم. ظهر بخانه آمده پس از صرف نهار بمدرسهٔ علمیّه رفتم. عصر بادارهٔ طوفان آمده در آنجا عده‌ای بودند. کمی بصحبت گذشت. ساعت هفت با میرزا علیخان و عبدالحسین خان هژیر بیرون رفتیم. رفقا یک یک رفته بالاخره با نظام پسر نظام الدوله ماندیم. با این جوان نازنین در همین شب آشنا شدم. با او به هتل استریا رفته مدتی نشستیم. بعد از آنجا با هم بیرون آمدیم. وی تا آخر لاله‌زار با من همراهی کرد. بعد بخانه آمدم. آقای

سراج الذاکرین و برادرش آمده بودند. قریب دو ساعت نیز با آنها نشسته بصحبت مشغول شدیم. بعد شام خورده پس از شام نیز کمی نشسته آنگاه بخواب رفتم.

جمعه چهاردهم ربیع‌الثانی - بیست و نهم مهر - تا یک ساعت و نیم بظهر در خانه بودم و فرانسه می‌خواندم. در ساعت مزبور بیرون رفته نزدیک بازار درشگه نشستم و بمنزل فرّخی رفتیم. علوی، عسگرخان، عبدالحسین خان، و آقا ولی یزدی آنجا بودند. ساعتی بعد پارسا آمد و نزدیک ظهر فرّخی از راه رسید. باری تا دو ساعت و نیم از شب گذشته در آنجا بودم. بعد با علوی و سیاسی و عسگرخان بیرون آمده بخانه رسیدم و پس از صرف شام خفتم. در این روزها شهرت دارد که پهلوی بیمار شده به آلمان می‌رود.

شنبه پانزدهم ربیع الاول - سی‌ام مهر - صبح بمدرسهٔ ثروت رفته نهار خانه آمدم. بعد از ظهر در مدرسهٔ دارالمعلّمین کار داشتم. آنجا رفته دو ساعت درس دادم. عصر با علوی زودتر از دارالمعلّمین بیرون آمدیم و کمی در ادارهٔ طوفان ماندیم. آنگاه زود بخانه آمدم زیرا آقا محمّد هادی هرندی و آقا محمّد آقا دلدل اصفهانی شب در خانهٔ ما مدعو بودند. اتفاقاً صبح آقای سراج الذاکرین بخانه آمده و خداحافظی کرده بود ولی عصر او را دیدم و چون رفتن بصبح بعد موکول شده قرار گشت شب بیاید. باری او نیز آمد و تا ساعت ۵ از شب گذشته در خدمت مهمانان بصحبت مشغول بودیم. در ساعت مذکور شام خورده پس از کمی نشستن بخواب رفتم.

یکشنبه شانزدهم ربیع‌الثانی - اول آبان - صبح در مدرسهٔ ادب کار داشتم. ظهر بخانه برگشته آنگاه دوباره بمدرسهٔ ادب رفتم. عصر با معظمی گردش کردم. بعد بادارهٔ طوفان رهسپار شدیم و مدتی در آنجا بودم. بعد بخانه برگشته خفتم. درین روز سراج الذاکرین بطرف قم حرکت کرد. هم در این روز خبر رسید که اتوموبیلی در راه مازندران که همراه پهلوی بود، آتش گرفته عده‌ای تلف شده است.

دوشنبه هفدهم ربیع‌الثانی - دوم آبان - صبح بمدرسهٔ دارالمعلّمین رفتم و چون زنگ سوم بیکار بودم، بمطالعهٔ کتاب پرداخته آنگاه با علوی بمنزل پرتو که در همان حوالی است رهسپار شده در آنجا نهار خوردیم و قریب دو ساعت بصحبت گذشت. دو ساعت بعد از ظهر از آنجا بمدرسهٔ دارالمعلّمین آمده پس از اتمام مدرسه در سر درس قصّه و فرانسه حاضر شدیم. بعد با علوی در درشگه نشسته بادارهٔ طوفان رفتیم. یک ساعت هم آنجا ماندیم. از آنجا بخیابان لاله‌زار رفته نزدیک یک ساعت گردش کردیم. بعد بخانه آمده شام خورده خفتم.

سه‌شنبه هیجدهم ربیع‌الثانی - سوم آبان - صبح بمدرسهٔ ادب رفته آنگاه بخانه برگشته پس از صرف نهار بطرف منزل میسیز رپیر رهسپار شدم. آن زن زیبا را ملاقات کردم. قریب یک ساعت و نیم با هم بصحبت مشغول بودیم. از آنجا بادارهٔ طوفان آمده با رفقا صحبت کردم. پرتو و احمد رشتی را دیدم. قرار شد بمنزل عبدالحسین هژیر برویم. پس با او درشگه نشسته بخانهٔ او رفتیم. عسگرخان و میرزا علیخان سیاسی هم جلد آمده بودند. تا ساعت ۹ آنجا ماندیم. بعد بخانه آمده پس از صرف شام خفتم.

چهارشنبه نوزدهم ربیع‌الثانی - چهارم آبان - صبح در مدرسهٔ ادب درس گفته ظهر بخانه آمدم. پس از صرف نهار بمدرسهٔ دارالمعلّمین رفتم و تا یک ساعت و نیم از شب گذشته در آنجا ماندم. از مدرسهٔ دارالمعلّمین بخیابان آمده و تمام مدت که در بین راه بودم با هورفر صحبت می‌کردم. باری، بادارهٔ طوفان رفتم. کسی را نیافتم. از آنجا بلاله‌زار آمده فرساد و معظمی را دیدم. قریب دو ساعت نیز با ایشان بودم. بالاخره به خانه آمده پس از صرف شام خفتم.

۵ شنبه بیستم ربیع‌الثانی - پنجم آبان - صبح در مدرسهٔ ادب کار داشتم. ظهر بخانه آمده پس از صرف نهار بمدرسهٔ علمیّه رفتم. پس از ختم درس زود بخانه آمدم زیرا رفقا و مصدّق السلطنه آنجا می‌آمدند. فرساد، معظمی، نیک‌نفس، علوی یک یک

آمده کمی بعد مصدّق السلطنه نیز آمده قریب دو ساعت با هم بصحبت مشغول بودیم. بالاخره مصدّق السلطنه با علوی رفت. رفقا نیز بیرون رفته من ایشان را پیدا کردم. بادارهٔ طوفان رفته کمی نشسته بعد بخانه آمده پس از صرف شام و خواندن کتاب انگلیسی بخواب رفتم.

جمعه بیست و یکم ربیع‌الثانی - ششم آبان ماه - صبح مدتی بخواندن انگلیسی گذشت آنگاه درشگه نشسته بمنزل فرّخی رفتم. تا سه ساعت بعد از ظهر آنجا بودم. در آن ساعت نزد میسیز هنکل رفته قریب یک ساعت صحبت کردیم. آنگاه دوباره منزل فرّخی رفته تا ساعت هفت و نیم آنجا ماندم. از منزل فرّخی با صبا بطرف خانه آمدم. در بازار از او جدا شده بخانه آمده بخواندن فرانسه و تحقیق جزوات پرداختم. بعد شام خورده خفتم. اکنون که صبح شنبه بیست و دوم ربیع الثانی است تصمیمی که راجع بکار گرفته بودم تجدید کردم. از خداوند متعال در این کار مدد می‌طلبم. امیدوارم بقیه عمر را با کمال جدیّت بکارم رسیدگی کنم زیرا تا کار نباشد افتخار میسّر نخواهد شد.

شنبه بیست و دوم ربیع‌الثانی - هفتم آبان - صبح در مدرسهٔ ثروت درس داشتیم. ظهر خانه آمده پس از صرف نهار بدارالمعلّمین رفتم. عصر با فرزان ببازار و از آنجا بلاله‌زار آمده آنگاه بلغانطه رفته مدتی نشستم. نیک‌نفس آمد. کمی با او صحبت کرده بعد با او بطرف خانه رهسپار شدیم. مدتی در راه صحبت کردیم. بالاخره بخانه آمده کمی از آنا کارنین را ترجمه کردم. در این روز صبح زود در خانه صدای تیری شنیدم. گمان کردم تیر تفنگ یا چیز دیگری است که اغلب بی‌جهت صدا می‌کند. بمدرسهٔ ثروت که رفتم گفتند مدرّس را تیر زده‌اند. مدرس از این تیر نمرده و در مریضخانه تحت معالجه است.

یکشنبه بیست و سوم ربیع‌الثانی - هشتم آبان - صبح در مدرسهٔ ادب کار داشتم. ظهر بخانه آمده پس از صرف نهار بهمانجا رفتم. عصر با معظمی و امیر اسلام الدین بخیابان آمده و بادارهٔ طوفان رفتم. مدتی در آنجا ماندم. زودتر بخانه آمده بنوشتن پاورقی پرداختم.

دوشنبه بیست و چهار ربیع‌الثانی - نهم آبان - صبح در مدرسهٔ دارالمعلّمین بودم. دو ساعت کار داشتم. ساعت سوم با آمیرزا محمود در کوچهٔ پشت مدرسه بصحبت گذراندم. ظهر با علوی بمنزل پرتو رفتم و بعد از ظهر دوباره بمدرسهٔ دارالمعلّمین آمدم. عصر بیرون نرفته و تا دو از شب رفته در آنجا بخواندن عربی و فرانسه گذراندم. بالاخره بادارهٔ طوفان آمده کمی در آنجا ماندم. بعد بخانه رهسپار شده پس از تصحیح جزوات امتحانی شام خورده بخواب رفتم.

سه‌شنبه بیست و پنجم ربیع‌الثانی - دهم آبان - صبح در مدرسهٔ ادب کار داشتم. ظهر بخانه آمدم. نهار خورده حمام رفته ببازار رفتم. اتوموبیل که بنا بود میسیز هنکل بفرستد نیامده بود. درشگه نشستم. بپارک مخبرالدوله رفتم. میسیز رپیر را دیدم. آنگاه نزد میسیز هنکل رفتم. ساعت ۵/۵ بود. در اتوموبیل نشسته بادارهٔ طوفان آمدم. قریب یک ساعت در آنجا ماندم. از آنجا با میرزا علیخان و موسوی‌زاده بخیابان رفتم. آنگاه بخانه آمده شام خورده خفتم.

چهارشنبه بیست و ششم ربیع‌الثانی - یازدهم آبان - صبح در مدرسهٔ ادب کار داشتم. بعد از ظهر بمدرسهٔ دارالمعلّمین رفتم و تا دو ساعت از شب گذشته آنجا بودم. از دارالمعلّمین با هورفر و محمودخان نجم آبادی و ابوالقاسم خان و آقا میرزا محمود بخیابان آمدم. یک یک رفقا رفته تا با هورفر بشمس العماره آمده از او خداحافظی کردم. بخانه آمدم و پس از اندکی مطالعه شام خورده خفتم.

۵ شنبه بیست و هفتم ربیع‌الثانی - دوازدهم آبان - صبح بمدرسهٔ ادب رفتم. ظهر بخانه آمدم و بعد از ظهر بمدرسهٔ علمیّه رفته از آنجا بمدرسهٔ حقوق رهسپار شدیم. قریب دو ساعت آنجا بودیم. آنگاه بخیابان رفته و از خیابان بادارهٔ طوفان رفته مدتی آنجا بودم. پس بخانه آمده مقداری ترجمه کردم. بعد از صرف شام بخواب رفتم.

جمعه بیست و هشتم ربیع‌الثانی - سیزدهم آبان - صبح بترجمه پرداخته آنگاه بمنزل علوی رفتم. نبود. از آنجا ببازار رفته درشگه نشستم. آنگاه بمنزل فرّخی رفتم. عده‌ای

از رفقا آنجا بودند. تا سه ساعت بعد از ظهر آنجا بودیم. آنگاه با علوی و عسگرخان و آشیخ موسی درشگه نشسته بگار راه آهن رفته بعد بحضرت عبدالعظیم رفتم. غروب آنجا بودیم. آنگاه برگشته در خیابان لاله‌زار قدم زدیم و چون آقا شیخ محمود را دیدم با او بلغانطه رفته و از لغانطه با محمود خان بمجلس رفتیم. باری قریب دو ساعت با آقا شیخ محمود بودم. آنگاه خانه آمده پس از صرف شام خفتم.

شنبه بیست و نهم ربیع‌الثانی – چهاردهم آبان – صبح بمدرسهٔ ثروت رفته و بعد از ظهر در دارالمعلّمین بودم. پس از اتمام درس بادارهٔ طوفان آمده آنگاه بخانه رفتم. بعد از صرف غذا خفتم.

یکشنبه اول ماه جمادی الاول – پانزدهم آبان – صبح در مدرسهٔ ادب کار داشتم. بعد از ظهر بخانه آمده پس از صرف غذا دوباره بمدرسهٔ ادب رفتم. از آنجا بادارهٔ طوفان و از ادارهٔ طوفان با علوی و عسگرخان و صمصامی بسفارت روس رفتم. با صمصامی درشگه نشسته از آنجا پیاده شدیم. مجلس بسیار باشکوهی بود. این اولین دفعه است که در چنین مجلسی وارد شدم. وزرا، سفرا، اعیان رجال، وکلا، و روزنامه‌نویسان و محترمین همه گرد میزها یا در اطاقها بودند. از رفقا عدهٔ زیادی را دیدم. مستر جب < و مستر > سیلوستر آنجا بود. با وی تا ساعت هشت آنجا بودم. آنگاه بخانه آمده پس از صرف شام خفتم.

دوشنبه دوم جمادی الاول – شانزدهم آبان – صبح بمدرسهٔ دارالمعلین رفته و از آنجا با علوی بادارهٔ طوفان برگشتم. ظهر با صبا دوباره بطرف دارالمعلّمین رهسپار شدم. عصر یک درس عربی و یک درس فرانسه خوانده شد. از آنجا بادارهٔ طوفان رفته پس از کلّی درنگ بخانه آمده خفتم.

سه‌شنبه سوم جمادی الاول – هفدهم آبان – صبح در مدرسهٔ ادب کار داشتم. ظهر بخانه آمدم. آنگاه پس از صرف نهار دم بازار رفته درشگه نشسته بپارک مخبرالدوله رفتم. قریب یک ساعت با میسیز رپیر و قریب یک ساعت هم با میسیز هنکل بودم.

آنگاه اتوموبیل نشسته دم ادارهٔ طوفان پیاده شدم. قریب یک ساعت آنجا بودم. بعد بخانه آمده پس از صرف شام خفتم.

چهارشنبه چهارم جمادی الاول - هیجدهم آبان - صبح بمدرسه ثروت رفته بعد از ظهر بادارهٔ طوفان رفتم تا بدارالمعلّمین تلفون کنم که آیا تعطیل است یا نه چون سایر مدارس تعطیل بود. چون گفتند تعطیل نیست بخانه آمده کمی از پاورقی را نوشته بادارهٔ طوفان بردم. از آنجا درشگه نشسته بدارالمعلّمین رفتم. در آخر زنگ اول ناظم آمد که مدرسه تعطیل است. باری پس از تعطیل مدرسه با ناظم شیدفر و آقا شیخ محمود و آقا میرزا مهدی ریاضی بخیابان امیریه رفتیم و قریب یک ساعت و نیم در آنجا در انتظار اتوموبیل بودیم تا بالاخره سوار شده رفتم. در نمایشگاه شرقی جمعیت زیادی بود. اغلب شاگردان مدارس آنجا بودند. زنها و خارجیان نیز کم بودند. باری، تمام قسمتها را تماشا کردم. بمراتب از سال پیش بهتر بود. شعبهٔ جنگلها را اضافه داشت و همچنین حیوانات و طیور را حتی آورده بودند. باری، قریب دو ساعت در آنجا بودیم تا بالاخره به آقا شیخ ابراهیم راشدی معلم فارسی مدرسهٔ ادب و آقا سید احمد رضوی که در همان مدرسه تدریس می‌کند، بدرشگه نشسته در میدان توپخانه پیاده شدیم. از میدان توپخانه با آقایان بادارهٔ طوفان رفته از ایشان خداحافظی کردم و بادارهٔ طوفان رفتم. کمی در آنجا مانده بعد بخانه آمدم و پس از مطالعهٔ کتاب و صرف شام بخواب رفتم.

پنج‌شنبه پنجم جمادی الاول - نوزدهم آبان - صبح در مدرسهٔ ادب کار داشتم. ظهر در خانه نهار خورده بعد بمدرسهٔ علمیّه رفتم. ساعت چهار و نیم بعد از ظهر بادارهٔ طوفان رهسپار شده مدت دو ساعت آنجا ماندم. بعد بخیابان آمده و از خیابان دوباره بادارهٔ طوفان رفته با علوی بطرف مطبعه آمدیم. از مطبعه بلغانطه رفته یک ساعت ماندیم. از آنجا بخانه آمده صرف شام کرده و پس از مطالعهٔ کتاب بخواب رفتم.

جمعه ششم جمادی الاول - بیستم آبان - صبح در خانه بترجمهٔ کتاب آنا کارنین پرداختم. دو ساعت ظهر علوی آمده با او در درشگه نشسته در بین راه میرزا علیخان

سیاسی نیز بما پیوست. بمنزل فرّخی رفتیم. جز آقا شیخ موسی کسی نبود. با سیاسی بخانهٔ آقا ولی رفتم و در بین راه عسگرخان را دیدیم. با او بخانهٔ عبدالحسین خان رفتم و تا نزدیک ظهر آنجا بودم. از خانهٔ عبدالحسین خان بمنزل فرّخی آمده یک بعد از ظهر نهار خوردیم و تا سه ساعت از شب گذشته همانجا بودیم. شب با عسگرخان و پرتو در درشگه نشسته در میدان سپه با عسگرخان پیاده شدیم و بطرف خانه رفتم و پس از مطالعهٔ کتاب و صرف شام خفتم. و اکنون که سی و پنج دقیقه از ظهر شنبه ششم جمادی الاول می‌رود تصمیم گرفتم که در دنیا منتهای جد و جهد را برای رسیدن به آمال و آرزوی خود نمایم و تنها از پروردگار متعال در این کار مدد می‌خواهم و بکمک او امید دارم به آرزوهای خود رسیده کامروا شوم و خدمات خود را بمملکت و مذهب و نوع بشر باتمام رسانم. فخرالدین شادمان.

شنبه هفتم جمادی الاول - بیست و یکم آبان - صبح در مدرسهٔ ثروت کار داشتم. ظهر بخانه آمده پس از صرف غذا بمدرسهٔ دارالمعلّمین رفتم. عصر با علوی باداره‌ٔ فرّخی رفته و مدّت زیادی آنجا ماندیم. از آنجا بخانه آمده و کاغذی از دوست عزیزم یزدان‌فر رسیده بود. آن را خواندم و از مضمونش اطلاع واصل کردم.

یکشنبه هشتم جمادی الاول - بیست و دویم آبان - صبح در مدرسهٔ ادب کار داشتم. علوی و معظمی هم آنجا بودند. ظهر بخانه رفته و بعد از ظهر بمدرسه آمدم. غروب کمی معطّل شدم تا عکس بردارند. معلّمین مدرسه و شاگردان کلاس دوم با هم عکس برداشتند. از آنجا با معظمی بیرون آمده من بمدرسهٔ دارالمعلّمین رفتم. پس از درس باداره‌ٔ طوفان آمدم و از آنجا بخانه رهسپار شده خفتم.

دوشنبه نهم جمادی الاول - بیست و سوم آبان - صبح بمدرسهٔ دارالمعلّمین رفتم. دو ساعت کار داشتم. ظهر با علوی و آقا شیخ محمود درشگه نشسته بوزارت معارف رفتیم. برای کار عسگرخان با علوی مرآت را دیدیم. از آنجا میرزا علیخان را دیدم که می‌خواست بکرمان برود. باری بخانه آمدم. بعد از ظهر نیز بمدرسهٔ دارالمعلّمین رفته

درس فرانسه را خواندیم. از آنجا با آقا شیخ محمود بخیابان آمده و آنگاه باداره‌ٔ فرّخی رفته راجع بکار مدرسهٔ سیاسی که دو ساعت انگلیسی داشت، با او مذاکره کردم. چون مناقشه شد با تغیّر بیرون آمدم و بمنزل میرزا علینقی خان رفته اتّفاقا معظمی هم آمد. قدری نشستم. بعد بخانه رفته شام خورده خفتم.

سه‌شنبه دوم جمادی الاول - بیست و چهارم آبان - صبح در مدرسهٔ ادب کار داشتم. بعد از انجام کار بخانه آمدم. سه ساعت و ربع کمی بعد از ظهر درشگه نشسته بپارک مخبرالدوله رفتم. قریب یک ساعت با میسیز رپیر بودم. از آنجا نزد میسیز هنکل رفته یک ساعت هم با او بودم. بعد اتوموبیل نشسته دم بازار پیاده شدم. دوباره اتوموبیل نشسته در لاله‌زار پیاده شدم. کمی گردش کرده شیدفر را دیدم. با او بکلوب رفتیم (این کلوب را آمریکاییان با پول ایرانیان بدبخت اداره می‌کنند و زبان خود را در آن ترویج می‌دهند). باری قریب دو ساعت آنجا بودم و سر درس مستر شرک نیز رفتم. بعد با شیدفر بخیابان و از آنجا بمسجد شاه رفتم. کمی صحبت کردیم. با او خداحافظی نموده بخانه آمدم و پس از صرف شام و مطالعهٔ کتاب انگلیسی خفتم.

چهارشنبه یازدهم جمادی الاول - بیست و پنجم آبان - صبح در مدرسهٔ ثروت کار داشتم. ظهر خانه آمدم. بعد از ظهر بمدرسهٔ دارالمعلّمین رفتم. شب در آنجا درس بود. حاضر شدم. صدیق اعلم معلم اولیه انگلیسی من برای دیدن شاگردان بکلاس من آمد. شاگردان از عهدهٔ جواب سئوالات برآمدند. شب با هورفر به لغانطه رفتیم. در آنجا مدتی ماندیم. آنگاه بخانه آمدم و شام خورده خفتم.

پنج‌شنبه دوازدهم جمادی الاول - بیست و ششم آبان - صبح مدرسهٔ ادب کار داشتم. ظهر بخانه رفتم. آنگاه بمدرسهٔ علمیّه رفتم. عصر برای دیدن معظمی بمدرسهٔ ادب رفتم. نبود. بخانه‌اش رفته. مصدق السلطنه و معظم الملک و یکی از یونانیها که تابعیت ایران را قبول کرده و برای گرفتن کشتی‌های خود می‌خواست از دولت ایران کمک بخواهیم، آنجا بودند. قریب یک ساعت مصدق السلطنه نشستیم. آنگاه ایشان

رفته بعد با معظم الملک که عموی معظمی است صحبت داشتیم و او چون راجع بحدود و تقسیم آب بین ایران و روس اطلاعات داشته بیاناتش خیلی جالب توجه بود. باری ساعتی بعد فرساد آمد. یک ساعت هم با او نشسته بعد با او و معظمی بیرون آمده از خیابان ناصریه بخانه آمدم. آقا مهدی پسرخاله‌ام از مشهد آمده بود. قریب یک ساعت هم با او سخن گفته بعد شام خورده خفتم.

جمعه سیزدهم جمادی الاول - بیست و هفتم آبان - صبح در خانه بودم. فرّخی با عسگرخان در خانه آمدند. بمناسبت شکرآبی که بین من و فرّخی بود، چندین روز بادارهٔ او نرفتم. چون او آمد، بنا شد بمنزل علوی رفته با او بمنزل فرّخی برویم. لذا برای یک ساعت و نیم بظهر بمنزل علوی رفته دکتر علی اکبر خان آنجا بود. قریب نیم ساعت آنجا ماندیم. بعد با علوی درشگه نشسته دم منزل فرّخی پیاده شدیم. تا غروب آنجا بودیم. نزدیک ساعت ۶ با علوی و عسگرخان بیرون آمدیم. هوای خیلی خوبی بود. تا ناصریه با عسگرخان بودیم. پس از آنجا با علوی بعودلاجان رفته بعد بخانه آمدیم و قریب یک سه ساعت بترجمه و نگارش آنا کارنین پرداختم. بعد شام خورده خفتم. در این روز اولین کاغذ را برای یزدان‌فر نوشتم.

شنبه چهاردهم جمادی الاول - بیست و هشتم آبان - صبح در خانه بودم. بخواندن کتاب و ترجمه پرداختم. نزدیک ظهر بمنزل علوی رفته بادارهٔ طوفان در ناصریه رفتیم. تا دو ساعت بعد از ظهر نهار نخوردیم. در آن ساعت نهار خورده کمی راجع باوضاع ادارهٔ روزنامه صحبت داشتیم. ترجمهٔ روزانهٔ رویتر را بمن واگذاشته‌اند. باری، نزدیک عصر با علوی درشگه نشسته در منزل آقا ولی یزدی پیاده شدیم. تا ساعت ۸ آنجا بودم. بعد بخانه آمده بتصحیح تکالیف شاگردان مشغول شدیم. پس از صرف شام و مطالعهٔ کتاب انگلیسی بخواب رفتم.

یکشنبه پانزدهم جمادی الاول - بیست و نهم آبان - صبح در مدرسهٔ ادب کار داشتم. ظهر خانه آمده پس از صرف نهار بمدرسهٔ ادب رفتم. پس از اتمام درس با معظمی بخیابان

آمده بکتابخانهٔ بروخیم رفتم. آنگاه باداره‌ٔ روزنامهٔ طوفان رفته مدتی آنجا بودم. بعد بخانه آمده شام خورده خفتم. دو ساعت بعد از نصف شب برخاسته انگلیسی خواندم.

دوشنبه شانزدهم جمادی الاول - سی‌ام آبان - صبح در مدرسهٔ دارالمعلّمین کار داشتم. ظهر بخانه آمده پس از صرف نهار بمدرسه رفتم. شب نیز بخانه برگشته پس از صرف شام خفتم.

سه‌شنبه هفدهم جمادی الاول - غرّهٔ آذر - صبح در مدرسهٔ ادب کار داشتم. ظهر بخانه آمده پس از رفتن بحمام درشگه نشسته بپارک مخبرالدوله رفتم. مدتی با میسیز رپیر بودم. آنگاه نزد میسیز هنکل رفته تا غروب آنجا ماندم. بعد اتوموبیل او را سوار شده باداره‌ٔ طوفان آمدم. مدتی آنجا بودم. بعد بخانه رفته بعد از صرف شام خفتم.

چهارشنبه هجدهم جمادی الاول - دوم آذر - صبح در مدرسهٔ ثروت کار داشتم. ظهر بخانه آمدیم. چون تعطیل بود، پس از خوردن نهار باداره‌ٔ معارف رفتم. جشن بود. مدتی در اطاق مخصوص معلّمین نشسته بعد بطالار بزرگ رفتم. در آنجا وزراء، اعیان و معلّمین فرنگی بودند. وزیر معارف نصیرالدوله نطقی کرد. بعد دکتر ولی اللّه خان نیز خطابه خواند و بالاخره شاگردی از فارغ التحصیلهای دارالفنون خطابه خواند. بعد تسلیم دیپلمها و توزیع جوائز شروع شد. در این روز دیپلم نامهٔ مدرسه حقوق را گرفتم. باری، از آنجا بیرون آمده باداره‌ٔ طوفان رفتم و مدتی آنجا بودم. بعد با علوی بمطبعه رفته و نصف شب بخانهٔ علوی رفتم و بعد از خوردن شام ساعت دو بعد از نصف شب خفتم.

پنج‌شنبه نوزدهم جمادی الاول - سوم آذر - این روز بمناسبت جشن امروز تعطیل بود. باری تا دو ساعت بظهر در منزل علوی بودم. بعد بخانه آمده و دیپلم خود را در خانه گذاشتم. با علوی و عسگرخان بطرف مجلس رفتم. عسگرخان بخانهٔ خود رفت. وارد مجلس شدیم. خبر مهمی نبود. از آنجا با علوی درشگه نشسته باداره آمدیم و نهار خورده تا غروب همانجا بودیم. عصر رفقا آمدند. باری شب چون بنا بود با رفقا بتآتر برویم، با پرتو و مافی درشگه نشسته نزدیک بمطبعه پیاده شدیم. علوی را در آنجا دیدیم.

با او و مافی و پرتو تیاتر رفتیم. تآتر راجع بعاقبت مردی که دو زن داشت بود. اگر وسائل فراهم باشد تآتر در ایران بزودی ترقی می‌کند و امید می‌رود که این کار بزودی بشود تا شاید مردم را از قمار و سایر هرزگیها باز دارد. باری نصف شب بخانه آمده شام درستی نخورده خفتم. در روز ۵ شنبه کاغذی را از اصفهان نیک‌نفس فرستاده بود.

جمعه بیستم جمادی الاول - چهارم آذر - صبح بنوشتن پاورقی گذشت. نزدیک ظهر بخانهٔ علوی رفتم و با او بادارهٔ طوفان آمدیم. از آنجا درشگه نشسته بخانهٔ فرّخی رفتیم. کسی نبود. بیرون آمده بخانهٔ عبدالحسین خان رفتیم. او نبود. باری < با > میرزا علیخان و سایر رفقا بخانهٔ فرّخی برگشته تا سه از شب گذشته آنجا بودیم. در ساعت مزبور با علوی و میرزا علیخان سیاسی و عسگرخان بخیابان لاله‌زار آمده و بالاخره بخانه رفتم و پس از نوشتن شرح چند روزه و صرف شام خفتم.

شنبه بیست و یکم جمادی الاول - پنجم آذر - صبح در مدرسهٔ ثروت بودم. ظهر بخانه آمده پس از صرف نهار بمدرسهٔ دارالمعلّمین رفتم. بعد از ختم درس با علوی درشگه نشسته بادارهٔ طوفان آمدم و بترجمهٔ رویتر پرداختم. این اولین شب است که رسماً بترجمهٔ اخبار رویتر برای روزنامهٔ طوفان مشغول شدم. باری، از آنجا بخانه آمده و پس از نوشتن پاورقی شام خورده بخواب رفتم.

یکشنبه بیست و دویم جمادی الاول - ششم آذر - از صبح تا غروب در مدرسهٔ ادب کار داشتم. نهار در خانه خوردم. عصر بادارهٔ طوفان رفتم و مدتی در آنجا ماندم. بعد بمنزل میرزا علی اصغر خان حکمت رفتم. عده‌ای آنجا بودند. قریب دو ساعت نشستم. بعد بادارهٔ طوفان آمده و ساعت چهار بخانه رفتم. بعد از کمی مطالعه بخواب رفتم.

دوشنبه بیست و سوم جمادی الاول - هفتم آذر - صبح در مدرسهٔ دارالمعلّمین کار داشتم. زنگ سوم بیکار بودم. در همانجا انتظار داشتم تا علوی آمد. با هم بمنزل پرتو رفتیم. عسگرخان، عبدالحسین خان، آقا عماد و عده‌ای دیگر بودند. بعد از صرف نهار، بدارالمعلّمین رفتم. عصر با ناظم بیرون آمدم. در بین راه فرّخی را دیدم. با هم باداره

آمدیم. مدتی آنجا بودم. بعد با علوی بمطبعه رفته برگشتیم. آنگاه با علوی بخانه آمدم و پس از خواندن کتاب انگلیسی بخواب رفتم. در این روز کاتالوگی از یزدان‌فر رسیده بود.

سه‌شنبه بیست و چهارم جمادی الاول - هشتم آذر - صبح در مدرسهٔ ادب کار داشتم. ظهر خانه آمدم. نهار خوردم. حمام رفته درشگه نشسته بپارک مخبرالدوله رفتم. مدتی با میسیز هنکل بودم. آنگاه ساعت ۵ باداره‌ٔ طوفان رفتم. رویتر را ترجمه کردم و از آنجا با میرزا علیخان سیاسی بمنزل صبا آمدیم. کمی ماندم. آنگاه بخانه آمدم. و پس از مطالعهٔ کتاب بخواب رفتم.

چهارشنبه بیست و پنجم جمادی الاول - نهم آذر - صبح در مدرسهٔ ثروت کار داشتم. بعد از ظهر بمدرسهٔ دارالمعلّمین رفتم. از آنجا باداره‌ٔ طوفان رفتم. بعد بخانه آمدم.

۵ شنبه بیست و ششم جمادی الاول - دهم آذر - صبح مدرسهٔ ادب کار داشتم. بعد از ظهر بمدرسهٔ علمیّه رفتم. شب باداره‌ٔ طوفان و از آنجا با علوی به هتل دو پاری رفتیم. شب منزل علوی بودم. تا نصف شب نخوابیدیم.

جمعه بیست و هفتم جمادی الاول - یازدهم آذر - صبح با علوی بمنزل فرّخی رفتیم و تا غروب هم آنجا بودیم. بعد از آنجا با علوی بخانه آمدم و پس از مطالعه بخواب رفتم.

شنبه بیست و هشتم جمادی الاول - دوازدهم آذر - صبح در مدرسهٔ ثروت کار داشتم. ظهر بخانه آمدم. چون بنا بود منزل مصدق السلطنه برویم، باداره‌ٔ طوفان رفتم. مدتی آنجا منتظر علوی بودم. با علوی درشگه نشسته بمنزل مصدق السلطنه رفتم. از آنجا بدارالمعلّمین رهسپار شدم. یک ساعت دیر بود. باری یک ساعت درس داده بعد با ناظم مدرسه از خیابان پهلوی و حسن آباد گذشته تفریح کردیم. بعد باداره‌ٔ طوفان آمده پس از انجام کار بخانه آمده شام خورده خفتم.

یکشنبه بیست و نهم جمادی الاول - سیزدهم آذر - صبح تا غروب مدرسهٔ ادب بود. عصر باداره‌ٔ طوفان رفتم و تا مدتی آنجا بودم. آنگاه بخانه آمده پس از صرف شام خفتم.

دوشنبه سی‌ام جمادی الاول - چهاردهم آذر - صبح در مدرسهٔ دارالمعلّمین بودم. زنگ سوم انتظار علوی را داشتم. با او درشگه نشسته بادارهٔ طوفان آمدیم. آنگاه با علوی بلغانطه رفتیم. همانجا نهار خوردیم. بعد باداره آمده و با صبا بطرف دارالمعلّمین رفتم. عصر با میرزا حسن خان فرزان و معقول و خسرو ظهور بمنزل ناظم مدرسه رفتم. کمی آنجا مانده بعد درشگه نشسته بادارهٔ طوفان آمدیم و چون بنا بود شب بخانهٔ شوهر خواهر علوی برویم، آنجا رفتم و تا نصف شب بودیم. بعد با پرتو و علوی بخانهٔ علوی رفتم و آنجا خوابیدم.

سه‌شنبه اول جمادی الثانی - پانزدهم آذر - صبح با علوی بمدرسهٔ ثروت رفتم و تا ظهر آنجا بودم. بعد بخانه آمده نهاری خوردم. بعد از نهار بادارهٔ طوفان رفتم. مدّتی آنجا بودم. بعد بپارک مخبرالدوله رهسپار شده کمی با میسیز رپیر و کمی با میسیز هنکل بودم. بعد پیاده بادارهٔ طوفان رفتم و مدتی آنجا بنوشتن و ترجمه پرداختم. بعد بخانه آمده پس از مدتی تفریح خفتم.

چهارشنبه دوم جمادی الثانی - شانزدهم آذر - صبح در مدرسهٔ ثروت کار داشتم. ظهر خانه نهار خوردم. بعد درشگه نشسته بمدرسهٔ دارالمعلّمین رفتم. پس از درس، فارسی خوانده آنگاه با ناظم مدرسه تا مروی آمدم. بعد بادارهٔ طوفان رفتم. مدتی آنجا بودم. از آنجا بمنزل پرتو رهسپار شدم. سیاسی، عسگرخان، علوی، صبا، پرتو، هژیر، < و > پارسا آنجا بودند. تا دو بعد از نصف شب خواب نکردم. بعد بخواب رفته صبح زود برخاستم.

۵ شنبه سوم جمادی الثانی - هفدهم آذر - صبح مدرسهٔ ادب بودم. بعد از ظهر بمدرسهٔ علمیّه رفته و از آنجا بادارهٔ طوفان رفتم. چون شب پیش نخوابیده بودم، زود بخانه آمده پس از صرف غذا و مطالعه بخواب رفتم.

جمعه چهارم جمادی الثانی - هیجدهم آذر - صبح علوی بمنزل من آمده از آنجا بمنزل فرّخی در بیرون شهر رفتیم. مدتی آنجا ماندیم. تا شب با علوی و صمصامی

درشگه نشسته بخانه آمدم. روز منزل رفعتی مهمان بودم نرفته و بتخصیص برای نمایش پیشاهنگی هم که کارت دعوت داشتم، حاضر شدم.

شنبه پنجم جمادی الثانی - نوزدهم آذر - صبح در مدرسهٔ ثروت کار داشتم. ظهر بخانه آمده پس از صرف نهار بادارهٔ طوفان رفتم. از آنجا با علوی بدرشگه نشسته بمدرسهٔ دارالمعلّمین رفتم. مدتی همانجا درس دادم. بعد بمنزل فروغی رفتم و با صبا یک ساعت عمر خود را بگوش کردن درس نجوم مشغول داشتم. بعد با میرزا ابوالقاسم بطرف ناصریه آمده ترجمهٔ رویتر و بیسیم پاریس را انجام داده و چون منزل فدائی مدعو بودم با علوی و عسگرخان درشگه نشسته آنجا رفتیم. تا نصف شب بیدار ماندیم. بعد شام خورده بخواب رفتم.

یکشنبه ششم جمادی الثانی - بیستم آذر - صبح در مدرسهٔ ادب کار داشتم. ظهر بخانه آمده پس از صرف نهار بمدرسه رفتم. آنگاه عصر بادارهٔ طوفان رفته و چون شب مدعو بودیم با علوی و عسگرخان و فرّخی به سینما رفتیم و این سینمایی بود که تدیّن رئیس مجلس و رئیس حزب تجدّد بجهت آن حزب تشکیل داده بود. باری تا ساعت ده آنجا بودیم. طاهرزاده یکی از غزلیات فرّخی را خواند. از آنجا بخانه آمده شام خورده خفتم.

دوشنبه هفتم جمادی الثانی - بیست و یکم آذر - صبح در مدرسهٔ دارالمعلّمین کار داشتم. درشگه نشسته آنجا رفتم. ظهر با علوی واگون نشسته بادارهٔ طوفان رفتیم. پس از صرف نهار پیاده بدارالمعلّمین رفتیم و عصر با ناظم دارالمعلّمین فرزان درشگه نشسته بادارهٔ طوفان آمدم و پس از ترجمهٔ بیسیم پاریس و رویتر بخانه آمدم. در خانه بساط سور و سرور بود و پدرم که یکی از نیکان دنیا است آن بساط < را > چیده بود. چون از چند شب پیش بنا بود که هر یک از افراد خانه شبی سایرین را شیرینی و میوه دعوت کند. شب سهشنبه نوبت پدرم بود. باری آن شب بخوشی گذشت. شام خورده خفتم.

سه‌شنبه هشتم جمادی الثانی - بیست و دوم آذر - صبح مدرسهٔ ادب کار داشتم. ظهر با علوی از همان مدرسه بادارهٔ طوفان رفتم و چون بعد از ظهر بیکار بودم تا غروب همانجا ماندم و شب معظمی < و > فرساد را ملاقات کردم. با آنها از ادارهٔ طوفان بخانه آمدم و چون این شب نوبت من بود در اطاق مخصوصی رفته و گرد هم نشسته بساط سور و سرور خانوادگی بر پا بود. این شب خوش گذشت. باری پس از صرف شام و شیرینی و میوه بخواب رفتم.

چهارشنبه نهم جمادی الثانی - بیست و سوم آذر - صبح در مدرسهٔ ثروت کار داشتم. پس از اتمام درس بخانه آمدم. آنگاه بدارالمعلّمین رفتم. عصر درس فارسی خوانده با نوربخش یکی از فارغ‌التحصیل‌های دارالمعلّمین بناصریه آمدم. از آنجا بادارهٔ طوفان رفته بعد از انجام کار بخانه آمده شام خورده خفتم. در این روز غیور کاغذی از پاریس برای من فرستاد.

۵ شنبه دهم جمادی الثانی - بیست و چهارم آذر - صبح در مدرسهٔ ادب درس داشتم. ظهر بادارهٔ صندوق رفته شهریهٔ مدارس متوسطه را گرفتم. بعد در لغانطه غذا خوردم. از آنجا بادارهٔ طوفان رفتم. در آنجا با فرّخی و علوی مباحثه‌ای پیش امد. باری درشگه نشسته بمدرسهٔ علمیّه رفتم. عصر از آنجا بادارهٔ طوفان آمدم. بعد از انجام کار با پرتو و صمصامی بخانهٔ علوی رفته تا نصف شب نشسته بعد علوی با دکتر شامبیاتی و معظمی آمدند. باز کمی نشسته بعد شام خورده بخواب رفتم.

جمعه یازدهم جمادی الثانی - بیست و پنجم آذر - صبح در خانهٔ علوی برخاسته بعد از صرف چای تا نزدیک ظهر آنجا بودیم. بعد بیرون آمده با پرتو درشگه نشسته بیرون دروازه دولت بمنزل فرّخی رفتیم و نهار آنجا خورده ساعت پنج بعد از ظهر درشگه نشسته بچهارراه آشیخ هادی بمنزل نجم آبادی (ابوالقاسم خان) رفتم. این جلسهٔ معلّمین مدرسهٔ ثروت بود. بیشتر آقایان قمار می‌کردند. این هرزگی است که تمام طهرانیان را تباه ساخته است. بدیهی است با این وضع ایران روز بروز بمرور بفنا

می‌رود. تودهٔ مردم که بیخبرند و وقت خود را بخرابات و غیره می‌گذرانند. روحانیون نیز پی نفع خودند و همه چیز جز اسلام را برای نفع خود خواسته‌اند. طبقه‌ای که نام خود را آزادی‌خواه و چیزفهم و یا چیزهایی از این قبیل می‌گذارند جز قمار و حرکات لغو کاری نمی‌کنند. باری، قریب دو ساعت آنجا بودم. بعد با عده‌ای از آنها - عدالت، شاهزاده ابوالفضل میرزا، < و > نصیری - بیرون آمده از خیابانهای منوّر بنور ماه گذشته بعد با شاهزاده کمی بیشتر راه رفته در منزل آقا جلال‌الدین طهرانی نیز کارت گذاشته بعد بخانه آمدیم و پس از نوشتن گزارش چند روزه و صرف شام بخواب رفتم. دوشنبه شب کاغذی از یزدان‌فر رسید.

شنبه دوازدهم جمادی الثانی - بیست و ششم آذر - صبح در مدرسهٔ ثروت کار داشتم. ظهر بخانه آمده پس از صرف نهار بمدرسهٔ دارالمعلّمین رفتم و بعد از اتمام درس عربی خوانده شد. آنگاه باداره‌ٔ طوفان آمده رویتر و بیسیم پاریس دو روزه را ترجمه کردم و مدتی هم آنجا بودم. بعد با علوی بمطبعه رفته و از آنجا با هم بطرف خانه آمدیم. نزدیک مروی خداحافظی کرده بخانه آمدم و پس از صرف شام و مطالعهٔ گرامر فرانسه بخواب رفتم.

یکشنبه سیزدهم جمادی الثانی - بیست و هفتم آذر - از صبح تا عصر مدرسهٔ ادب کار داشتم. ظهر در خانه نهار خوردم و عصر باداره‌ٔ طوفان رفتم و مدتی در آنجا بودم. باری از آنجا بخانه آمده خفتم.

دوشنبه چهاردهم جمادی الثانی - بیست و هشتم آذر - صبح درشگه نشسته بمدرسهٔ دارالمعلّمین رفتم. زنگ سوم کتاب خواندم. با علوی درشگه نشسته باداره‌ٔ خزانه‌داری رفته پول گرفتیم. ظهر در لغانطه نهار خوردیم. بعد باداره‌ٔ طوفان رفته و تا سه ساعت بعد از ظهر آنجا بودیم. بعد پیاده بدارالمعلّمین رفتم. بعد از یک ساعت درس باداره‌ٔ طوفان آمدم. شب سلیمان میرزا باداره‌ٔ طوفان آمد. مدتی با او صحبت کردم. آنگاه با علوی بطرف خانه آمدم.

سه‌شنبه پانزدهم جمادی الثانی - بیست و نهم آذر - صبح در مدرسهٔ ثروت کار داشتم. دیرتر رفتم. ظهر با علوی بادارهٔ طوفان رفته نهار خوردم. بعد چون بعد از ظهر بیکار بودیم، همانجا ماندیم. با فرّخی و علوی و عسگرخان و صمصامی درشگه نشسته بمنزل نقاشی در خیابان عین الدوله رفتم. مدتی در آنجا بودیم. بعد بمنزل عسگرخان رفتیم. پدر عسگرخان صاحب جمع < را > که فردی خوش منظر و خوش اخلاق بود، دیدم. مدتی با او صحبت کردیم. باری از آنجا درشگه نشسته بادارهٔ طوفان آمدم و تا ساعت ۹ همانجا بودم. بعد بخانه آمده پس از قرائت کتاب شام خورده خفتم. در این روز کاغذی بمترجم الممالک راجع بکاری که می‌خواستم در سفارت ژاپن بکنم، نوشتم.

چهارشنبه شانزدهم جمادی الثانی - سی‌ام آذر - صبح مدرسهٔ ثروت رفتم. ظهر در لغانطه نهار خوردم. آنگاه بادارهٔ طوفان آمدم. از آنجا بمدرسهٔ دارالمعلّمین رفتم. عصر در درس ریاضی صدیق اعلم حاضر شدم. تا ساعت هفت طول کشید. از آنجا با آقا شیخ محمود به طوفان رفتم. ترجمهٔ رویتر و بیسیم پاریس تمام شده تا ساعت ۹ آنجا بود. بعد بخانه آمدم.

پنجشنبه هفدهم جمادی الثانی - اول دی - صبح در مدرسهٔ ادب کار داشتم. ظهر بخانه آمده آنگاه بمدرسهٔ علمیّه رفتم. بعد از آنجا با آقای محمود خلیلی تا نزدیک چهارراه حسن آباد رفته بعد بادارهٔ طوفان رفتم. بعد از ترجمهٔ رویتر و بیسیم پاریس، با علوی بمطبعه رفتیم. بعد برگشته نیم ساعت دیگر در ادارهٔ طوفان ماندم. بعد بخانه آمده بخواندن کتاب حاجی بابا در انگلیس که هنوز بفارسی ترجمه نشده است، پرداختم. آنگاه شام خورده خفتم.

جمعه هیجدهم جمادی الثانی - دوم دی - صبح از خواب برخاسته پس از خواندن کتاب حاجی بابا در انگلیس بحمام رفتم. آنگاه بخانه آمده و باز کتاب فرانسه خوانده بعد درشگه سوار شده بمنزل فرّخی بیرون دروازه دولت رهسپار شدم. از رفقا کسی

نبود. مدتی در خیابان قدم زدم. بعد بمنزل فرّخی رفته رفقا آمده بودند. تا چهار ساعت و نیم بعد از ظهر آنجا بودم. بعد بسفارت انگلیس برای دیدن مستر جب رفتم. مدتی با او صحبت داشته دوباره بخانهٔ فرّخی آمدم. قریب دو ساعت نشستم. بعد با علوی و صمصامی و میرزا علیخان و پارسا بیرون آمده ساعت ۹/۵ شام خورده و بعد از مطالعه خفتم.

شنبه نوزدهم جمادی الثانی - سوم دی - صبح در مدرسهٔ ثروت کار داشتم. ظهر بخانه آمده آنگاه بادارهٔ طوفان رفتم. بعد با علوی درشگه نشسته بمدرسهٔ دارالمعلّمین رفتیم. بعد از اتمام درس با علوی درشگه نشسته بادارهٔ طوفان آمدیم. پس از ترجمهٔ رویتر و مذاکره با علوی و فرّخی به گراند هتل رفتیم. در آنجا نمایش مشقت کارگران ایطالی بود. زیاد خوب نبود. باری بعد فرّخی هم آمد و تا ساعت یازده در گراند هتل بودیم. بعد با فرّخی و علوی بمطبعه و از آنجا بادارهٔ طوفان رفتیم. نهار خورده و کمی صحبت کرده بعد بمنزل علوی رفتیم. در این روز ادارهٔ نفت جنوب اعلانی کرد باین مضمون که هر کس انگلیسی را بطور کامل با یک زبان خارجی بداند و تحصیلات متوسطه یا اندازهٔ متوسطه را امتحان دهد و سنّش از بیست سال تجاوز نکند، بخرج کمپانی مزبور بدارالفنون بیرمینگام رفته تحصیل خواهد کرد و همین اعلان باعث ناراحتی خاطر مرا فراهم آورد. در این روز کاغذی از جواد خان فروغی از تولوز دریافت داشتم.

یکشنبه بیستم جمادی الثانی - چهارم دی - صبح از خواب برخاسته کمی شعر حافظ و سعدی خواندم. بعد با علوی بادارهٔ طوفان آمدیم. عدهٔ زیادی از رفقا در این روز آنجا بودند. تا غروب آنجا ماندم. بعد بخانه آمده و بعد از کمی مطالعه بمنزل صمصامی رفتم. در آنجا اول شب بسیار خوش گذشت. عدهٔ زیادی از رفقا حضور داشتند. تا صبح بخواب نرفتم و از این جهت خیلی کسل بودم. باری، صبح از منزل صمصامی بمنزل علوی رفتم.

دوشنبه بیست و یکم جمادی الثانی - پنجم دی - تمام روز را در مدرسهٔ دارالمعلّمین کار داشتم ولی چون شب پیش نخوابیده بودم، بمدرسه نرفته و همان منزل علوی ماندیم. آقا سید اسدالّله نیز ماند. باری، نزدیک ظهر برخاسته نهار خوردم و تا عصر آنجا بودم. بعد باداره‌ٔ طوفان رفته بعد از اتمام کار بخانه آمدم و خوابیدم. در این روز برف می‌بارید.

سه‌شنبه بیست و دوم جمادی الثانی - ششم دی - صبح در مدرسهٔ ادب کار داشتم. با علوی ظهر در لغانطه نهار خوردیم. بعد باداره‌ٔ طوفان آمده تا یک ساعت از شب گذشته، آنجا بودم و چون بنا بود بمنزل مصطفی فاتح معاون اداره‌ٔ نفت برویم، با فرّخی آنجا رفتیم و در خصوص مسابقه و فرستادن شاگردان صحبت کردیم. بعد از آنجا باداره آمده پس از قدری توقّف بخانه آمده خفتم.

چهارشنبه بیست و سوم جمادی الثانی - هفتم دی - صبح در مدرسهٔ ثروت کار داشتم. ظهر خانه آمده آنگاه درشگه نشسته بمدرسهٔ دارالمعلّمین رفتم. بعد از اتمام کار درس فارسی خواندم. بعد باداره‌ٔ طوفان آمده بعد از ترجمهٔ رویتر و بیسیم پاریس بخانه آمدم.

۵ شنبه بیست و چهارم جمادی الثانی - هشتم دی - صبح در مدرسهٔ ادب کار داشتم. ظهر بخانه آمدم. بعد از ظهر بمدرسهٔ علمیّه رفته آنگاه باداره‌ٔ طوفان رهسپار شدم. در آنجا رویتر و بیسیم پاریس را ترجمه کردم. بعد با پرتو و صبا بمنزل عبدالحسین خان هژیر رفتم. در آنجا بین پرتو و فرّخی نزاعی اتفاق افتاد. باری بد نگذشت. تا سه ساعت و نیم بعد از نصفه شب آنجا نشسته بعد بخواب رفتم.

جمعه بیست و پنجم جمادی الثانی - نهم دی - از منزل عبدالحسین خان هژیر بخانهٔ آقا میرزا ولی و از آنجا بمنزل فرّخی رفتیم و تا ساعت ۹ شب در آنجا بودیم. بعد با صمصامی بخانه آمده بعد از صرف شام و خوردن غذا بخواب رفتم. در این شب کاغذی از آقا رضا پسر خاله‌ام رسید. این اولین کاغذ اوست.

شنبه بیست و ششم جمادی الثانی - دهم دی - صبح در مدرسهٔ ثروت کار داشتم. ظهر خانه آمده بعد از صرف نهار بادارهٔ طوفان رفتم. مدتی آنجا ماندم. بعد با درشگه بدارالمعلّمین رفتم. بعد از ختم درس با درشگه بپارک مخبرالدوله رفتم. چون روز اول سال بود تمام امریکاییها پذیرایی داشته آرام نزد میسیز رپیر رفتم. بعد بعمارت میلسپو تمام امریکاییان بخوبی از من پذیرایی کردند. زن میلسپو کمال احترام را نمود. بعد میسیز هنکل را دیدار کردم. بالاخره بادارهٔ طوفان امدم. بعد از ختم کار با علوی بگراند هتل برای چلهٔ درویشی رفتم. تا ساعت ده شب آنجا بودم. بعد بخانه آمدم و بعد از صرف شام و مطالعهٔ دروس بخواب رفتم.

یکشنبه بیست و هفتم جمادی الثانی - یازدهم دی - صبح در مدرسهٔ ادب کار داشتم. ظهر خانه آمده آنگاه دوباره بمدرسهٔ ادب رفتم. غروب بادارهٔ طوفان رفته و قریب سه ساعت آنجا بودم. بخانه آمده کاغذی برای جواد خان فروغی به تولوز نوشتم و شام خورده خفتم.

دوشنبه بیست و هشتم جمادی الثانی - دوازدهم دی - صبح در مدرسهٔ دارالمعلّمین کار داشتم. ظهر بخانه آمدم. آنگاه بمدرسهٔ دارالمعلّمین رفتم. عصر با ناظم مدرسه بگردش بیرون رفتیم. بعد بادارهٔ طوفان آمدم. از آنجا بخانه آمده خفتم.

سه‌شنبه بیست و نهم جمادی الثانی - سیزدهم دی - صبح در مدرسهٔ ادب کار داشتم. بعد از ظهر حمام رفته بعد بپارک مخبرالدوله رفته مستر و میسیز پلند را دیدم. از آنجا بادارهٔ طوفان آمدم و مدتی آنجا بوده بعد بخانه آمده خفتم.

چهارشنبه سی‌ام جمادی الثانی - چهاردهم دی - صبح بمدرسهٔ ثروت رفته ظهر بادارهٔ نفط جنوب برای ثبت اسم رفتم. در ده روز پیش ادارهٔ نفط جنوب اعلانی کرد که بموجب آن بنا بود دو نفر شاگرد بخرج کمپانی بانگلستان فرستاده شوند. چون این توضیحات تا اندازه‌ای موافق اطلاعات من بود در این روز برای ثبت اسامی بدانجا رفتم. باری از آنجا بخانه آمده بعد بمدرسهٔ دارالمعلّمین رهسپار شدم. مدتی بعد از

درس با آقا شیخ محمود صحبت کردیم. بعد بسر درس میرزا عبدالعظیم خان حاضر شده آنگاه با آقا شیخ محمود خان بناصریه آمدم. بعد از مدتی بادارهٔ طوفان رفته معظمی آمد. با معظمی تا لاله‌زار رفتم. آنگاه با او بطرف خانه مراجعت کردم. از وسط راه از او جدا شده بخانه آمدم.

پنج‌شنبه اول ماه رجب - پانزدهم دی - صبح در مدرسهٔ ادب کار داشتم. از آنجا بخانه آمدم و بعد از صرف نهار بمدرسهٔ علمیّه رفتم. بعد از ختم درس با خلیلی بیرون آمدیم. مدتی در راه صحبت داشتم. بعد بادارهٔ طوفان رفته بعد از انجام کار با معظمی درشگه نشسته بمنزل مصدق السلطنه رفتیم. آنگاه درشگه نشسته بلاله‌زار آمدیم و بعد از مدتی بادارهٔ طوفان رفته با علوی بمطبعه رفته آنگاه خانه آمدم و پس از آن خفتم.

جمعه دوم رجب - شانزدهم دی - صبح بمنزل علوی رفته و تا سه بعد از ظهر آنجا بودم نهار مفصلی تهیه دیده بود. اغلب رفقا آنجا بودند. سه ساعت بعد از ظهر با درشگه بپارک مخبرالدوله رفتم. میسیز پلند نبود. بعد با درشگه بمنزل ماک کرماک برای دیدن زنش رفته او نیز نبود. قرار شد فردا یک ساعت و نیم بعد از ظهر بروم. باری از آنجا بخانه آمده آنگاه بلغانطه رفتم و با درشگه با معظمی بمنزل مصدق السلطنه رهسپار شدم. مدتی با او صحبت داشتم و در خصوص رفتنم به انگلستان با او مشورت کردم و این کار را تصدیق نمود. باری ساعت ۹ بخانه آمده پس از مطالعهٔ جبر بخواب رفتم.

شنبه سوم رجب - هفدهم دی - صبح در مدرسهٔ ثروت کار داشتم. ظهر در لغانطه غذا خورده با درشگه بخیابان عباسی منزل ماک کرماک رفتم. کارم بنتیجه نرسید. از آنجا بدارالمعلّمین رفته پس از اتمام درس با علوی درشگه نشسته در میدان سپه پیاده شدم و سفارت انگلیس رفتم و مدتی با مستر جب صحبت داشتم. بعد بادارهٔ طوفان آمده پس از اتمام کار بخانه رفتم و مدتی در برابر بخاری نشسته با پدر و مادرم و برادرانم صحبت داشتم. بعد شام خورده خفتم.

یکشنبه چهارم رجب - هیجدهم دی - صبح در مدرسهٔ ادب کار داشتم. چون میرزا اسداللّه خان شامبیاتی پدربزرگ یکی از رفقایم موسوم به شامبیاتی وفات یافته بود، زنگ سوم با علوی بمدرسهٔ آقا حسین نجم آبادی رفتیم و بعد بخانه آمده بعد از ظهر بمدرسهٔ ادب رفته بعد از گردش بادارهٔ طوفان و از آنجا بخانه آمدم.

دوشنبه پنجم رجب - نوزدهم دی - صبح در مدرسهٔ دارالمعلّمین کار داشتم. درشگه نشسته بآنجا رفتم. زنگ سوم بیکار بودم. درشگه نشسته بپارک مخبرالدوله رفتم ولی میسیز پلند را ندیدم. از آنجا بخیابان لاله‌زار آمده در بین راه خلیلی را دیدم. بخزانه‌داری رفتیم و پولی گرفتم. آنگاه در لغانطه غذا صرف کردیم. بعد بدارالمعلّمین رفتم. عصر یا فرزان ناظم آن بخیابان آمده بعد بادارهٔ طوفان رفتم. از آنجا بخانه آمده پس از اتمام کار و صرف شام بخواب رفتم. در این شب کاغذی از یزدان‌فر داشتم.

سه‌شنبه ششم رجب - بیستم دی - صبح در مدرسهٔ ادب درس داشتم. با علوی بیرون رفتم. بعد از آنجا چون قرار بود بسفارت فرانسه بروم درشگه نشسته علوی جلوی مجلس پیاده گشت. بعد با همان درشگه بسفارت فرانسه رفتم و < با > شارژه دافر آن مذاکراتی کرده قرار شد روز جمعه نزد او بروم. باری، از آنجا بلغانطه رفته نهار خوردم. بعد بخانه آمده حمام رفتم. آنگاه ساعت پنج بعد از ظهر بمجمع جوانان ایران رفته سینماهایی که راجع بود < را > نگاه کردم. بعد بادارهٔ طوفان رفته پس از ترجمه بخانه آمدم و شام خورده خفتم.

چهارشنبه هفتم رجب - بیست و یکم دی - صبح در مدرسهٔ ثروت کار داشتم. از آنجا بخانه آمده پس از صرف نهار بدارالمعلّمین رفته عصر درس فارسی خواندم. آنگاه بادارهٔ طوفان آمده پس از اتمام کار ترجمه بخانه آمدم و شام خورده خفتم. در این روزها راجع بمراسلهٔ دولت که بکمپانی نفت نوشته قیل و قالی در مجلس و وکلاء و مردم بر پا شده است.

پنج‌شنبه هشتم رجب - بیست و دوم دی - صبح در مدرسهٔ ادب درس داده ظهر بخانه آمده چون دیر بود درشگه نشسته بمدرسهٔ علمیّه رفته این مدرسه بواسطهٔ جهالت

مدیرش از بدترین مدارس طهران می‌باشد. در صورتی که بواسطۀ قدمت باید یکی از بهترین مؤسسات علمی این مملکت گردد. باری عصر با خلیلی بیرون آمده تا نزدیک خیابان حسن آباد رفتیم. بعد در درشگۀ علوی سوار شده بادارۀ طوفان آمدیم و پس از ختم ترجمه بخانه آمده کتاب انگلیسی که در زمان مظفرالدین شاه راجع بایران نوشته < شده را > شروع کردم و هم در این شب قریب دو ثلث آن را خواندم.

جمعه نهم رجب – بیست و سوم دی – صبح در خانه ماندم و کتاب مزبور را تمام کردم. بعد از صرف نهار پیاده بسفارت فرانسه رفتم و قریب یک ساعت و نیم با شارژه دافر آن مملکت صحبت داشته بعد بخیابان لاله‌زار آمدم و نزدیک ۲ ساعت با بعضی دوستان در خیابان قدم زده تفریح کردم. آنگاه بخانه آمده پس از نوشتن شرح احوال چند روزه و صرف شام خفتم.

شنبه دهم رجب – بیست و چهارم دی – صبح در مدرسۀ ادب درس داشتم. عصر بدارالمعلّمین رفته پس از انجام کار بادارۀ طوفان آمدم. ترجمه کردنیها را ترجمه کرده بخانه رفتم.

یکشنبه یازدهم رجب – بیست و پنجم دی – صبح تا غروب مدرسۀ ادب کار داشتم. ظهر با علوی در لغانطه غذا خوردیم. او بادارۀ طوفان رفت. بعد از ظهر بمدرسه رفته از آنجا با معظمی بخیابان رفتیم. مدتی با او گردش کرده بعد در بلدیه نزد میرزا سید علی خان شیخ الاسلامی رفته مدتی نشستیم. بعد بادارۀ طوفان آمده پس از اتمام کار بخانه رهسپار شده شام خورده خفتم و سحر برای مراجعه بدروس مسابقه‌ای که در پیش است، برخاستم.

دوشنبه دوازدهم رجب – ۲۶ دی – صبح در مدرسۀ دارالمعلّمین درس داشتم. ظهر بخانه آمده آنگاه بعد از ظهر بمدرسۀ دارالمعلّمین رفتم. عصر بادارۀ طوفان آمده پس از ترجمه بخانه آمدم. آنگاه باداره رفته با علوی بمنزل او رفتیم. عده‌ای از دوستان وی آنجا بودند. شب در آنجا ماندم.

سه‌شنبه سیزدهم رجب - ۲۷ دی - امروز از منزل علوی بخانه آمدم. حمام رفتم ولی نهار بمنزل علوی رفتم. بعد از ظهر با معظمی و شامبیاتی که آنجا آمده بودند درشگه سوار شده من بسفارت فرانسه رفتم و ایشان بمنزل محمّد میرزا رفته پس از انجام کار من نیز همانجا رفته تا ساعت ۸ منزل او بودیم. باری، از آنجا بخانه آمدیم و پس از مطالعهٔ دروس بخواب رفتم.

چهارشنبه چهاردهم رجب - ۲۸ دی - صبح در مدرسهٔ ثروت کار داشتم. ظهر بخانه آمده پس از صرف غذا بدارالمعلّمین رفتم. چون کار خود را انجام دادم، درس فارسی خوانده آنگاه باداره‌ٔ طوفان آمدم و بعد از ترجمه بخانه آمده شام خورده خوابیدم.

پنج‌شنبه پانزدهم رجب - ۲۹ دی - صبح در مدرسهٔ ادب درس داده، ظهر بخانه آمدم. چون نهار خوردم، بمدرسهٔ علمیّه رفتم. پس از انجام درس با آقای محمود خلیلی بمنزل علیقلی خان بهرامی رفیق مدرسهٔ دارالمعلّمین رفته وی از مأموریت مازندران برگشته بود. باری، مدتی با او نشسته آنگاه باداره‌ٔ طوفان آمدم. چون کار خود < را > تمام کردم، بخانه آمده خفتم. در این روز وکلا از مستوفی الممالک استیضاح نمودند.

جمعه شانزدهم رجب - ۳۰ دی - صبح از خواب برخاسته شروع بمطالعهٔ درس کردم. آنگاه ظهر نزدیک شد. چون نهار خوردم با درشگه بسفارت فرانسه رفتم. شارژه دافر مریض بود. لذا پیاده گردش‌کنان تا شمس العماره آمدم. آنگاه برای اینکه رفقا را ببینم درشگه نشسته بمنزل عبدالحسین خان هژیر رفتم. کسی آنجا نبود. از آنجا هم پیاده تا شاه‌آباد آمدم. ناگهان رفعت یکی از معلّمین ثروت را جلوی خانه دیدم. بیادم آمد که باید بمنزل بهمن میرزا که وی نیز یکی از معلّمین آن مدرسه است، بروم. باری، بدانجا رفته تا ساعت هفت بصحبت و شنیدن صدای ساز گذشت. از آنجا با سامی که یکی از معلمان ثروت است بسوی خانه آمدم. چون شام خوردم، کتاب خوانده بخواب رفتم.

شنبه هفدهم رجب - اول بهمن - صبح در مدرسهٔ ثروت درس داده ظهر بخانه آمدم. آنگاه پس از صرف غذا بادارهٔ طوفان رفته با درشگه بهمراهی علوی بدارالمعلّمین رفتیم. پس از انجام درس با او بادارهٔ طوفان آمده چون کار خود را انجام دادم بخانه رهسپار شده شام خورده خفتم.

یکشنبه هیجدهم رجب - دوم بهمن - صبح در مدرسهٔ ادب کار داشتم. بدانجا رفته ظهر بخانه آمده بعد از ظهر نیز همانجا رفته پس از انجام درس با معظمی بیرون آمدیم. آنگاه بادارهٔ طوفان رهسپار شدم. مدتی بیکار بودم تا کار ترجمه را خاتمه داده آنگاه بخانه آمدم و بمطالعهٔ کتاب پرداختم. در همین روز کاغذی برای یزدان‌فر بهمراهی ۱۲ جفت جوراب که مدتی پیش خواسته بود فرستادم. در این روزها بواسطهٔ استیضاح مستوفی در طهران آشوب است و بر روی هم اوضاع ایران حالت خوبی ندارد. شاه که مردی طمّاع و نفع دوست است جز بساختن عمارت سعدآباد بکاری نمی‌پردازد وکلای پول و زور نیز بضرر خود کار نکرده علاوه بر آنکه بخیر مردم کاری نمی‌کنند بیشتر می‌خواهند اسبابی فراهم آورند که به هیچ وجه راه نجاتی نباشد. دزدان همه بر سر کار و آنان که اسماً هم آزادیخواه بودند، برکنارند. باری، اگر این اضاع دوام کند ممکن است یا ایران را بکلی از بین ببرد یا در اثر انقلاب مردم جانی تازه یابد.

دوشنبه نوزدهم رجب - سوم بهمن - صبح در مدرسهٔ دارالمعلّمین کار داشتم. با درشگه آنجا رفتم. آنگاه با علوی درشگه نشسته آمدیم. بعد از ظهر نیز همانجا رفتم. عصر با سید حمید خان شیخ الاسلامی درشگه نشسته بادارهٔ طوفان رفتم. پس از انجام کار بخانه آمده پس از مطالعه خفتم.

سه‌شنبه بیستم رجب - چهارم بهمن - صبح در مدرسهٔ ادب کار داشتم. پس از انجام آن بخانه آمده نهار صرف کردم. آنگاه درشگه نشسته بپارک مخبرالدوله نزد میسیز هنکل رفتم. تا ساعت پنج بعد از ظهر آنجا بودم. آنگاه اتوموبیل نشسته بخیابان

لاله‌زار آمدم. پس از کمی گردش بادارهٔ طوفان رفتم و آنجا کار خود را انجام داده بخانه آمدم و بمطالعه پرداختم.

چهارشنبه بیست و یکم رجب - پنجم بهمن - صبح در مدرسهٔ ادب کار داشتم. ظهر در خانه نهار خوردم. آنگاه بدارالمعلّمین رفتم. پس از درس فارسی خوانده آنگاه بادارهٔ طوفان آمده چون کار خود < را > انجام دادم، بخانه آمده شام خورده سحر برخاستم و فیزیک مطالعه کردم. در این روز کاغذی بکرمان برای میرزا علیقلی خان نیک‌نفس فرستادم.

۵ شنبه بیست و دویم رجب - ششم بهمن - صبح در مدرسهٔ ادب کار داشتم. ظهر بخانه آمده چون نهار خوردم بمدرسهٔ علمیّه رفتم. آنگاه درس خود را تمام کرده با آقا میرزا محمود خلیلی بخیابان آمده تا بمطب دکتر تقی خان قره‌گوزلو که بایستی زنش را درس دهم رفتم. وی نبود. کارت خود را بنوکرش دادم که وی را روز شنبه ببینم. باری، بادارهٔ طوفان رفته رویتر و بیسیم پاریس را ترجمه کردم. در این دو ماه اخیر در اخبار رویتر جز انقلابات چین خبر قابل توجهی نیست. گویا خطر زردی که اروپاییان از چند سال پیش حدس می‌زدند در کار بروز و ظهور است. باری چون کار < را > انجام دادم، بادارهٔ اقدام رفتم. وی یکی از کتابهای خود - انسان - < را > بمن داده مدتی نزد وی بودم. آنگاه بخانه آمده شام خورده خفتم.

جمعه بیست و سوم رجب - هفتم بهمن - صبح در خانه ماندم. کمی کتاب خوانده مدتی نیز با مادرم صحبت می‌کردم. ظهر نهار خورده آنگاه بسفارت فرانسه رفتم. پس از ملاقات با شارژه دافر پیاده بخیابان آمدم. در کتابخانهٔ بروخیم یازده عدد کتاب شعر انگلیسی خریدم. آنگاه با هشترودی مدتی راه رفتیم. در خیابان علوی عسگرخان، میرزا علیخان پارسا، معظمی، < و > شیدفر را دیدم. مدتی با ایشان صحبت می‌داشتم تا بالاخره با یک یک رفقا و دوستان خداحافظی نمودم. پس با معظمی مدت زیادی راه رفته بالاخره او را نیز ترک گفته بخانه آمدم و پس از مطالعهٔ کتاب فیزیک و قرائت کتاب‌های انگلیسی و صرف شام بخواب رفتم.

شنبه بیست و چهارم رجب - هشتم بهمن - صبح در مدرسهٔ ثروت کار داشتم. ظهر بخانه آمدم. پس از صرف نهار باداره‌ٔ طوفان رفتم تا با علوی بمدرسهٔ دارالمعلّمین بروم. وی رفته بود. لذا درشگه سوار شده بمدرسهٔ دارالمعلّمین رفتم. پس از انجام درس با علوی بدرشگه سوار شدم. وی به ادارهٔ طوفان رفته من بمطب دکتر تقی خان قره‌گوزلو در خیابان ناصریه رفتم. مدتی با او صحبت داشتم. چون زن وی که آمریکایی است می‌خواهد درس بخواند من بملاقات شوهرش رفتم تا برای این کار ترتیبی معین شود. باری از مطب باداره‌ٔ طوفان آمده بعد از ترجمهٔ رویتر و بیسیم پاریس بخانه آمدم. چون شام خوردم کمی بمطالعهٔ کتاب پرداختم تا بخواب رفتم.

یکشنبه بیست و پنجم رجب - نهم بهمن - صبح در مدرسهٔ ادب کار داشتم. ظهر بخانه آمده نهار خوردم. آنگاه بمدرسهٔ ادب رفتم. عصر با معظمی بخیابان علاءالدوله رفته و او بمجلس رقص رفت تا مشق کند. من نیز برای تماشا رفته صاحب منصبی با معظمی و شامبیاتی و دونفر زن رقاصه و یک نفر روس که پیانو می‌زد در آنجا بودند. باری قریب نیم ساعت آنجا ماندم. آنگاه باداره‌ٔ طوفان رفته بعد از اتمام کار بخانه آمدم. در همین روز مستوفی استعفا داد.

دوشنبه بیست و ششم رجب - دهم بهمن - صبح در مدرسهٔ دارالمعلّمین کار داشتم. درشگه نشسته بآنجا رفتم. ظهر مانده تا با علوی باداره‌ٔ طوفان آمدیم. نهار در ادارهٔ طوفان خوردم. بعد از ظهر درشگه نشسته بدارالمعلّمین رفتم. عصر با آقا شیخ جواد تربتی بخیابان آمدم. آنگاه باداره‌ٔ طوفان رفته از آنجا بخانه آمدم. در همین روز از یزدان‌فر کاغذی داشتم.

سه‌شنبه بیست و هفتم رجب - یازدهم بهمن - مبعث. این روز تعطیل بود. تا ظهر در خانه بودم. آنگاه بسفارت فرانسه رفتم. از آنجا پیاده بپارک مخبرالدوله نزد میسیز هنکل رفتم. تا غروب آنجا بودم. بعد با او و شوهرش در اتومبیل نشسته در خیابان قوام السلطنه پیاده شدم. مدت زیادی راه رفتم تا بالاخره زین‌العابدین خان شیدفر را

دیدم. مدتی زیادی نیز با او راه رفته صحبت داشتیم تا بالاخره بخانه آمده شام خورده خفتم. در این شب کسالت زیادی داشتم. غذایی نخوردم.

چهارشنبه بیست و هشتم رجب - دوازدهم بهمن - صبح در مدرسهٔ ثروت کار داشتم. ظهر در لغانطه نهار خورده بمدرسهٔ دارالمعلّمین رفتم. پس از انجام دروس فارسی خواندم. آنگاه با شیدفر بخیابان آمدم مدتی گردش کرده بادارهٔ طوفان رفته کار ترجمه را تمام نمودم. شب بسیار دیر بخانه آمده و تا نزدیک نصف شب در ادارهٔ طوفان بگوش دادن شرح تبعید شدن فرّخی گذراندم. باری نصف شب بخانه آمده شام خورده خفتم.

پنج‌شنبه بیست و نهم رجب - سیزدهم بهمن - صبح در مدرسهٔ ادب درس داشتم. ظهر درشگه نشسته بخزانه‌داری رفتم. پس از گرفتن پول با خلیلی و شیدفر بلغانطه رفته نهار خوردیم. آنگاه با خلیلی بمدرسهٔ علمیّه رفتیم. پس از انجام دروس با وی بخیابان آمدیم. در مغازهٔ پیکرنگار رفتم و برای کندن مهر و کلیشه‌ای که یزدان‌فر از خوزستان خواسته بود، بیعانه داده با خلیلی بادارهٔ طوفان رفتیم. مدتی در آنجا بودم. مرآت و جهانگیر عضو وزارت معارف آنجا آمدند. آقای مرآت بمن پیشنهاد نمود که مدیریت مدرسهٔ ابتدایی را قبول کنم. باری در این روز در مدرسهٔ علمیّه با شاگرد دیوانه‌ای نزاع کرده او را از کلاس بیرون نمودم. و هم در این روز صبح الاغ پدرم قدری گوش حسن خانه شاگرد را کند و این اسباب اندوه من شد. باری شب بخانه آمدم. پدرم از شدّت غصه نهار نخورده بود. پس از کمی صحبت شام خورده خفتم.

جمعه غرّه شعبان - چهاردهم بهمن - صبح در خانه بتصحیح انشاء شاگردان مشغول بودم که علوی آمد. با او بادارهٔ فرّخی رفتیم. وی نبود. لذا درشگه نشسته بچهارراه حسن آباد رفتیم زیرا علوی می‌خواست گرده فرنی بخرد. بالاخره معامله شد. از آنجا باز بادارهٔ فرّخی آمده نهار خوردیم. بعد از ظهر بسفارت فرانسه نرفتم و با فرّخی و علوی بخانهٔ اللّهیار خان پسر حاجب الدوله رفته تا نزدیک غروب آنجا بودیم. عصر با

فرّخی و علوی درشگه نشسته با هم بیرون دروازه رفتیم. مدتی گردش کردیم. از آنجا بیرون آمده در این راه پرتو و مافی را دیدم که منزل عبدالحسین خان می‌رفتند. در درشگه نشسته بخانهٔ عبدالحسین خان رفتیم. او نبود. ماندیم تا آمد. باری، نزدیک ساعت نه بخانه آمده خفتم.

شنبه دوم شعبان - پانزدهم بهمن - صبح در مدرسهٔ ثروت کار داشتم. ظهر بخانه آمدم. آنگاه بادارهٔ طوفان رفته با علوی درشگه نشسته بمدرسهٔ دارالمعلّمین رفتیم. عصر با فرزان ناظم مدرسه و خلیلی بودم. مدتی هم در منزل فرزان گذراندم. از آنجا بادارهٔ طوفان آمده ترجمه‌های زیادی را که بایستی انجام دهم تمام کرده آنگاه با علوی بمنزل وی رفتیم. شب بد نگذشت. گرامافونی داشتیم و من و او تنها در پای آن نشسته بآوازهای قشنگ و اشعار با روح فارسی گوش می‌دادیم. باری، نصف شب خوابیدم. در این روز دوباره مستوفی رئیس الوزرا شد.

یکشنبه سوم شعبان - شانزدهم بهمن - امروز روز ولادت حضرت حسین است. تمام ادارات تعطیل می‌باشد. من نیز با علوی بادارهٔ طوفان آمده از آنجا با سیاسی و عسگرخان بخیابان لاله‌زار رفتیم و علوی گرامافونی با چندین صفحه خرید. گرامافون مزبور را بباغ بیرون دروازه بردیم و آن روز را بشنیدن آوازها خوش بودیم. عصر بمنزل مافی رفتیم. عبدالحسین خان و پرتو هم آنجا بودند. باری تا ساعت ۹ آنجا بودیم. بعد با علوی درشگه نشسته در بازار پیاده شدیم. از آنجا بخانه آمدم و بنوشتن شرح احوال چند روزه اهتمام ورزیدم. در این ایام پریشانی حواس مرا آرام نمی‌گذارد زیرا خیال رفتن فرنگستان خود مؤیّد پریشانی است. و از طرف دیگر اوضاع بد مملکت و فساد اخلاق مردم از هر چیزی زیادتر انسان را ناامید می‌سازد و از تمام اینها گذشته یک چیز است که قابل تعجب می‌باشد و آن ترقی فوق العاده خائنین بمملکت است و تا در ایران رسیدن بمطامع مالیّه جز خیانت مایه‌ای نمی‌خواهد نه < فقط > انگلیس و روسها بلکه پست‌ترین ملل دنیا نیز می‌تواند در این سرزمین فساد < و > حکومت نمایند. در این کابینه‌ای که از شنبه تعیین شده

است نصرت الدوله و فاطمی و داور و تدیّن ... که بخدمت معروف نیستند عضویت دارند. شاه مملکت هم چون بهمراهی دیگران باین مقام رسیده از اطاعت چاره‌ای ندارد. این است که هر روز بر بدبختی مملکت می‌افزاید.

دوشنبه چهارم شعبان - هفدهم بهمن - صبح در مدرسه دارالمعلّمین کار داشتم. پس از انجام درس در همانجا مانده آنگاه با علوی درشگه نشسته بخانه آمدم. پس از صرف نهار پیاده بدارالمعلّمین رفتم و بعد از ختم درس با سید حمید خان شیخ الاسلامی درشگه نشسته دم بازار پیاده شدیم. من نیز بادارهٔ طوفان رفته مدتی آنجا ماندم. آنگاه ساعت ده با علوی درشگه نشسته چون او می‌خواست منزل فدائی برود سر بازار پیاده شده بخانه آمدم. مدتی کتاب خوانده آنگاه بخواب رفتم. در این روز کسالتی داشتم.

سه‌شنبه پنجم شعبان - هیجدهم بهمن - صبح در مدرسه کار داشتم. ظهر نهار خورده آنگاه بسفارت فرانسه رفتم. از آنجا پیاده بپارک مخبرالدوله نزد میسیز هنکل رهسپار شدم. چون دیر بود درس نخواندیم. لذا با او در اتوموبیل نشسته وی در مدرسهٔ دخترانهٔ آمریکایی رفت من هم با اتوموبیل بدارالمعلّمین رفتم. مدتی با فروغی صحبت کردم و سر درس او حضور یافته آنگاه بادارهٔ طوفان رفتم و با کمال خستگی کار را انجام داده بخانه آمدم.

چهارشنبه ششم شعبان - نوزدهم بهمن - صبح در مدرسهٔ ثروت کار خود را انجام داده ظهر بدکان سید محمّد تقی تابلوساز رفتم و برای تابلویی که < برای > یزدان‌فر دستور داده بودم بیعانه داده بخانه آمدم. بعد از < آنجا > پیاده بدارالمعلّمین رفته عصر پس از انجام درس کمی از غزلیات حافظ < را > در حضور آقای میرزا عبدالعظیم خان خوانده بعد بادارهٔ طوفان رفتم. مدت زیادی در آنجا ماندم. نزدیک نصف شب خانه آمدم.

پنج‌شنبه هفتم شعبان - بیستم بهمن - صبح در مدرسهٔ ادب کار خود را انجام داده ظهر بخانه آمدم. بعد از ظهر در مدرسهٔ علمیّه که یکی از مدارس متوسطهٔ بد طهران است درس داشتم. پس از انجام درس با خلیلی بخیابان رفته آنگاه با او بادارهٔ طوفان

رهسپار شدیم. مدتی آنجا بوده بعد خداحافظی کرده رفت. من تا ساعت ۱۱ آنجا ماندم. مدت زیادی با حائری زاده صحبت داشتیم. بالاخره بخانه آمده بعد از صرف شام بخواب رفتم.

جمعه هشتم شعبان - بیست و یکم بهمن - صبح بحمام رفته آنگاه با خلیلی بمنزل رفته و باو بخانهٔ زین‌العابدین خان شیدفر رهسپار شدیم. محسن خان آنجا بود و در این جلسه صحبت از اوضاع دارالمعلّمین و چارهٔ اصلاح آن در میان بود. تا نزدیک ظهر آنجا بودیم. آنگاه با علوی درشگه نشسته بادارهٔ فرّخی در بیرون دروازه رفتیم. تمام روز باران می‌بارید و در آن باغ که ما بودیم منظرهٔ زیبایی جلوه‌گر بود. باری تا یک ساعت از شب گذشته آنجا بودیم. آنگاه با علوی و آقا سید اسداللّه و عسگرخان و حبیب اللّه خان رئیس توزیع روزنامهٔ طوفان بیرون آمدیم. رفقا برای شراب نوشی بدکانی که در همان بیرون دروازه بود رفته من نیز برای سیر آفاق و انفس با آنها همراهی کرده وارد اطاق کثیفی شدیم که در آن جز چند تخت کثیف و پاره‌ای قالیچه چیزی نبود. باری، رفقا شراب نوشیدند و در این بین صفحهٔ گرامافون هم اشعار سعدی را می‌خواند. من نیز در دریای فکر غوطه ور بودم. باری، قریب یک ساعت نشستیم. آنگاه برخاسته بیرون آمدیم. علوی و عسگرخان درشگه نشسته رفته من نیز با رفقا خداحافظی کرده بخانه آمدم و شرح احوال چند روزه را نوشته شام خورده خفتم.

شنبه نهم شعبان - بیست و دوم بهمن - صبح در مدرسهٔ ثروت کار داشته ظهر بخانه آمده آنگاه با درشگه با علوی بمدرسهٔ دارالمعلّمین رفتیم. در آنجا نشسته بودیم که فروغی رئیس مدرسه از کار کناره‌گیری کرد. عربی درس داده با علوی به طوفان آمدم و مدتی آنجا بودم. آنگاه بخانه رفته خفتم.

یکشنبه دهم شعبان - بیست و سوم بهمن - صبح در مدرسهٔ ادب کار داشتم. بعد از اتمام دروس با علوی بمجلس رفتیم. آنگاه با فرّخی و علوی درشگه نشسته بادارهٔ

طوفان رفتیم و چون دیر شد همانجا ماندم و بمدرسهٔ ادب نرفتم. عصر با علوی درشگه نشسته بمنزل فروغی رهسپار شدیم. آقای میرزا عبدالعظیم خان قریب آنجا بودند. مدتی صحبت شد. بعد آقای میرزا غلامحسین خان هم تشریف آوردند. مدتی نیز با ایشان سخن گفته باری از آنجا درشگه نشسته طرف ناصریه راندیم. در بین راه آقای مرآت را دیدیم. پایین آمده مدتی با او صحبت داشتیم. من نیز با ایشان به کلاب ایران جوان رفتم. مدتی با او صحبت داشتیم. بعد باداره‌ٔ طوفان آمده پس از انجام کار بخانه آمده چون کسالت داشتم شام نخورده خفتم.

دوشنبه یازدهم شعبان - بیست و چهارم بهمن - صبح در مدرسهٔ دارالمعلّمین درس داشتم. بعد از انجام درس درشگه نشسته بمنزل میسیز پلند رفتم و یک ساعت آنجا بودم. این زن خوش اخلاق و خوش قیافه است. باری ظهر با او در اتوموبیل نشسته بیرون آمدیم. ظهر نهار در منزل فرّخی در ناصریه خوردم. آنگاه درشگه نشسته بمدرسهٔ دارالمعلّمین رفتم. پس از اتمام درس باداره‌ٔ طوفان آمدم. آقای میرزا عبدالعظیم خان و اعتصام الملک هم آنجا بودند و قرار بود که حکایات مسابقهٔ طوفان خوانده شود. باری پس از انجام این کارها و ترجمه بخانه آمده خفتم.

سه‌شنبه دوازدهم شعبان - بیست و پنجم بهمن - صبح در مدرسهٔ ادب کار داشتم. بعد از اتمام دروس با علوی بمجلس رفتیم. آنگاه از مجلس بمنزل فرّخی رفته خود فرّخی نیز با ما بود. بعد از صرف نهار بسفارت فرانسه رفته شارژ دافر نبود. مدتی در انتظار ماندم. نیامد. از آنجا پیاده بخیابان آمدم. مدتی با خلیلی و شیدفر صحبت داشتم. آنگاه باداره‌ٔ طوفان آمدیم و بعد از اتمام کار بخانه آمده خفتم.

چهارشنبه سیزدهم شعبان - بیست و ششم بهمن - صبح در مدرسهٔ ثروت کار داشتم. آن را انجام دادم. بخانه آمدم. بعد از صرف نهار پیاده بدارالمعلّمین رفته بعد از اتمام درس مقداری از غزلیات حافظ را در حضور آقای میرزا عبدالعظیم خان خواندیم. آنگاه باداره‌ٔ طوفان آمدیم. بعد از اتمام کار با علوی بمنزل فروغی رفتیم. مدتی آنجا

ماندیم و صحبت کردیم. از آنجا دوباره بادارهٔ طوفان امده پس از کمی صحبت بخانه آمده شام خورده خفتم.

۵ شنبه چهاردهم شعبان - بیست و هفتم بهمن - صبح در مدرسهٔ ادب کار داشتم. چون دو ساعت درس دادم زنگ سوم تمارض کردم. بمجلس رفتم. در این روز حقیقتاً کاری نداشتم. لذا حضورم در مدرسه بیهوده بود. باری قریب دو ساعت در مجلس بودم. بعد با علوی و فرّخی درشگه نشسته بادارهٔ طوفان رفتم. در همانجا نهار خورده ماندم. بعد مقداری از اخبار مجلس را برای کمک با علوی نوشته و پس از ترجمهٔ اخبار رویتر و پاریس با علوی درشگه نشسته بمنزل سادات رفتیم. در این سال بمناسبت تولد حضرت مهدی جشن خوبی گرفته‌اند. تمام بازارها و کوچه‌ها و خیابان‌ها نیز از مملو از مرد و زن است. گرامافونها در هر گوشه مردم را بخود می‌خواند. باری مدتی در منزل سادات ماندیم. بعد درشگه نشسته باداره آمدیم. از آنجا بمطبعه رفته و از مطبعه بادارهٔ روزنامهٔ ایران رهسپار شدیم. بعد با علوی و فرّخی و صبا و پرتو ببازار رفتیم. آنجا را نیز بخوبی بسته بودند. قریب نیم ساعت در بازار گشته بعد بخیابان ناصریه آمده با فرّخی خداحافظ گفته بخانه آمدم و وقایع چند روزه را نوشتم. در بعد از ظهر این روز بسبب دیر وقت بمدرسهٔ علمیّه نرفتم. در این روز داور وزیر عدلیّه مادهٔ واحده‌ای را از تصویب مجلس گذراند و بموجب آن حق یافت که تشکیلات عدلیّه را بمیل خود و با اعضایی که خویش صلاح می‌داند تغییر دهد. باری، در مجلس در خصوص این مادهٔ مهم مذاکرات جدّی بمیان نیامد و با قید فوریت که پیشنهاد شده بود از مجلس گذشت. حقیقتاً باعث بسی نگرانی است که یک نفر زبان‌باز حقه‌باز بتواند چنین کاری را انجام دهد. اگر چه امید همه ایرانیان اصلاح عدلیّه و سایر وزارت‌خانه‌هاست ولی از این گذشته باید مصلح را هم از مفسد شناخت. آنطور که من می‌دانم داور و نصرت‌الدوله و تدیّن و بعبارت اخری این اشخاص که بکمک خارجیان قوی یعنی دشمنان ایران روی کار آمده‌اند اصلاح نتوانند کرد. این قسمت نیز بدیهی است که اگر در مجلس هم مخالفتی با داور شد نه از نظر حفظ منافع ایران بود بلکه مخالف یعنی بهبهانی‌ها و آشتیانی‌ها نیز ثروت

خانوادگی خود را طالبند. در این خصوص من هم بی‌تقصیر نیستم زیرا ناتوانم < از این که > مردم بحقوق خود پی ببرند. ایران اصلاح بردار نیست.

جمعه پانزدهم شعبان - بیست و هشتم بهمن - صبح حمام رفتم. آنگاه بمنزل علوی رهسپار شدم. از آنجا با رفقا بیرون آمدیم. با خلیلی درشگه سوار شدم. او بمنزل خود رفت. من نیز بخانهٔ میسیز پلند رفتیم. وی نبود. بخانهٔ فرّخی رفتم. هوای بسیار خوب آنجا قابل تماشا و تمجید بود. باری رفقا یک یک آمدند. آنگاه نهار صرف شد. بعد از نهار پیاده بسفارت فرانسه رفتم. ولی درس خوانده نشد. بخانه فرّخی برگشتم و تا ساعت ۳ آنجا بودیم. بعد با علوی درشگه نشسته وی بخانهٔ خود رفت. من نیز بخانه آمده پس از صرف شام خفتم.

شنبه شانزدهم شعبان - بیست و نهم بهمن - صبح در مدرسهٔ ادب کار داشتم. ظهر بخانه نیامدم و در ادارهٔ طوفان نهار خوردم. عده‌ای از رفقا آنجا بودند. باری پس از صرف نهار با علوی درشگه نشسته بدارالمعلّمین رفتیم. در این روز آقای فروغی بعد از چند روز کناره‌گیری آمده بود. ساعتی نزد او نشستم. در این میان مشار اعظم معاون تدیّن وزیر معارف آمده بود. پس از اتمام درس با علوی درشگه سوار شده بادارهٔ طوفان آمدیم. شب به تآتر خیام رفتم. چندان تماشایی نبود زیرا آکتورها تازه کار بودند. باری از آنجا بادارهٔ طوفان آمده و پس از کمی درنگ نصف شب بخانه آمده پس از صرف شام خفتم.

یکشنبه اول اسفند ماه - هفدهم شعبان - صبح در مدرسهٔ ادب کار داشتم. بعد از اتمام آن بخانه آمدم. آنگاه بعد از ظهر همانجا رفتم. عصر بهمراهی فرامرزی بخیابان آمده در بین راه از او جدا شده بادارهٔ طوفان رفتم. قریب ساعت هفت رفقای دارالمعلّمین که عبارت بودند از شیدفر، نوربخش، خلیلی، < و > هورفر باداره آمدند. در خصوص ملاقات تدیّن وزیر معارف قرار شد کاغذی نوشته شده و پس از گرفتن وقت بنزد او برویم. باری رفقا پس از کمی درنگ رفتند. من نیز کارهای ترجمهٔ خود را انجام داده

مدتی در اطاق فرّخی بخواندن شعر و صحبت کردن گذراندم. بالاخره با علوی و پرتو درشگه نشستم. من سر پامنار پیاده شدم و ایشان بمنزل فدائی رفتند.

دوشنبه دوم اسفند - هیجدهم شعبان - صبح در مدرسهٔ دارالمعلّمین کار داشتم. یکساعت بظهر درشگه نشسته بمنزل مستر پلند رفتم. تا ظهر آنجا بودم. از آنجا باداره‌ٔ فرّخی رفته پس از صرف نهار دوباره بمدرسهٔ دارالمعلّمین رهسپار شدم. پس از انجام درس باداره‌ٔ طوفان آمده ترجمهٔ انگلیسی و فرانسه را تمام کردم. آنگاه بجلسهٔ قبل مسابقه که در روزنامهٔ طوفان اعلان شده بود، پرداختم. آقای میرزا عبدالعظیم خان، اعتصام الملک، ملک‌الشعراء، < و > دهخدا آنجا بودند. بعد صور اسرافیل و محمود رضا وکیل لاهیجان نیز آمد. باری، مدّتی صحبت ادبی در میان بود تا بالاخره مجلس مترقی نزد آقایان رفتند. من نیز بخانه آمده شام خورده خفتم.

سه‌شنبه سوم اسفند - نوزدهم شعبان - صبح در مدرسهٔ ادب کار داشتم. ظهر با علوی باداره‌ٔ طوفان رفتیم. در آنجا نهار خوردم. پس از صرف نهار با درشگه بسفارت فرانسه رفتم. مدّتی آنجا بودم. بعد بپارک مخبرالدوله نزد میسیز هنکل رفتم و تا ساعت ۵ نیز آنجا بودم. ار آنجا بیرون آمده در بین راه هژیر را دیده مسافتی با او پیمودم. بعد باداره‌ٔ طوفان آمده بالاخره بخانه رفتم. در این روز کاغذی از یزدان‌فر رسید. باری پس از صرف شام مقداری از کتاب حواء امروز را خوانده بعد بخواب رفتم.

چهارشنبه چهارم اسفند - بیستم شعبان - صبح چون تعطیل بود (بمناسبت شوم دولت که روز کودتای رضاخان است) در خانه مانده کتاب حواء امروز را تمام کردم. چون راجع بعواطف زن و ظلم و جوری که باو در جامعه می‌شود نوشته شده و از طرف دیگر طرز رمان رقّت آور بود، مدتی در حال تأثر ماندم. بعد باداره‌ٔ طوفان رفتم. سلیمان میرزا آنجا بود. مدتی صحبت کردم. آنگاه با علوی و فرّخی و پرتو و آقا شیخ جان بمنزل بیرون شهر فرّخی رفتیم. گرامافونی هم داشتیم. در آنجا نهار خوردم. آنگاه درشگه نشسته بخانه میسیز ماک کرماک که در خیابان عباسی نزدیک به

هفت دستگاه می‌باشد، رفتم. قریب یک ساعت نیز با او بودم. بعد دوباره با درشگه بخانهٔ فرّخی رفتم و تا غروب آنجا ماندم. آنگاه با علوی درشگه نشسته بخانه آمدم و گزارش دو روزه را نوشته شام خورده خفتم.

۵ شنبه پنجم اسفند - بیست و یکم شعبان - صبح مدرسهٔ ادب کار داشتم. ظهر بخانه آمده پس از صرف نهار بمدرسهٔ علمیّه رفتم. عصر بمنزل آقا شیخ محمود رفته آنگاه باداره‌ٔ طوفان رفتم و مدتی آنجا بودم. بعد بخانه آمده خفتم. در این روزها کانتونیهای چین که مخالف شمالی‌ها یعنی دشمن طرفداران انگلیس هستند، در چین پیشرفت‌های زیادی دارند.

جمعه ششم اسفند - بیست و دوم شعبان - صبح باران می‌آمد. حمام رفتم. آنگاه بمنزل محسن آقا هنربخش رفته مدتی تنها نشستیم تا بالاخره علوی و بعداً شیدفر و خلیلی آمدند. کمی نشسته بعد با درشگه بمنزل میسیز پلند رفتم. پس از درس با او در اتوموبیل نشسته من در خیابان ناصریه پیاده شدم. آنگاه درشگه نشسته بمنزل فرّخی رفتم. بعد از صرف نهار مدتی نشسته تا بالاخره با علوی بیرون آمده بعد بخانه آمده خفتم.

شنبه هفتم اسفند - بیست و سوم شعبان - صبح در مدرسهٔ ثروت کار داشتم. ظهر در لغانطه غذا خورده با درشگه بمنزل میسیز ماک کرماک رفتم. وی نبود. پیاده بدارالمعلّمین رفتم. در بین راه میسیز رپیر را در اتوموبیل دیدم ...[1] باری پس از ختم درس، باداره‌ٔ طوفان آمده تا نزدیک نصف شب آنجا بودیم. بعد بخانه آمده خفتم.

یکشنبه هشتم اسفند - بیست و چهارم شعبان - صبح در مدرسهٔ ادب کار داشتم. ظهر با علوی باداره‌ٔ طوفان آمدم. چون کسل بودم بعد از ظهر بمدرسهٔ ادب نرفتم بلکه مدتی همانجا مانده عصر کمی تفریح کردیم. دوباره باداره‌ٔ طوفان رفتم. مدتی بترجمه

---

۱. سه نقطه در اصل

مشغول شدم. بالاخره چون شب دیر بود با علوی بخانهٔ او رفتیم. در راه صمصامی نیز همراه بود. باری شب بد نگذشت. نزدیک نصف شب خوابیدم.

دوشنبه نهم اسفند - بیست و پنجم شعبان - صبح با علوی بدارالمعلّمین رفتم. ساعت سوم بیکار بودم. درشگه نشسته بمنزل میسیز پلند رفته ولی چون او کار داشت اتوموبیل مجلل او را سوار شده ببازار رفتم و از آنجا با همان اتوموبیل بمجلس رفتم. اعتصامی را ملاقات کرده مدتی با او صحبت داشتم. ظهر بادارهٔ طوفان آمده نهار خوردم. پرتو < و > عسگرخان هم بودند. مافی نیز بعد آمد. باز چون کسالت داشتم بمدرسهٔ دارالمعلّمین نرفتم. در همان اداره بخواندن کتاب پرداختم. عصر ملک الشعرا، آقای میرزا عبدالعظیم خان، اعتصامی، < و > دهخدا آمدند تا برای موضوع مسابقه صحبت کنند. باری پس از ایشان نیز کمی نشسته بعد بخانه آمده خفتم.

سه‌شنبه دهم اسفند - بیست و ششم شعبان - صبح بمدرسهٔ ادب رفتم. علوی هم آنجا بود. ظهر با هم درشگه نشسته بخزانه‌داری رفتیم. پول ندارند. با همان درشگه بادارهٔ طوفان آمدم تا دو بعد از ظهر آنجا بودیم. بعد با علوی بمنزل مصدق السلطنه رفته مدتی با او صحبت داشتیم. از منزل مصدق که بیرون آمدیم من خداحافظی کرده بسفارت فرانسه رفتم ولی چون شارژه دافر کار داشت از آنجا بیرون آمده بمنزل دکتر تقی خان قره‌گوزلو رفتم تا زن او را فارسی درس دهم. یک ربع نشسته زنش آمد. مدتی صحبت کردیم. بعد بادارهٔ طوفان رفته پس از انجام کار بخانه آمدم و وقایع ۵ روزه را نوشتم.

چهارشنبه یازدهم اسفند - بیست و هفتم شعبان - صبح در مدرسهٔ ثروت کار داشتم. ظهر بادارهٔ فرّخی رفته نهار خوردم. بعد از ظهر در مدرسه دارالمعلّمین کار داشتم. از تنبلی خود و اصرار رفقا نرفتم. بعد از ناصریه با پرتو درشگه سوار شده بباغ بیرون دروازه رفتیم. مدتی در آنجا ماندم. بعد با علوی و پرتو بیرون آمدیم. من بادارهٔ خزانه‌داری رفته پول گرفتم. آنگاه بادارهٔ طوفان رفتم و کار خود را انجام دادم و چون

شب بنا بود بگراند هتل بروم ساعت هفت و نیم بآنجا رفته و در ردیف اول نشسته آوازهای تازه و کنسرت جدید علینقی خان وزیری را شنیده آنگاه دو پرده پانتومیم - لال بازی - را نیز دیده ساعت ۱۱ بخانه رفته خفتم. در این شب چندان بد نگذشت.

۵ شنبه دوازدهم اسفند - بیست و هشتم شعبان - صبح در مدرسهٔ ادب کار داشتم. ظهر بخانه آمده آنگاه بمدرسهٔ علمیّه رفتم. عصر کمی زودتر از اطاق بیرون آمده پس از کمی صحبت با ناظم مدرسه که پیرمرد نجیب بیچاره‌ای است، باادارهٔ طوفان رفتم. شب پس از انجام کار با علوی بمنزل معظمی رفتیم. شامبیاتی و دو نفر صاحب منصب آنجا بودند. بعد دختری فرانسوی وارد شد. آنگاه در همان اطاق محقر که بودیم معظمی و شامبیاتی و یکی از صاحب منصبها بصدای مونوگراف با دختر مزبور رقصیدند. بعد لباس‌های خود را عوض کردند که به بالماسکه در مهمانخانهٔ آگانوف بروند. من نیز با آنها تا پامنار آمده آنگاه راه خانه را در پیش گرفته آمده شام خورده خفتم.

جمعه سیزدهم اسفند - بیست و نهم شعبان - صبح در خانه بودیم. پس از مطالعهٔ کتاب پیاده بمنزل میسیز پلند رفتم. تا ظهر آنجا بودم. از آنجا بخانهٔ فرّخی رفتم. پس از صرف نهار بسفارت فرانسه رفته دوباره بخانهٔ فرّخی آمدم. بواسطهٔ پیش آمدی با فرّخی دعوا کرده و قریب چهار ساعت در گوشهٔ اتاق در حال غیظ و غضب ماندم. بالاخره پای پیاده قریب یک ساعت و نیم از نصف شب گذشته، بخانه آمده و چون شب اول رمضان بود سحری خورده خفتم.

شنبه چهاردهم اسفند - غرّهٔ رمضان - امروز روز اول رمضان بود ولی من بواسطهٔ کسالت روزه نمی‌گیرم. باری چون شب دیر خوابیده بودم زود برنخاستم. قریب ظهر نهار کمی خورده بمدرسهٔ ثروت رفتم و از آنجا نیز بخانه آمده سحر خورده باادارهٔ طوفان رفتم. چون کار خود را انجام دادم زود بخانه برگشتم.

یکشنبه پانزدهم اسفند - دوم رمضان - صبح از خواب برخاستم. پس از خواندن کتاب و ترجمهٔ قسمتی از کتاب میلسپو با درشگه بخانهٔ میسیز قراگوزلو رفتم. تا نزدیک

ظهر آنجا بودم. بعد پیاده بخانه آمده چون نهار خوردم بمدرسهٔ ادب رفتم و بواسطهٔ کسالت دو ساعت درس داده بیرون آمدم و بادارهٔ طوفان رفتم. نزدیک غروب با سید ابراهیم خان مرجایی در خیابان لاله‌زار قدیم زدیم. بعد بخانه آمده سحری خورده دوباره بادارهٔ طوفان رفتم و پس از ترجمهٔ مفصل رویتر با علوی درشگه نشسته در سر پامنار پیاده شدیم و او بخانهٔ فدائی رفت. باری پس از نوشتن سرگذشت پنج روزه کمی کتاب خوانده بخواب رفتم.

دوشنبه شانزدهم هفته - سوم رمضان - صبح تا نزدیک ظهر بکتاب خواندن مشغول بودم. آنگاه نهار خورده بمدرسهٔ دارالمعلّمین رفتم. پس از اتمام درس بخانه آمده افطار خورده بادارهٔ طوفان رفتم. تا نزدیک نصف شب آنجا ماندم. بعد بخانه آمده کتاب خوانده خفتم. نزدیک سحر بیدار شده کمی سحری خورده دوباره بخواب رفتم.

سه‌شنبه هفدهم اسفند - چهارم رمضان - سه ساعت بظهر مانده برخاسته کمی کتاب خواندم. آنگاه نهار خورده بمدرسهٔ ادب رفتم. پس از چهار زنگ درس دادن با معظمی ببازار رفتیم و از آنجا من بخانه آمده نهار خورده بادارهٔ طوفان رفتم. پس از اتمام کار خود بخیابان دروازه دولت رفتم. در راه معظمی را دیدم و چون بنا بود بخانهٔ سید محمّد خان گوهرین برویم با هم بآنجا روانه شدیم. تا نزدیک نصف شب آنجا مانده آنگاه بخانه آمده بقرائت کتاب و خواندن وقایع دو روزه پرداختم.

چهارشنبه هیجدهم اسفند - پنجم رمضان - صبح از خواب برخاسته بمدرسهٔ ثروت رفتم. از آنجا بدارالمعلّمین رهسپار شدم و پس از انجام درس بادارهٔ طوفان آمدم. پس از ترجمه بخانه آمده افطار خوردم. بعد بادارهٔ طوفان رفته تا نزدیک نصف شب همانجا ماندیم. بالاخره آمده سحری خورده خفتم.

۵ شنبه نوزدهم اسفند - ششم رمضان - صبح از خواب برخاسته کمی کتاب خواندم. بعد بمدرسهٔ علمیّه رفته و چون بنا بود بسفارت فرانسه بروم تلفون کردم ولی شارژه دافر وقت نداشت. این بود که بادارهٔ طوفان رفته مدتی ماندم بعد بخانه آمده افطار

خورده دوباره بادارهٔ طوفان رفتم. شب با عسگرخان و علوی بمنزل علوی رفته عسگرخان بعد از نصف شب رفت ولی من همانجا ماندم.

جمعه بیستم اسفند - هفتم رمضان - صبح از خواب برخاسته با علوی بیرون آمدیم. من بمنزل میسیز پلند رفتم ولی درس خوانده نشد. این بود که بمنزل فرّخی رفته نهار خورده و تا چهار ساعت بعد از نصف شب همانجا ماندیم. بعد بخانه آمده سحری خورده خفتم.

شنبه بیست و یکم اسفند - هشتم رمضان - صبح کسالت داشتم. ظهر نهار خورده بمدرسهٔ ثروت رفتم و در همین روز بادارهٔ نفت جنوب رفته مدتی با فاتح صحبت داشتم. دوباره بمدرسهٔ ثروت آمده پس از اتمام کار بادارهٔ طوفان رفتم. بعد بخانه آمده مدتی ماندم. حاجی محمّد باقر اصغری، علی اکبر خان، حسن آقا و عده‌ای از زنهای اقوام و دیگران بمنزل ما دعوت داشتند. باری مدتی نشسته بعد بادارهٔ طوفان رفته ترجمه کرده بخانه آمده خفتم.

یکشنبه بیست و دویم اسفند - نهم رمضان - صبح در خانه بودم. بعد از ظهر بمدرسهٔ ادب نرفتم. بخانهٔ فرّخی در بیرون دروازه رفتم. مدتی در آنجا بودیم. بعد بخانه آمده پس از افطار باز بادارهٔ فرّخی رفته تا نزدیک سحر آنجا بودم. بعد بخانه آمده خفتم.

دوشنبه بیست و سوم اسفند - دهم رمضان - صبح در خانه بودم. پس از صرف نهار بمدرسهٔ دارالمعلّمین رفتم. عصر با ناظم مدرسه تا مسجد شاه آمدیم و از آنجا بمنزل حاجی محمّد باقر رفتم و تا ساعت ۹ آنجا بودم. آنگاه بادارهٔ طوفان آمده پس از انجام کار بخانه رفته خفتم.

سه‌شنبه بیست و چهارم اسفند - یازدهم رمضان - صبح نهار خورده بعد از ظهر در مدرسهٔ ادب کار داشتم. بآنجا نرفته بخانهٔ فرّخی در بیرون دروازه رفتم. مدتی آنجا بودیم. بعد با فرّخی باداره آمده من نیز کارهای خود را انجام داده تا سه ساعت بعد نصف شب

آنجا بودیم. آنگاه بخانه آمده سحری خورده بخواب رفتم و دوباره به ادارهٔ طوفان رفته پس از اندکی تأنّی با فرّخی و علوی بباغ رفتم و تا غروب آنجا بودیم. بعد باداره آمده مدتی شعر خواندیم. آنگاه علوی بخانه رفته من در خیابان لاله‌زار بگردش مشغول شدم. در این ضمن معظمی را دیدم. با هم کمی گردش کردیم. بعد بخانه آمده خفتم.

چهارشنبه بیست و پنجم اسفند - دوازدهم رمضان - صبح برخاسته پس از کمی مطالعه بادارهٔ فرّخی رفته و تا غروب همانجا بودیم. بعد از افطار مدتی راه رفته بعد بخانه آمده خفتم.

۵ شنبه بیست و ششم اسفند - سیزدهم رمضان - صبح از خواب برخاسته کمی صحبت داشته بعد با درشگه نزد میسیز قراگوزلو رفتم و تا نیمساعت بظهر آنجا بودیم. بعد بخانه آمده نهار خورده بمدرسهٔ علمیّه رفته و از آنجا بمنزل فرّخی < رفتم > وی نبود مدتی با حاجی آقا صحبت کردم. بعد پیاده بادارهٔ طوفان آمدم. از اداره بخانه رهسپار شده افطار خورده بآنجا برگشته ترجمهٔ خود را تمام کرده بعد با علوی و عسگرخان بمجلس رفتیم. در این جلسه بنا بود وکلا دویست تومان خود را سیصد تومان کنند عده‌ای از این مطلب دفاع هم می‌کردند. باری بالاخره از مجلس بخانه آمده سحری خورده خفتم.

جمعه بیست و هفتم اسفند - چهاردهم رمضان - صبح از خواب برخاسته پیاده بمنزل میسیز پلند رفتم ولی چون او مریض بود در اتوموبیل مجلل او نشسته ببازار آمدم. بعد درشگه سوار شده بمنزل فرّخی رفتم و تا ساعت ۹ شب در همانجا بودم. بعد با صبا بیرون آمده وی نزدیک خیابان چراغ برق از من خداحافظی کرده من نیز بخانه آمده پس از کمی مطالعه بخواب رفتم. در روز ۵ شنبه رئیس الوزراء، وزیر خارجه علینقلی خان انصاری را بمسکو فرستاد تا در خصوص اوضاع تجارتی صحبتهایی نماید. در ماه اخیر نهضت اقتصادی تشکیل یافته ولی از بعضی اجزاء آن می‌توان فهمید که انگلیسها در این کار بی‌دخالت نیستند.

شنبه بیست و هشتم اسفند ماه - پانزدهم رمضان - تا نزدیک ظهر خواب بودم. چون بیدار شدم نهار خورده بمدرسهٔ ثروت رفتم و تا ساعت چهار و نیم بعد از ظهر آنجا بودم. شب بادارهٔ فرّخی رفته کارهای خود را انجام دادم. بعد بخانه آمده افطار کردم و دوباره بادارهٔ طوفان رفتم. آنگاه پس از انجام کار بخانه آمده خفتم.

یکشنبه بیست و نهم اسفند ماه - شانزدهم رمضان - نزدیک ظهر از خواب برخاسته بمنزل میسیز قراگوزلو رفتم. بعد بخانه آمده پس از صرف نهار بحمام رفته بعد بادارهٔ طوفان رهسپار شدم و کارهای خود را انجام داده همانجا افطار خوردم بعد با علوی بمنزل گوهرین رفتیم. رفقا که عبارت بودند از علوی، معظمی، و شامبیاتی یک یک آمدند. پس از کمی تفریح و شنیدن آوازهای قمر و ملوک بخانه آمده مطالعه کرده خفتم.

دوشنبه سی‌ام اسفند - هفدهم رمضان - تا ظهر در خانه بودم. بعد از ظهر بیرون رفته تابلویی که برای یزدان‌فر داده بودم بسازند < را > از سیّد محمّد تقی گرفتم. بعد بخانه آمده دوباره بادارهٔ طوفان رفتم. چون کارم تمام شد. بخانه آمدم. پس از صرف افطار بمنزل علوی رفته و تا صبح آنجا بودم. این شب که نخستین شب سال جدید است، بد نگذشت.

سه‌شنبه اول فروردین ۱۳۰۶ - هیجدهم رمضان - تا ظهر خواب بودم. پس از خوردن نهار در انتظار علوی نشسته تا آمد. با هم بباغ فرّخی رفتیم. تا غروب ماندیم. بعد بخانه آمده افطار کردم. آنگاه بمنزل علوی رهسپار شدیم تا بخانهٔ سید العراقین رسیدیم. مدتی در آنجا صحبت داشتیم. بعد درشگه سوار شده دوباره بباغ فرّخی رفتیم و تا سه ساعت بعد از نصف شب ماندیم. آنگاه بخانه آمده سحری خورده خفتم.

چهارشنبه دوم فروردین - نوزدهم رمضان - صبح از خواب برخاسته پس از صرف نهار با علوی بمنزل فرّخی رفتیم. مدتی در آنجا ماندیم. بعد درشگه سوار شده بدیدن سپاسی که تازه از فرنگ آمده بود، رفتیم. او نبود. دوباره بباغ برگشتم. بعد

بمنزل عبدالحسین خان رفته تا صبح آنجا بودیم. صبح چون نخوابیده بودم خیلی کسل بودم. با علوی و عسگرخان و پرتو بمنزل علوی رفتیم و تا سه ساعت بعد از ظهر آنجا بودیم. بعد بیرون آمده کمی گردش کردیم. اول مغرب نیز با فرّخی همراهی کردم. باری شب بمنزل علوی آمده و تا سه ساعت بعد از نصف شب آنجا بودم. بعد بخانه آمده خفتم.

۵ شنبه سوم فروردین - بیستم رمضان - شرح احوال روز ۵ شنبه در ضمن روز چهارشنبه گذشت.

جمعه چهارم فروردین - بیست و یکم رمضان - تا ظهر خواب بودم. ظهر از خواب برخاسته نهار خورده کاغذ نوشتم. بعد علوی آمده و با او بطرف باغ فرّخی می‌رفتیم که باران سختی گرفت. لذا بناصریه رفته مدتی آنجا بودیم. بعد درشگه سوار شده بباغ فرّخی رفتیم و تا ساعت ۹ آنجا بودیم. بعد بخانه آمده پس از کمی مطالعه بخواب رفتم.

شنبه پنجم فروردین - بیست و دویم رمضان - ظهر نهار خورده بعد با علوی بمنزل فرّخی رفتیم و مدتی آنجا بودیم. شب نیز مدتی گذشت. بعد بخانه آمده خفتم.

یکشنبه ششم فروردین - بیست و سوم رمضان - صبح منزل قراگوزلو رفتم و تا ظهر آنجا بودم. از منزل او بخانهٔ فرّخی رفته و با علوی عده‌ای از دوستان تمام شب را گذرانده و شب همان منزل فرّخی ماندیم. در این روزها کانتونیها شانگهای را گرفتند.

دوشنبه هفتم فروردین - بیست و چهارم رمضان - نزدیک ظهر بمنزل میسیز پلند رفته چون او کار داشت در اتوموبیل با وی نشسته ببازار رفتم. بعد با درشگه بخانهٔ فرّخی آمدم و مدتی در آنجا ماندم تا نزدیک نصف شد بخانه آمده خفتم.

سه‌شنبه هشتم فروردین - بیست و پنجم رمضان - پس از یک هفته تعطیل امروز بعد از صرف نهار بمدرسهٔ ادب رفته با آنکه کسل بودم چهار ساعت درس گفتم. بعد بادارهٔ فرّخی رفته مدتی آنجا ماندم تا آنگاه بخانه آمده افطار کردم. بعد با علوی درشگه نشسته بمنزل فرّخی رفتیم و تا سه ساعت بعد از نصف شب آنجا بودیم. آنگاه بخانه آمده شام خورده خفتم.

چهارشنبه نهم فروردین - بیست و ششم رمضان - صبح در خانه بودم. نهار خورده بمدرسهٔ ثروت رفتم. بعد بخزانه‌داری رفته پول گرفته درشگه نشستم و در دارالمعلّمین حاضر شدم. پس از اتمام دو درس با فرزان ناظم مدرسه بیرون آمدیم و بمنزل یکی از خوانین مازندران رفتیم. قریب یک ساعت آنجا بودیم. بعد بیرون آمده من بادارهٔ طوفان رفتم. آنگاه بخانه آمدم. افطار خورده پیاده به بیرون دروازه منزل فرّخی رفتیم. نبود. پیاده برگشته بین راه علوی را دیدم. در درشگهٔ او نشسته در شمس العماره پیاده شدیم. او بخانه خود رفته من نیز بخانه آمده یکسر خفتم.

۵ شنبه دهم فروردین - بیست و هفتم رمضان - صبح در خانه بودم. بعد از ظهر بمدرسهٔ علمیّه رفته آنگاه بادارهٔ طوفان آمدم. مدتی در آنجا بودم. بعد بمنزل معظمی رفته صنیع الملک مدیر مدرسهٔ ادب و جودت ناظم آن و عده‌ای از معلّمین و شاگردان کلاس دهم آنجا بودند. پس از کمی صحبت صنیع الملک و جودت رفته و من تا ساعت ۱۲ ماندم. بعد بخانه آمده خفتم.

جمعه ۱۱ فروردین - بیست و هشتم رمضان - صبح بحمام رفته بعد بمنزل میسیز پلند رفتم. نبود. بباغ فرّخی رفته مدتی آنجا بودم. بعد با علوی بطرف خانه روان شدیم. ساعت یک بعد از نصف شب بود. مدتی بمطالعه گذشت. بعد بخواب رفتم.

شنبه ۱۲ فروردین - بیست و نهم رمضان - صبح در خانه بودم. بعد از ظهر بمدرسهٔ ثروت رفته آنگاه بادارهٔ طوفان آمده شب بمنزل فرّخی رفتیم و مدتی در آنجا بودیم. بعد بخانه آمده خفتم.

یکشنبه ۱۳ فروردین - سی‌ام رمضان - صبح بمنزل فرّخی رفته و تا شب همانجا بودیم. در این روز که سیزده عید بود چون هوا صاف نبود برای تماشا بیرون نیامده بودند ولی نزدیک غروب آفتاب که هوا کمی بهتر شد، عده‌ای بگردش آمده بودند. باری شب بخانه آمده خفتم.

دوشنبه ۱۴ فروردین - غره شوّال، عید فطر - امروز درست یکسال تمام است که شروع بنوشتن گزارش روزانهٔ خود نموده‌ام. در این یکسال کاری از پیش بردم و آن این است که دریافتم در دنیا انسان با عزم ثابت می‌تواند پیشرفت نماید زیرا از تجربیات دوازده ماهه نتایج بهتری آموختم و امیدوارم که بیاری پروردگار باز در این راه ترقی نمایم تا شاید باری از دوش بشر بردارم. باری صبح بمنزل علوی رفته و با او بسلام رفتیم و مدتی در بالاخانهٔ لغانطه نشسته سفرا و وزراء و نظامیان که از سلام بر می‌گشتند < را > تماشا نمودیم. در همانجا نهار خورده بمنزل فرّخی رفتیم و تا غروب آنجا ماندیم. بعد چون من در منزل مهمان داشتم، با علوی و هژیر و پدر هژیر بیرون آمدیم. در میدان سپه درشگه نشسته سر سه راه پامنار پیاده شدیم. در راه محمّد میرزا و کریم خان را دیدیم. باری، سایر مهمانها که عبارت بودند از گوهرین و برادرش آقاجان و معظمی و فرساد یک یک آمدند جز آقا سید جواد که نیامد. ساعت ده ایشان رفته من نیز کمی صفحهٔ گرامافون را گوش کرده بعد بخواب رفتم. در این روزها جنوبیهای چین پیشرفت مهمی کرده‌اند.

سه‌شنبه ۱۵ فروردین - دوم شوّال - صبح در مدرسهٔ ادب کار داشتم. بعد از ظهر بخانه آمده پس از صرف نهار با درشگه بمنزل جدید میسیز قراگوزلو رفتم. مدتی صحبت کردیم. بعد از آنجا بادارهٔ طوفان آمده مقدار زیادی فرانسه و انگلیسی ترجمه نمودم. بعد بخانه آمده خفتم.

چهارشنبه ۱۶ فروردین - سوم شوّال - صبح در مدرسهٔ ثروت کار داشتم. بعد از ظهر با درشگه بمدرسهٔ دارالمعلّمین رفتم. عصر بادارهٔ فرّخی رفته پس از انجام کار مدتی

بصحبت گذشت. بعد بخانه آمده و مدتی بگوش کردن صفحه‌های گرامافون مشغول بودم. بعد بخواب رفتم.

۵ شنبه ۱۷ فروردین - چهارم شوّال - صبح تا غروب در خانه ماندم. بعد از ظهر بادارهٔ فرّخی رفته از آنجا بخانه آمدم. آنگاه خفتم.

جمعه ۱۸ فروردین - پنجم شوّال - صبح بمنزل میسیز پلند رفتم. مدتی با او بودم. بعد بخانهٔ فرّخی رفتیم و زمانی هم آنجا نشستم. آنگاه با علوی بخانهٔ ناصری آمده و سایر رفقا که بنا است شبهای شنبه جمع شوند، آمدند. مدتی آنجا بودم. بعد چون دیر بود، همانجا خوابیدم.

شنبه ۱۹ فروردین - ششم شوّال - صبح بمدرسهٔ ثروت رفتم. ظهر بخانه آمده آنگاه با درشگه بمدرسهٔ دارالمعلّمین رفتم. قبل از رفتن بمدرسه در ادارهٔ اقدام مدتی صحبت کردیم. باری شب باداره آمده پس از ترجمه چندین ورق بخانهٔ علوی رفتیم. میرزا حبیب اللّه خان ناظم کمالیّه و سید مهدی خان سر نگهبان آنجا بودند. مدتی نشسته صفحه‌های گرامافون را می‌شنیدیم تا بالاخره بخواب رفتم.

یکشنبه ۲۰ فروردین - هفتم شوّال - صبح بمدرسه نرفتم. با علوی بادارهٔ طوفان آمده و در ضمن چند کتاب انگلیسی هم خریدم. تا غروب در همانجا بخواندن شعر و صحبت‌های سیاسی گذشت. شب بخانه آمده خفتم.

دوشنبه ۲۱ فروردین - هشتم شوّال - صبح در مدرسهٔ دارالمعلّمین درس داشتم. بعد از ظهر بادارهٔ طوفان آمدیم ولی چون هوا ابر شده باران سختی گرفت و کسالت هم داشتم مدرسه نرفته همانجا ماندم. شب بخانه آمده خفتم.

سه‌شنبه ۲۳ فروردین - نهم شوّال - صبح مدرسه ادب درس را تمام کرده با علوی بادارهٔ طوفان رفتم. مدتی آنجا بودم. بعد با درشگه بباغ فرّخی رفته مدتی بتفریح گذشت و آنگاه بادارهٔ طوفان آمده پس از کمی ترجمه و اتمام کار بمدرسهٔ سپهسالار رفتم و مدتی آنجا با مدرس زاده اصفهانی صحبت داشته بعد بخانه آمده خفتم.

چهارشنبه ۲۴ فروردین - دهم شوّال - صبح در مدرسهٔ ثروت کار داشتم. ظهر بادارهٔ طوفان رفته آنگاه بدرشگه سواری شده بمدرسهٔ دارالمعلّمین رفتم. پس از انجام درس، درس فارسی خوانده آنگاه با میرزا عبدالعظیم خان و صدیق اعلم و فرزان بمنزل سرتیپ عبدالرزاق خان برای دیدن نقشه و اسباب مهندسی رفته مدتی آنجا بودیم. بعد با صدیق اعلم قریب نیم ساعت راه رفتیم. آنگاه بادارهٔ طوفان آمده ترجمه را تمام کردم. بخانه برگشته خفتم.

۵ شنبه ۲۴ فروردین - یازدهم شوّال - صبح در مدرسهٔ ادب کار داشتم. ظهر در خانه نهار خورده آنگاه بمدرسهٔ علمیّه رفتم. کلاس چهارم یکنفر شاگرد داشت زیرا بمناسبت سوء صحبت‌ها و کارهای مدیر سابق که مرد بیکارهٔ بدیست بعضی از شاگردان بیسواد که می‌خواستند آخر سال از او تصدیقی بگیرند اسباب اشکال کار را فراهم آورده بودند. باری، مدتی با مدیر جدید میرزا حسن خان ناظم قدیم مدرسهٔ شرف مظفری که بفعالیّت معروف است، صحبت داشته آنگاه با او ببازار آمده پس از انجام کار بادارهٔ طوفان رفتم و بعد از ترجمه بخانه آمده خفتم.

جمعه ۲۵ فروردین - دوازدهم شوّال - صبح حمام رفته آنگاه بطرف منزل دکتر تقی خان قراگوزلو رهسپار شدم. مدتی با زنش صحبت فارسی داشته آنگاه منزل میسیز پلند رفتم. چون مریض بود بخانهٔ فرّخی رفته و دوستان یک یک آمدند. شب با علوی بمنزل فرساد رفتیم و پس از ختم جلسه دوستان بخانه آمده خفتم.

شنبه ۲۶ فروردین - سیزدهم شوّال - صبح در مدرسهٔ ثروت درس داده بادارهٔ طوفان رفتم و چون نهار خوردیم با علوی بمدرسهٔ دارالمعلّمین رفتم. شب باداره آمده آنگاه بمسجد سپهسالار رفته مدتی صحبت کردم بخانه آمده شام خورده خفتم.

یکشنبه ۲۷ فروردین - چهاردهم شوّال - صبح در مدرسهٔ ادب کار داشتم. ظهر با علوی در لغانطه نهار خورده بعد از ظهر بمدرسهٔ ادب رفتم. سپس بادارهٔ طوفان آمده

آنگاه بمدرسهٔ سپهسالار رفتیم و مدتی در آنجا مباحثه کردیم. بعد بخانه آمده خفته. در این شب کاغذی از یزدان‌فر رسید.

دوشنبه ۲۸ فروردین - پانزدهم شوّال - صبح در مدرسهٔ دارالمعلّمین کار داشتم. نزدیک ظهر با علوی باداره‌ٔ طوفان آمده چون نهار خوردیم با درشکه بمدرسهٔ دارالمعلّمین رفته پس از انجام کار با درشکه باداره‌ٔ طوفان آمدم. بعد با آقا سید ضیاء الدین نقابت بخیابان رفته آنگاه با صبا و کلهر در یکی از مهمانخانه‌های لاله‌زار کمی تفریح کردیم. پس از آن بخانه آمده بنوشتن زندگانی چند روزه پرداختم.

سه‌شنبه ۲۹ فروردین - شانزدهم شوّال - صبح در مدرسهٔ ادب درس داشتم. ظهر با علوی باداره‌ٔ طوفان رفته پس از طرف نهار منزل میسیز قراگوزلو رفتم. عصر دوباره باداره‌ٔ طوفان آمده پس از کمی تأمل بخانه رهسپار شده خفتم. در این شب کسالت فوق العاده داشتم.

چهارشنبه ۳۰ فروردین - هفدهم شوّال - صبح در مدرسهٔ ثروت کار داشتم. پس از اتمام کار باداره‌ٔ طوفان آمده نهار خورده با درشکه بمدرسهٔ دارالمعلّمین رفتم. عصر با میرزا عبدالعظیم خان درشکه نشسته در میدان توپخانه پیاده شده باداره‌ٔ طوفان آمدم. شب مدتی در کتابخانهٔ طهران نشسته با سید عبدالرحیم خلخالی صحبت داشته بعد باداره‌ٔ طوفان آمده پس از ترجمه رویتر و بیسیم پاریس بخانه آمده شام خورده خفتم.

۵ شنبه ۳۱ فروردین - هیجدهم شوّال - صبح در مدرسهٔ ادب کار داشتم. ظهر در منزل نهار خورده بمدرسهٔ علمیّه رفتم. دو نفر شاگرد داشتم. آنگاه با مدیر مدرسه درشگه نشسته دم پامنار پیاده شدم. بعد بخانه آمده پس از اندک درنگی باداره‌ٔ طوفان رفته مدتی در همانجا مانده بعد با فرّخی و سید حسین توکلی و آقا رضا کاغذ فروش بمطبعه رفتیم. در آنجا مابین فرّخی و مأمور سانسور نزاعی شده مدتی ماندیم. بعد باداره آمده آنگاه با فرّخی و علوی و آقا رضا و سید حسین بمنزل علوی رفتیم و تا ۲ ساعت بعد از نصف شب بیدار ماندیم. بالاخره خوابیدم.

جمعه اول اردیبهشت - نوزدهم شوّال - صبح علوی از خانهٔ خود بمنزل فدائی رفته من نیز با فرّخی بمنزل فرّخی رفته تا غروب آنجا بودیم. اول شب علوی از تهران برگشته با هم بمنزل گوهرین رفتیم و مدتی آنجا بودیم. بعد بخانه آمده خفتم.

شنبه دوم اردیبهشت - بیستم شوّال - صبح در مدرسهٔ ثروت کار داشتم. ظهر بخانه آمده پس از نهار با درشگه بمدرسهٔ دارالمعلّمین رفتم. مدتی مشغول کار بودم. بعد < بیرون > آمده با علوی بادارهٔ طوفان رفتیم. مدتی در همانجا بودم. بعد بخانه آمده شام نخورده خفتم.

یکشنبه سوی اردیبهشت - بیست و یکم شوّال - صبح در مدرسهٔ ادب کار داشتم ولی بواسطهٔ کسالت نرفتم. ظهر در خانه نهار خورده بعد از ظهر بمدرسهٔ ادب رفتم. عصر بادارهٔ طوفان آمده پس از اندکی درنگ بخیابان‌ها برای گردش رفتم. چون شب تاجگذاری پهلوی بود شهر را آئین بسته بودند. ولی چون وزارت خانه‌ها و نظمیه و بلدیه جاهای دیگری زینت شده بود. باری، در این شب باز برای ملّت بیچاره خرجی تراشیدند. شب باران سختی گرفت که تمام مردم را متفرّق نمود. باری من نیز پس از باران خوردن بادارهٔ طوفان آمده کار خود را انجام داده با علوی بمنزل او رفتیم. سید العراقین و میرزا حسن نوری که دو نفر از رفقا و وابستگان علوی بودند دعوت داشته مدتی نشسته بصحبت و شنیدن صفحه‌های گرامافون گذشت. نزدیک نصف شب بخواب رفتم.

دوشنبه چهارم اردیبهشت - بیست و دوم شوّال - صبح با علوی بمنزل نقابت رفته بعد با نقابت و میرزا حبیب اللّه خان ناظم کمالیّه و علوی بباغ نقابت در بیرون دروازهٔ پایین شهر رفتیم و تا ساعت سه بعد از ظهر آنجا بودیم. بعد از آنجا بمنزل فرّخی آمده تا ساعت ۱۱ نشستیم. آنگاه بخانه آمده خفتم.

سه‌شنبه پنجم اردیبهشت - بیست و سوم شوّال - صبح در مدرسهٔ ادب کار داشتم. بعد از ظهر با علوی بادارهٔ طوفان رفته بعد با او و فرّخی بباغ فرّخی رهسپار شده نهار خورده دوباره بادارهٔ طوفان برگشتم. مدتی در آنجا بودم. بعد با فرّخی بمطبعه

رفته و از آنجا به تآتر قضا و قدر رفتم. حقیقتاً از خنکی و بیمزگی یکتا بود. باری، خواهی نخواهی تا ساعت ۲ بعد از نصف شب همانجا بودیم. بعد با فرّخی درشگه نشسته به بیرون دروازه رفتیم. در هوای بهاری بسیار خوش گذشت. چون بخانه رسیدم شام خورده خفتم.

چهارشنبه ششم اردیبهشت - بیست و چهارم شوّال - صبح از خواب برخاسته کمی در باغ دلگشایی که شب در آن خفته بودم گردش کردم. چون از وقت مدرسهٔ ثروت گذشته بود تنبلی کرده نرفتم و تا ظهر در همانجا ماندم. ظهر علوی آمده نهار خوردیم. آنگاه درشگه نشسته بدارالمعلّمین رفتیم و تا غروب همانجا بودم. عصر با شیدفر بخیابان آمده گردش کردیم.

۵ شنبه هفتم اردیبهشت - بیست و پنجم شوّال - صبح در مدرسهٔ ادب درس داشتم. ظهر باداره‌ٔ طوفان رفته فرّخی و علوی نیز آمدند. بعد بدرشگه نشسته بباغ فرّخی رفتم نهار را در کنار حوض باصفایی خورده آنگاه بمدرسهٔ علمیّه رهسپار شدم. پس از ختم درس کمی در خیابانها گردش کردم. آنگاه بخانه آمده خفتم. در این روز پرتو از کربلا برگشت.

جمعه هشتم اردیبهشت - بیست و ششم شوّال - صبح بمنزل قراگوزلو رفتم. آنگاه بمنزل میسیز پلند رهسپار شدم. وی بشیراز رفته بود. لذا یکسر بمنزل فرّخی رفته تا ساعت ده آنجا بودم. بعد بخانه آمده خفتم.

شنبه نهم اردیبهشت - بیست و هفتم شوّال - صبح در مدرسهٔ ثروت کار داشتم. اول در کلاس دهم درس داده آنگاه بوزارت معارف رفتم. چون کمیسیون راجع بامتحانات تشکیل می‌شد که من عضویت آن را داشتم باری مدتی آنجا مانده بعد بخانه آمده نهار خورده بمدرسهٔ دارالمعلّمین رفتم. بعد از ختم درس باداره‌ٔ طوفان آمده مدتی ماندیم. چون شب دیر بود با علوی و فرّخی بباغ رفتیم. شب خوش گذشت. باری نزدیک صبح بخواب رفتیم.

یکشنبه دهم اردیبهشت - بیست و ششم شوّال - صبح در مدرسهٔ ادب کار داشتم. با علوی آنجا رفته تا ظهر ماندیم. نهار در لغانطه خورده دوباره بمدرسه رفتم. پس از کمی گردش بادارهٔ طوفان آمده صحبت داشتم. در این روز خبر مرگ میرزا مهدی خان امید را که همشاگرد من بود شنیدم. و هم در این شب قرار شد که دوشنبه برای کار عدلیّه که فرّخی واسطهٔ آنست داور وزیر عدلیّه را ملاقات کنم.

دوشنبه یازدهم اردیبهشت - بیست و نهم شوّال - صبح در مدرسهٔ دارالمعلّمین کار داشتم ولی چون بنا بود بعدلیّه بروم لذا با علوی بآنجا رفته داور وزیر عدلیّه را ملاقات کردم. آنگاه با علوی بمنزل فرّخی رفتم. نهار خورده با درشگه بمدرسهٔ دارالمعلّمین رهسپار شدم. شب باداره آمده حسین آقا معززی هم آنجا آمد. مدتی با هم صحبت کردیم و او جزوهٔ انگلیسی آورده تا من برایش ترجمه کنم. باری، چون کار تمام شد با علوی و عسگرخان بمنزل فرّخی رفته مدتی بیدار نشسته بعد بخواب رفتیم.

سه‌شنبه دوازدهم اردیبهشت - اول ذیقعده - صبح در مدرسه کار داشتم ولی نرفته بعد بوزارت عدلیّه رهسپار شدم. مدتی در انتظار گرفتن حکم بودم چون حکم رسید با علوی در لغانطه نهار حورده بادارهٔ طوفان رفتم. مدتی نیز آنجا بودیم. بعد بمنزل مرآت رفته از آنجا هم بمدرسهٔ دارالمعلّمین رهسپار شده مدتی با فروغی صحبت داشتیم تا کار تمام شده بخانه آمده خفتم. در این چند روز بواسطهٔ تشتّت فکر و خیال خیلی سخت گذشت زیرا نمی‌دانستم خود را از دریای اندیشه بیرون بیاوردم از آنکه بجهاتی معلمی را بر قضاوت ترجیح داده و از طرف آن را شغل مشکلی می‌دیدم. باری بهر نحو بود مصمم شدم که بعدلیّه بروم.

چهارشنبه سیزدهم اردیبهشت - ۲ ذیقعده - صبح بعدلیّه رفتم و تا یک ساعت و نیم بعد از ظهر آنجا بود. در لغانطه غذا خوردم. بعد با درشگه بمدرسهٔ دارالمعلّمین رفتم. پس از انجام درس با سایر معلّمین و فروغی برای تماشای مسابقهٔ شاگردان حاضر شدیم. آنگاه بادارهٔ طوفان آمده ترجمه کردم. بخانه برگشتم.

پنجشنبه چهاردهم اردیبهشت - ۳ ذیقعده - صبح بوزارت عدلیّه رفته آنگاه نزدیک ظهر برای دیدن آقای مرآت بوزارت معارف رهسپار شدم. نهار را در لغانطه خورده آنگاه بمدرسهٔ ثروت رفتم. مدتی آنجا بودم. بعد با ناصر بکلاب ایران جوان رهسپار شدیم. باری مدتی هم آنجا بودیم. بعد بادارهٔ طوفان رفته چون کار ترجمه تمام شد بخانه آمده شام خورده خفتم.

جمعه پانزدهم اردیبهشت - ۴ ذیقعده - صبح بمنزل فرّخی رفته تا غروب در آنجا بودم. عصر با علوی پیاده تا منزل مصدق السلطنه رفته پس از کمی مذاکره بخانهٔ علوی رفتم. شب را در آنجا بودم.

شنبه شانزدهم اردیبهشت - ۵ ذیقعده - صبح بعدلیّه رفته تا یکساعت و نیم بعد از ظهر آنجا بودیم. بعد با علوی و آقا سید اسدالله پارسا بلغانطه رفتیم. چون نهار خوردیم با علوی بادارهٔ طوفان رهسپار شدیم کمی آنجا نشسته بعد با فرّخی بمنزل عین الممالک رفتیم زیرا عقدکنان دختر او بود. باری پس از آن با فرّخی درشگه نشسته باداره آمدیم. آنگاه درشگه نشسته با علوی بمنزل فروغی رفتیم ولی چون صحبت کردن با او < تمام شده > باداره برگشته من بخانه آمده شام خورده خفتم.

یکشنبه هفدهم اردیبهشت - ۶ ذیقعده - صبح بعدلیّه رفته تا یک ساعت و نیم بعد از ظهر آنجا بودم. بعد بخانه آمده نهار خوردم تا علوی آمد. باتفاق او بمنزل حکمت رفتیم. مدتی با او صحبت داشته بعد با علوی بادارهٔ فرّخی آمده کمی نشستیم و چون با فرّخی مناقشه‌ای پیش آمد با علوی بگردش رفتیم. مدتی گردش کرده بعد بخانه آمده شام خورده خفتم.

دوشنبه هیجدهم اردیبهشت - هفتم ذیقعده - صبح بعدلیّه رفته پس از امضای دفتر با علوی بمدرسهٔ دارالمعلّمین رهسپار شدیم. مدتی در آنجا مانده بعد بعدلیّه برگشتیم و پس از ختم کار یعنی بیکاری عدلیّه بخانه آمده نهار خوردم. بعد بمدرسهٔ ادب رفته پس از آن بعدلیّه رفته علوی را دیدم. کمی در لغانطه نشسته بخیابان رفتیم. مدتی در

راه بودیم تا بالاخره او را گم کردم. لذا خود بسفارت انگلیس برای دیدن جب رفیق انگلیسی رفته قریب یکساعت صحبت داشتیم. آنگاه بخانه آمده شام خورده خفتم.

سه‌شنبه نوزدهم اردیبهشت - هشتم ذیقعده - صبح بوزارت عدلیّه رفته پس از ختم کار در لغانطه غذا خورده آنگاه پیاده بمدرسهٔ دارالمعلّمین رفتم. پس از اتمام درس با ناظم مدرسه فرزان و میرزا مهدی خان ریاضی کرمانی بلغانطه رفتم. مدتی در آنجا نشستیم. از آنجا با مهدی خان بکتابخانهٔ معرفت رفته مدتی هم آنجا بودیم. بعد بخانه آمده شام خورده خفتم.

چهارشنبه بیستم اردیبهشت - نهم ذیقعده - صبح در عدلیّه کار داشتم. بعد از ظهر هم پس از نهار خوردن در خانه برای گردش بیرون رفته مدتی گشته تا بعد بخانه آمده خفتم. در این چند روزه بمناسبت شکرآبی با فرّخی مدیر طوفان از رفتن بآن اداره خودداری می‌کنم و از این گذشته بواسطهٔ پیش‌آمدهای وزرات معارف که با انتقال نامه بعدلیّه موافقت نکرده کمال تحیّر را دارم.

پنجشنبه بیست و یکم اردیبهشت - دهم ذیقعده - صبح بعدلیّه رفته کمی گردش کردم. آنگاه با مدیر مخزن عدلیّه پیکرنگار آشنایی پیدا کردم. کمی نزد او نشستم و اسکناسهای تقلبی را که در ساخته بودند در مخزن دیدم. باری در ساعت یک و نیم بظهر جلال بعقب من آمد تا با هم رفته مادرم را که عازم مشهد است، وداع کنم. با جلال بدرشگه نشسته بگاراژ هنری که نزدیک سرچشمه است، رفته با مادر و برادر و پسرخاله‌ام وداع کرده با درشگه برگشتم و تا یک ساعت و نیم بعد از ظهر در عدلیّه بکار مشغول بودم. بعد در لغانطه ناهار خورده بوزارت معارف و از آنجا بمدرسهٔ علمیّه رفتم. مدتی در مدرسهٔ علمیّه بودم تا بالاخره بیرون آمده از کتابخانهٔ بروخیم کتاب فرهنگ لیتره را که از کارهای خوب لغت است، خریده در کتابخانهٔ معرفت دادم که جلد کنند. بعد کمی راه رفته بخانه آمده شام خورده خفتم.

جمعه بیست و دوم اردیبهشت - یازدهم ذیقعده - صبح بحمام رفته آنگاه با درشگه بمنزل میسیز قراگوزلو رهسپار شدم. چون او کار داشت بمنزل میسیز پلند رفتم. وی نیز در شرف حرکت بشمیران بود. لذا پیاده برگشتم و بمنزل شیدفر رفتم. مفتاح هم که یکی از فارغ التحصیلهای دارالمعلّمین است، آنجا بود. باری تا یک ساعت بغروب مانده آنجا بودیم. بعد با هم پیاده تا بیرون دروازه دولت آمدیم. من با ایشان خداحافظی کردم. با درشگه بمنزل فروغی رفتم تا او را ببینم و در خصوص رفتن عدلیّه از او سوالاتی کنم. او نبود. با همان درشگه برگشتم بمنزل خلیلی. وی نیز نبود. پیاده تا منزل تدیّن وزیر معارف رفتم. او هم نبود. بعد با کمال خستگی و اندوه بخانه آمده شام خورده خفتم.

شنبه بیست و سوم اردیبهشت - دوازدهم ذیقعده - صبح در عدلیّه < بوده > ظهر بخانه آمده پس از انجام کار بمنزل علوی رفتم. مدتی در آنجا بودم. با پرتو بلغانطه رفته مدتی در لغانطه بودیم. آنگاه کمی در خیابان گردش کرده تا بخانه آمده شام خورده خفتم.

یکشنبه بیست و چهارم اردیبهشت - سیزدهم ذیقعده - صبح در عدلیّه حاضر شده و یک ساعت و نیم بعد از ظهر بخانه آمده پس از خوردن نهار پیاده بمدرسهٔ دارالمعلّمین رفتم ولی مدرسه مفتوح نبود. لذا بطرف خانهٔ پرتو روان گردیدم. اتّفاقاً او بود. کمی در آنجا نشسته بعد با او بدرشگه نشسته بخیابان آمدیم. مدتی در کتابخانهٔ معرفت بودم. بعد بادارهٔ طوفان رفته درین ضمن میرزا علیخان سیاسی و پرتو هم بودند. قریب یک هفته می‌شد که بادارهٔ طوفان نمی‌رفتم. باری تا نزدیک شب در اداره بودم. با خلیلی و غیره صحبت می‌کردم. بعد با علوی و فرّخی درشگه نشسته از خیابانهایی که نور مهتاب روشن می‌کرد، گذشته بمنزل بیرون دروازهٔ فرّخی رفته کمی نشسته بعد خفتم.

دوشنبه بیست و پنجم اردیبهشت - چهاردهم ذیقعده - صبح بعدلیّه رفته آنگاه بخانه آمده پس از صرف نهار خفتم. بعد بگردش بیرون رفته مدتی در خیابان گردش کردم. نزدیک غروب بادارهٔ طوفان رفته کار ترجمه را انجام داده بخانه آمدم.

سه‌شنبه بیست و ششم اردیبهشت - پانزدهم ذیقعده - صبح بعدلیّه رفته بعد از ظهر بخانه آمده کمی نهار خوردم. بعد تب کرده خفتم. عصر بیرون رفته و بعد از اتمام کار ترجمه بخانه آمده خفتم.

چهارشنبه بیست و هفتم اردیبهشت - شانزدهم ذیقعده - صبح بعدلیّه رفتم. بعد از ظهر بخانه آمده پس از صرف نهار با درشگه بدارالمعلّمین رفتم و سه درس دادم. آنگاه با فروغی بمنزل خود او رفتم و قریب دو ساعت نشستم. پس از آن با درشگه بناصریه آمده کمی از رویتر را ترجمه کردم و چون در عمارت مقابل بانک شاهنشاهی حریقی اتفاق افتاد چراغهای برق خاموش بود. از این جهت بیرون آمده قریب نیم ساعت آن منظرهٔ هولناک را می‌نگریستم. باری پس از آنکه آتش کمی فرو نشست، بمطبعه رفته مقداری از رویتر را همانجا ترجمه کرده ساعت ۱۱ بخانه برگشتم و چون خیلی کسالت داشتم، شام نخورده خفتم.

۵ شنبه بیست و هشتم اردیبهشت - هفدهم ذیقعده - صبح بعدلیّه رفته ولی چون کسالت زیاد داشتم. نزد طبیب قانونی عدلیّه دکتر حسینقلی خان قزل ایاغ رفته اجازه گرفته بخانه آمده و مسهل خوردم. در این روز نوبهٔ سختی کردم و تا غروب در حالت منتهی کسالت بسر بردم. شب نیز قریب ده دقیقه در ادارهٔ طوفان رفتم. بعد بخانه آمده شام خورده تا صبح با درد دست و گریبان بودم.

جمعه بیست و نهم اردیبهشت - هیجدهم ذیقعده - صبح تا نزدیک غروب در تب احوالم در منتهی بدی و ضعف بود. باری نزدیک غروب با درشگه بمنزل فرّخی در بیرون دروازه رفته مدتی هم در تماشای عبور و مروز عابرین مشغول بودم تا بالاخره بدرشگه نشسته بخانه آمده کمی شام خورده باز شبی مانند شب پیش گذراندم.

شنبه سی‌ام اردیبهشت - نوزدهم ذیقعده - صبح نزد طبیب رفته با حال کسالت برگشتم. مسهل خوردم. این روز با کمال سختی گذشت. هیچ از خانه بیرون نرفتم و جز درد و غم انیسی نداشتم. باری، شب شامی نخورده خفتم.

یکشنبه سی و یکم اردیبهشت[۱] - بیستم ذیقعده - صبح نزد طبیب رفتم. حالم بسیار بد بود بقسمی که نتوانستم از سر پامنار تا خانه پیاده بیایم. باری با درشگه بخانه آمدم. اگر چه لرز سختی در محکمهٔ لقمان الدوله کردم ولی تب بآن سرعت نبود. باری، تا غروب کسالت داشتم. نزدیک غروب حالم کمی بهبودی یافت. شب که بسیار بد هوا بود، شام مختصری خورده خفتم.

دوشنبه اول خرداد - بیست و یکم ذیقعده - صبح نزد طبیب رفته پس از آنکه بیرون آمدم با درشگه بمدرسهٔ دارالمعلّمین رفته مدتی آنجا بودم. بعد بخانه آمده بعد از ظهر بمدرسهٔ ادب و از آنجا با درشگه بمدرسهٔ دارالمعلّمین رفتم. عصر بخانه آمده کتاب می‌خواندم تا کمی شب خورده خفتم.

سه‌شنبه دوم خرداد - بیست و دویم ذیقعده - صبح بطبیب رجوع کردم بعد بخانه آمده تا سه ساعت بعد از ظهر در خانه بودم. آنگاه بمدرسهٔ ثروت برای امتحان شاگردان کلاس چهارم متوسطه رفتم. مدتی در آنجا بودم. بعد بادارهٔ طوفان رفته قریب دو ساعت هم آنجا ماندم. بخانه برگشته شام خورده خفتم. در این دو روزه کمی کسالتم بهبود یافته است.

چهارشنبه سیم خرداد - بیست و سوم ذیقعده - صبح نزد طبیب رفته بعد بخانه آمدم و دیگر از خانه بیرون نرفتم بلکه تمام روز را بخواندن کتب مختلفهٔ فارسی، فرانسوی و انگلیسی مشغول بودم. شب کمی کسالت داشتم زیرا جای انژکسیون‌های گنه گنه درد می‌کرد.

۵ شنبه چهارم خرداد - بیست و چهارم ذیقعده - صبح نزد طبیب رفته آنگاه بخانه آمده تا غروب در خانه بودم و بخواندن کتاب‌های مختلفه پرداختم.

جمعه پنجم خرداد - بیست و پنجم ذیقعده - صبح در خانه بودم. نزدیک ظهر نزد طبیب رفته آنگاه بخانه آمده نهار خوره عصر با درشگه بمنزل فرّخی در بیرون

---

۱. در اصل: یکم خرداد

دروازه رفته مدتی نشستم. بعد با آقا شیخ محمود بمنزل مشارالیه رفته مدتی هم آنجا بودم. آنگاه بخانه آمده شام خورده خفتم.

شنبه ششم خرداد - بیست و ششم ذیقعده - صبح در خانه ماندم. سه ساعت بظهر مانده با درشگه بمدرسهٔ سلطانی رفتم که امتحان ۶ سالهٔ ابتدایی بود. از آنجا بخانه آمده نهار خورده کمی چیز نوشتم. عصر پس از خواندن کتاب باداره‌ٔ طوفان رفته پس از اندکی درنگ بخانه آمده شام خورده خفتم.

یکشنبه هفتم خرداد - بیست و هفتم ذیقعده - صبح بمدرسهٔ سلطانی رفتم. نزدیک ظهر کمی در عدلیّه مانده بعد بخانه آمدم. نهار خورده خفتم. عصر باداره‌ٔ طوفان رفته مدتی آنجا ماندم. بعد بخانه آمده شام خورده خفتم.

دوشنبه هشتم خرداد - بیست و هشتم ذیقعده - صبح در خانه ماندم. نزدیک ظهر بمدرسهٔ ادب و از آنجا بوزارت معارف رفتم. مدتی در وزارت معارف بودم. بعد بخانه آمده نهار خورده خفتم. و عصر باداره‌ٔ طوفان رفته قریب سه ساعت آنجا بودم. بعد بخانه آمده شام خورده خفتم.

سه‌شنبه نهم خرداد - بیست و نهم ذیقعده - صبح در خانه بودم. ساعت ۵ بعد از ظهر بمنزل فروغی رفته مدتی در آنجا بودم. بعد بخانه آمده کتاب خوانده بخواب رفتم.

چهارشنبه دهم خرداد - اول ذیحجه - صبح در خانه بودم. بعد از ظهر با علوی برای تصحیح بوزارت معارف رفتیم. اندکی بعد بخانهٔ میرزا عبدالعظیم خان رفته که او را ببینم و در خصوص رفتن عدلیّه یا ماندن در معارف از او مصلحت جویم. وی نبود. لذا بخانه آمده شام خورده خفتم.

۵ شنبه یازدهم خرداد - ۲ ذیحجه - نزدیک ظهر بوزارت عدلیّه رفتم و تا یک ساعت بعد از ظهر آنجا بودم. بعد بخانه آمده نزدیک عصر بوزارت معارف برای تصحیح انشاء رهسپار شدم. ساعت هفت و نیم بعد از ظهر بمحکمهٔ دکتر لقمان و از آنجا

بمنزل میرزا عبدالعظیم خان رفتم. قریب سه ساعت در منزل میرزا عبدالعظیم خان بودم. بعد بخانه آمده شام خورده خفتم.

جمعه دوازدهم خرداد - ۳ ذیحجه - صبح بمنزل میسیز قراگوزلو رفتم. نبود. از آنجا بمنزل فرّخی رفته تا غروب آنجا بودم. بعد با علوی بخیابان رفته و از آنجا هم بلغانطه رفتیم و مدتی در لغانطه بودیم. آنگاه بخانه آمده شام خورده خفتم.

شنبه سیزدهم خرداد - ۴ ذیحجه - صبح بعدلیّه رفته بعد از ظهر هم بمدرسهٔ ثروت رفتم و شاگردان کلاس چهارم را امتحان نمودم. بعد بوزارت معارف برای تصحیح امتحانات شش ساله رهسپار شدم. عصر از آنجا بیرون آمده پس از کمی گردش بخانه آمده شام خورده خفتم.

یکشنبه چهاردهم خرداد - پنجم ذیحجه - صبح بعدلیّه رفته ظهر در خانه نهار خوردم. چهار ساعت بعد از ظهر علوی بخانه آمده با او بوزارت معارف رفتیم و قریب دو ساعت مشغول تصحیح امتحانات بودیم. بعد بمنزل دکتر لقمان رفتم و پس از زدن انژکسیون و خرید دوا بخانه آمده کمی از کتاب حاجی بابا در انگلیس را ترجمه کردم. آنگاه شام خورده خفتم.

دوشنبه پانزدهم خرداد - ششم ذیحجه - صبح بعدلیّه رفته بعد از ظهر بخانه آمدم آنگاه عصر بوزارت معارف رفته شب نیز بخانه آمده شام خورده خفتم.

سه‌شنبه شانزدهم خرداد - هفتم ذیحجه - صبح بعدلیّه رفته بعد از ظهر بخانه آمده نهار خورده بمدرسهٔ علمیّه رفتم. بعد بوزارت معارف رهسپار شده پس از اندک تأملی نزد لقمان الدوله رفته آنگاه بخانه آمده شام خورده خفتم.

چهارشنبه هفدهم خرداد - هشتم ذیحجه - صبح بمدرسهٔ دارالمعلّمین رفته امتحان درس کلاس سوم را شروع کردم و چون عده‌ای مانده بودند بعد از ظهر هم بآنجا رفته بعد در ساعت سه از شب رفته پیاده در مهتاب بخانه آمده خفتم.

۵ شنبه هیجدهم خرداد - نهم ذیحجه - صبح برای امتحان فرانسه کلاس دوم بمدرسهٔ دارالمعلّمین رفتم. بعد از ظهر بخانه آمده نهار خورده خفتم. در این روز هوا بغایت گرم بود. باری چون از خواب برخاستم بمدرسهٔ ادب رفته و شاگردان کلاس چهارم را امتحان نمودم. بعد بخانه آمده و پس از اندکی درنگ بادارهٔ فرّخی رفتم و با علوی و فرّخی و حبیب اللّه خان رئیس توزیع در آنجا بودم. شب دیر بخواب رفتم.

جمعه نوزدهم خرداد - دهم ذیحجه - صبح با فرّخی با درشگه بمنزل کمره‌ای که در آخر خیابان امیریه بود رفتیم. عده‌ای آنجا بودند از قبیل بهرامی مدیر کل عدلیّه و هرندی و عین الممالک و غیره. باری از منزل کمره‌ای با فرّخی و میرزا قوام الدین مجیدی وکیل عدلیّه که با ما بمنزل کمره‌ای آمده بود بمسجد نصیرالدوله برای ختم مادر میرزا علیخان سیاسی رفتم و تا نزدیک ظهر آنجا بودم. بعد با فرّخی و آقا سید اسداللّه درشگه نشسته بمنزل فرّخی رفتم و تا سه ساعت از شب گذشته آنجا بودیم. بسیار خوش گذشت. باری شب بخانه آمده شام خورده خفتم.

شنبه بیستم خرداد - یازدهم ذیحجه - صبح بنا بود امتحان انگلیسی باشم. لذا بمدرسهٔ دارالمعلّمین رفتم ولی چون حضور صدیق اعلم لزوم داشت و او نبود قرار شد بعد از ظهر امتحان کنیم. باری تا ظهر آنجا بودم. بعد بخانه آمده نهار خورده عصر با درشگه بآنجا رفتم و عدّهٔ زیادی از شاگردان را امتحان نمودیم. از مدرسهٔ دارالمعلّمین با فروغی بمنزل فروغی رفته مدتی آنجا بودیم. بعد بخانه آمده شام خورده خفتم.

یکشنبه بیست و یکم خرداد - دوازدهم ذیحجه - صبح بمدرسهٔ دارالمعلّمین رفته بقیهٔ شاگردان کلاس چهارم را امتحان نمودم و تا ظهر آنجا بودم. بعد ظهر با فاضل و سیّد حمید خان درشگه نشسته بخانه آمدم. بعد از ظهر بمدرسهٔ ادب رفته شاگردان را امتحان کردم و از آنجا بخیابان رفتم. مدتی در کتابخانهٔ طهران بودم. بعد بخانه آمده شام خورده خفتم.

دوشنبه بیست و دوم خرداد - سیزدهم ذیحجه - صبح مدتی در خانه بودم و بترجمهٔ کتاب حاجی بابا پرداختم. بعد بوزارت عدلیّه رفته تا یک بعد از ظهر آنجا بودم. آنگاه

بخانه آمده نهار خورده بخواب رفتم. عصر نیز مدتی بترجمۀ کتاب مزبور پرداختم. نزدیک غروب پس از رفتن حمام بخیابان رفته تا سه ساعت از شب گذشته در کتابخانه‌های طهران و ترقی و کاوه بودم. باری در ساعت مزبور بخانه آمده کتاب ترجمه کرده آنگاه شام خورده خفتم.

سه‌شنبه بیست و سوم خرداد - چهاردهم ذیحجه - صبح بوزارت عدلیّه رفتم و تا یک ساعت بعد از ظهر آنجا بودم. ظهر بخانه آمده پس از نهار خوردن بخواب رفته عصر بگردش تا ادارۀ طوفان رفته و مدتی آنجا بودم. آنگاه بخانه آمده شام خورده خفتم.

چهارشنبه بیست و چهارم خرداد - پانزدهم ذیحجه - صبح بعدلیّه رفتم. یک ساعت از ظهر گذشته با علوی بیرون آمده بمنزل علوی رفتیم و تا چهار ساعت بعد از ظهر آنجا بودم. بعد با او درشگه نشسته بمدرسۀ دارالمعلّمین رفتیم. قریب دو ساعت آنجا بودیم. بعد با درشگه بوزارت معارف آمدیم. قریب یک ساعت و نیم با هم در کمیسیون هیئت ممتحنه بودیم و باز درشگه نشسته بادارۀ طوفان رفتیم. قریب سه ساعت در آنجا بودم. آنگاه بخانه آمده شام خورده خفتم.

پنج‌شنبه بیست و پنجم خرداد - شانزدهم ذیحجه - از صبح تا یک ساعت بعد از ظهر در وزارت عدلیّه بودم. آنگاه با علوی و امجدی باتوموبیل نشسته بادارۀ فرّخی رفتم. نهار خورده مدتی بخواب رفتم. شب در همانجا ماندیم. شب بسیار خوبی گذشت زیرا نیم ساعت از نصف شب گذشته در روشنایی مهتاب خیابانهای مصفّای شمیران را نگاه می‌کردم. در این میان با اتوموبیلی قرارداد کردیم که ما را بقلهک برد. صاحب اتوموبیل نیز چنین کرد و خود او نیز که جوانی خوش اخلاق بود نشسته اسباب راحتی ما را فراهم می‌آورد. باری در مهتاب خیابانهای دلکش و خرم را عبور کردیم. بقلهک رسیده نیم ساعت در تیغستان قلهک بتفرج پرداختیم. آنگاه دوباره بخانۀ فرّخی آمده تا صبح در خواب بودیم.

جمعه بیست و ششم خرداد - هفدهم ذیحجه - صبح با فرّخی و علوی و صمصامی و حبیب اللّه خان درشگه نشسته بمنزل سلیمان میرزا رفتیم. قریب نیم ساعت آنجا بودیم. بعد با همان درشگه بمنزل کمال الملک رفتیم. چند روز پیش بموجب اخباری که در روزنامه‌ها منتشر گردید وزیر معارف تدیّن مدرسهٔ کمال الملک را توقیف کرد و خود او را هم متقاعد نمود. و این طرز سلوک با بزرگترین نقاش ایران که در هیچ وقت نظیر او در این مملکت نبوده است، دلیل منتهای بداخلاقی و پست فطرتی است. باری باین نظر جهت دلجویی از این مرد بزرگ بآنجا رفتیم. او در منزل پسرش سکونت داشت چنان محقّر که از آن جز چند اطاق بسیار کوچک چیزی نبود. خود استاد در یکی از آنها میان بستری نشسته کتاب می‌خواند. وارد شده سلام کردیم و مراسم تعظیم بجای آوردیم. اجازهٔ نشستن داد. نشستیم و بسخنان آن مرد بزرگ گوش دادم. وی شرحی از آلام و محنی که در دورهٔ زندگی نادیدهٔ خود باز گفت. این سخنان بقدری مؤثر افتاد که همه با هم آب از دیده روان ساختیم. باری چون یک ساعت باین سخنان گوش دادیم دیگر توان گوش دادن نداشتیم. این بود که برخاسته و با درشگه بمنزل سلیمان میرزا رفته بودیم. از خیابان عین الدوله منزل پسر کمال الملک بخیابان امیریه منزل کمره‌ای رفتیم. قریب یک ربع هم در آنجا بودیم. آنگاه با درشگه‌هایی که ما را آورده بودند بمنزل فرّخی بازگشته تا دو ساعت از شب گذشته آنجا بودیم. شب با پرتو و صمصامی و موسوی‌زاده و سیّد فرج اللّه و میرزا علی آقای سلیمانی بمنزل علوی رفتیم. موسوی‌زاده اول شب بخانه رفت. من همانجا ماندم. شب دیر خفتیم چون صدای گرامافون ما را بیدار نگه داشته بخواب نرفتیم.

شنبه بیست و هفتم خرداد - هیجدهم ذیحجه - عید غدیر از صبح تا غروب در منزل علوی بودیم. نزدیک غروب پیاده بمنزل فرّخی رفتم. قریب یک ساعت و نیم هم آنجا بودیم. بعد با علوی و صمصامی بطرف خانه آمدیم. من نیز چون دو شب درست نخوابیده بودم بمنزل آمده شام خورده زود خفتم.

یکشنبه بیست و هشتم خرداد - نوزدهم ذیحجه - صبح بعدلیّه رفته بعد از ظهر بخانه آمده نهار خوردم. طرف عصر علوی بخانهٔ ما آمده و باتّفاق او بوزارت معارف رفتیم. قریب یکساعت آنجا بودم. بعد با علوی باداره‌ٔ طوفان رفتیم. مدّتی آنجا بودیم. آنگاه بخانه آمده خفتم.

دوشنبه بیست و نهم خرداد - بیستم ذیحجه - صبح در عدلیّه بودم. بعد از ظهر با امجدی و حبیب الله خان و علوی در دو درشگه نشسته بمنزل فرّخی رفتیم و مدتی هم همانجا بودیم. بعد بخانه آمده شام خورده خفتم.

سه‌شنبه سی‌ام خرداد - بیست و یکم ذیحجه - صبح بعدلیّه رفتم. ظهر بخانه آمده پس از صرف نماز خفتم. عصر کتاب خوانده بعد بکتابخانهٔ طهران رفتم. مدتی آنجا بودم. بعد نزدیک عصر بمنزل فرّخی رفتم و تا نصف شب آنجا بودم. آنگاه بخانه آمده شام خورده خفتم.

چهارشنبه ۳۱ خرداد - بیست و دوم ذیحجه - صبح در عدلیّه فته یک و نیم بعد از ظهر بخانه آمدم. نهار خورده خفتم. هوا بسیار گرم بود. از این نظر خوابم نبرد. برخاسته کمی کتاب خوانده آنگاه به ادارهٔ طوفان رفتم و تا مدّتی هم آنجا بودم. بعد ساعت ۱۱ شب بخانه آمده شام خورده خفتم. در این روز کاغذی از برادرم جلال که مشهد است، آمد.

پنج‌شنبه اول تیرماه ۱۳۰۶ - ۲۳ ذیحجه - صبح بوزارت عدلیّه رفته تا یکساعت بعد از ظهر در آنجا بودیم. بعد بخانه آمده نهار خورده بخواب رفتم. چون از خواب بیدار شدم بحمام رفتم. عصر با درشگه باداره‌ٔ طوفان رهسپار شده مدتی در آنجا بودم. بعد خواستم بمجلس جشن روزنامهٔ ایران هم بروم دیدم فرّخی و علوی و پارسا بر می‌گردند لذا من نیز برگشتم و تمام شب را در آنجا بیمار مانده نزدیک صبح خواستم بخوابم که پشه و گرما مانع گردید.

جمعه ۲ تیر ماه - ۲۴ ذیحجه - صبح کمی در باغ بودیم و گاهی بخواب رفتیم. چون نهار خوردم باز بخواب رفتم. طرف عصر با فرّخی بتماشای رفت و آمد ابر بیرون نشستیم. چون وارد باغ شدیم مدتی نیز با هم بصحبت کردن مشغول بودیم. آنگاه فرّخی بنای صحبت‌های ناشایست زدن را گذاشت. من نیز از جای رفته مدتی مشاجره بود. آنگاه با رفقا بیرون آمده من با علیخان سیاسی در درشگه نشسته نزدیک منزل میرزا عبدالعظیم خان او پیاده شد. من نیز بمنزل میرزا عبدالعظیم خان رفتم و مدتی با او در خصوص کارهای خود صبحت داشتم. وی رفتن بعدلیّه را تجویز کرد. قریب یک ساعت در آنجا بصحبت کردن اشتغال داشتیم. بعد پیاده بخانه آمدم. کاغذی از برادرم جلال از مشهد رسیده بود.

شنبه ۳ تیر ماه - ۲۵ ذیحجه - صبح بعدلیّه رفتم و تا یکساعت بعد از ظهر آنجا بودم. بعد از ظهر بخانه آمده پس از صرف نهار خفتم. بعد از خواب کتاب خوانده و تا غروب در خانه بودم. اول شب بخیابان رفته کمی گردش کرده بعد بخانه آمده کمی کتاب خوانده خفتم. در کتابخانهٔ طهران رضوی را دیدم که از تبریز برگشته بود.

یکشنبه ۴ تیر ماه - ۲۶ ذیحجه - صبح بعدلیّه رفته ظهر بخانه آمدیم. چون وقت کار این روز تا ظهر بود. نهار خورده بخواب رفتم. عصر مقدار زیادی از کتاب حاجی بابا را ترجمه کردم. غروب بکتابخانهٔ طهران رفته در آنجا بودم تا ساعت ۹ بخانه آمده شام خورده خفتم. شب دو مرتبه بیدار شدم.

دوشنبه ۵ تیر ماه - ۲۷ ذیحجه - صبح بعدلیّه رفته و تا ظهر همانجا بودم. ظهر بخانه آمده نهار خورده و تا غروب آفتاب بی آنکه بخوابم بخواندن کتابهای انگلیسی مشغول بودم. شب بگردش بیرون رفته مدتی در کتابخانهٔ طهران نشستم. بعد بخانه آمده شام خورده خفتم.

سه‌شنبه ۶ تیر ماه - ۲۸ ذیحجه - صبح بعدلیّه رفته ظهر بخانه آمده نهار خورده خفتم. عصر مقداری از کتاب حاجی بابا را ترجمه کردم. غروب از خانه بیرون رفتم. قریب دو ساعت در کتابخانهٔ طهران نشسته بودم. بعد بخانه آمده شام خورده خفتم.

چهارشنبه ۷ تیر - ۲۹ ذیحجه - صبح بعدلیّه رفته ظهر بخانه آمدم. نهار خورده بی مطالعهٔ کتاب خفتم. عصر از خواب برخاسته قریب دو ساعت بترجمهٔ کتاب حاجی بابا مشغول شدم. شب مدتی در کتابخانهٔ بروخیم و مدتی در کتابخانهٔ طهران نشسته بعد بخانه آمده پس از صرف شام بخواب رفتم.

۵ شنبه ۸ تیر ماه - ۳۰ ذیحجه - صبح بعدلیّه رفته بعد از ظهر بخانه آمده نهار خورده و تا غروب در خانه بودم. بعد بیرون رفته کمی در کتابخانهٔ طهران نشسته آنگاه بخانه آمده شام خورده خفتم.

جمعه ۹ تیر ماه - اول محرم - از صبح تا غروب در خانه بودم و بخواندن کتب مختلفه اشتغال داشتم. عصر تا بیرون دروازهٔ دولت پیاده رفتم و از آنجا که بر می‌گشتم در راه زین‌العابدین خان شیدفر و شعاع را دیدم. مدتی با این دو در خیابان قوام‌السلطنه در گفتگو بودیم. بالاخره با خستگی بخانه آمده خفتم.

شنبه ۱۰ تیر ماه - دوم محرم - صبح در عدلیّه بودم. شنیدم یزدان‌فر روز جمعه از خوزستان از راه شیراز وارد شده است. باری، سه ساعت و نیم بعد از ظهر علوی بمنزل من آمده با او بمنزل یزدان‌فر رفتیم و تا چهار ساعت از شب گذشته با هم بودیم ولی چون تب داشتم بخانه آمدم. شام نخورده خفتم.

یکشنبه ۱۱ تیر ماه - سوم محرم - صبح بعدلیّه رفته ظهر بخانه آمده نهار خورده بعد خوابیدم. چون بیدار شدم تا غروب کتاب خواندم. آنگاه بیرون رفتم. مدتی در کتابخانهٔ طهران نشسته تا بالاخره باز بخانه آمده پس از مطالعهٔ کتاب نظامی دوباره بخواب رفتم. اکنون چندین شب است که در نصف شب باران شدیدی می‌بارد و اسباب

زحمت می‌گردد. اینست که من چون خوابیدن در باران خوشم می‌آید، به هیچ وجه باطاق نرفته در زیر باران نشستم تا باران بند آید.

دوشنبه ۱۲ تیر ماه - چهارم محرم - صبح بعدلیّه رفتم. بعد از ظهر بخانه آمدم. غذای کمی خورده بعد بخواندن کتاب پرداختم. ناگاه احساس سوزشی کردم و چنان از تورم که گویی نظیر آن را در تمام دورهٔ کسالت خویش ندیده بودم، ۵ ساعت تمام در تب و لرز بودم. نزدیک غروب کمی احوالم بهتر شد ولی با چون کورهٔ حدّادان می‌سوختم. باری در این روز بسیار بد گذشت.

سه‌شنبه ۱۳ تیر ماه - پنجم محرم - صبح بعدلیّه رفتم. ظهر بمنزل علوی رفتم. عسگر خان و معظمی و فرساد و یزدان‌فر بودند. تا نزدیک غروب بگوش کردن نغمه‌های دلکش طاهرزاده در گرامافون مشغول بودیم. باری نزدیک غروب بیرون آمده با یزدان‌فر و معظمی و فرساد بطرف منزل مرآت رفتیم. وی نبود. آنگاه بخیابان آمده کمی در کتابخانهٔ طهران نشستم. بعد بخانه آمده خفتم.

چهارشنبه ۱۴ تیر ماه - ششم محرم - صبح بعدلیّه رفته ظهر بخانه آمده پس از صرف نهار بخواب رفتم. نزدیک عصر بمنزل یزدان‌فر رفتم. مدتی در آنجا بودم بعد بخیابان آمده پس از کمی گردش و مدتی نشستن در لغانطه بخانه آمده شام خورده خفتم.

پنج‌شنبه ۱۵ تیر ماه - هفتم محرم - تا سه ساعت و نیم بظهر مانده در خانه بودم. در این هنگام یزدان‌فر و معظمی آمدند و با هم بمنزل علوی رفتیم. وی نبود. با دیگران تا لاله‌زار رفته وی در شعبهٔ طوفان بود. آنگاه در اتوموبیل نشسته بتجریش و از تجریش با اتوموبیل بدربند رفتیم و تا غروب در دربند بودیم. پس بدزآشوب برگشته بمنزل دکتر شامبیاتی رفتیم و از آنجا بتجریش آمده اتوموبیل نشسته بقلهک آمدیم. مدتی در آنجا بگردش مشغول بودیم. آنگاه در اتوموبیل نشسته نزدیک منزل فرّخی بمنزل او رفته مدتی نشسته بعد بخانه آمده شام خورده خفتم. در این چند روزه زمزمهٔ رفتن دکتر میلسپو است و اغتشاشاتی که بین او و وزیر مالیّه پیدا شده است و بعضی

می‌گویند که وی خواهد رفت و عده‌ای عقیده دارند که با تجدید اختیارات رضا داده خواهد ماند. باری هنوز تکلیف معلوم نیست.

جمعه ۱۶ تیر ماه - هشتم محرم - صبح با علوی بمنزل یزدان‌فر رفتیم و مدتی در انتظار معظمی نشستیم. وی نیامد. بمیدان توپخانه رفته و اتوموبیلی برای رفتن بدزآشوب کرایه کردم. چون دوباره بخانه یزدان‌فر آمدیم معظمی آمده بود. با او در اتوموبیل نشسته بدزآشوب رفتیم. فرساد و برادر کوچکش در آنجا بودند. تا غروب در دزآشوب منزل شامبیاتی بودیم. عصر با رفقا سواره بقلهک رفته قریب دو ساعت گردش کرده بعد سواره آمدیم. در بین راه رفعتی نیز بما ملحق گردید. این بود که همه یکسر بخانه < او > رفتیم. شب علوی و رفعتی و شامبیاتی با تقی خان نظامی ببازی کردن مشغول شدند. من بخواب رفتم.

شنبه ۱۷ تیر ماه - نهم محرم - از صبح تا غروب در خانه بودم. رفعتی نیز با ما بود. جز خنده و شوخی کاری نداشتیم. و دور از شهر از تمام خیالات بر کنار بودیم و ساعاتی بخوشی می‌گذراندیم.

یکشنبه ۱۸ تیر ماه - دهم محرم - امروز[1] همهٔ روز در خانه ماندیم. عصر با رفقا بیرون رفتیم. مدتی در گردش بودیم. بعد طرف عصر با رفقا بمنزل رفعتی رفته و پس از کمی تأمل در آن بخانه آمده با رفقا و غیره بشوخی پرداختیم. در این شب عسگر خان هم از شهر آمده بود. باری نصف شب پس از مدتی تفریح بخواب رفتیم.

دوشنبه ۱۹ تیر ماه - یازدهم محرم - از صبح تا غروب با رفقا بصحبت و شوخی مشغول بودیم. گرامافونی هم که رفعتی از منزل برادرش آورده بود گاهی اسباب فراغ خاطر پریشان را فراهم می‌ساخت. در این روز دو نفر نظامی که یکی مهین اسم داشت و بدیگری دکتر گفته می‌شود (اسمش را متوجه نشدم) بما ملحق گردیدند و

---

۱. در اصل: روز

مدتی هم با آنان بودیم. ایشان نزدیک عصر بیرون رفته. عصر آقا سید اسدالله پارسا بمنزل ما آمد. باری نزدیک غروب با رفقا بگردش بیرون رفتیم. عسگرخان بشهر رفت. پارسا نیز بمنزل خود که در دزآشوب است رهسپار گردید. رفعتی نیز برای رفتن بشهر با ما خداحافظی کرد. باری شب باز بخانه آمده و پس از مدتی تفریح و گردش و صرف شام بخواب رفتم.

سه‌شنبه ۲۰ تیر ماه - دوازدهم محرم - از صبح تا غروب در خانه‌ای که سکونت داشتم بصحبت و تفریح گذراندیم. عصر با رفقا پیاده بقلهک آمدیم و پس از آنکه در این جا کمی گردش و تفریح نمودیم، با ایشان خداحافظی کرده با علوی به اتوموبیل نشسته بشهر آمدیم. در بین راه بیرون دروازهٔ دولت بمنزل فرّخی رفته قریب یکساعت و نیم هم آنجا بودیم. بعد با پرتو و علوی بیرون آمدیم. من بخانه آمده و پس از صرف شام و نوشتن وقایع چندین روزه (از جمعه تا سه‌شنبه) بخواب رفتم. در این چند روز یکی از رفقای شامبیاتی موسوم به اسدالله خان فرزانه که جوانی خوشرو بود نیز با ما بود.

چهارشنبه ۲۱ تیر ماه - سیزدهم محرم - صبح بعدلیّه رفته ظهر بخانه آمدم. پس از صرف نهار بخواب رفتم ولی از شدت گرما گیج شده بنحوی که پیراهن را از تن بیرون کردم. باری پس اصلاح سر و رو بحمام رفته آنگاه بطرف خانهٔ یزدان‌فر رهسپار شدم. پس از اندکی تأمل با او و معظمی و فرساد بخیابان رفته چون کمی در خیابان لاله‌زار گردش کردم پیاده بادارهٔ طوفان رفتم و مقداری زیاد از اخبار رویتر را ترجمه نمودم. آنگاه ساعت ۱۱ پیاده با ونداد (حسابی سابق) و لسانی بطرف خانه آمده شام خورده خفتم.

۵ شنبه ۲۲ تیر ماه - چهاردهم محرم - صبح بعدلیّه رفته ظهر بخانه آمدم. پس از صرف نهار برای خواب به خیمهٔ شب رفتم. از شدت گرما نتوانستم خفت و عصر را در انتظار علوی بودم. چون وی نیامد بخانه‌اش رهسپار گردیدم. در آنجا نیز نبود. لذا یکسر بمنزل یزدان‌فر رفته مدتی نزد او بودم. بعد باری بخیابان بگردش بیرون آمده

پس از اندک راه رفتن بادارهٔ طوفان رفتم و شب در آنجا ماندم. این شب بقدری گرم و خفگی آور بود که حدی برای آن نمی‌توان قائل شد چنانکه شنیده شد حتی در دربند و قسمتهای بالای شمران هم از شدت گرما و خفتگی هوا کسی بخواب نرفته بود. باری، گرما از طرفی و پشه‌های بیمروّت هم از طرف دیگر شب را بما بدتر از شب اول قبر کردند. تا صبح از پهلویی بپهلویی افتاده و عرق می‌ریختم. فی الجمله این شب از شدت گرما بسیار سخت گذشت.

جمعه ۲۳ تیر ماه - پانزدهم محرم - صبح باز هوا بشدت گرم بود بقدری که بی‌اختیار بطرف زیرزمین دویده مدتی کتاب و روزنامه‌های فرانسه می‌خواندم. ظهر رفقا یعنی پرتو و میرزا علیخان سیاسی و صمصامی و آقا میرزا ولی آمده با هم بصحبت و خنده مشغول شدیم. قریب یکساعت و نیم بعد از ظهر به نهار رفتم. بخاطر زیادی گرما نتوانستم نهار بخورم. باری تا عصر در منزل فرّخی بودم. بعد پیاده با علوی بمنزل یزدان‌فر رفتیم. معظمی در آنجا بود. فرساد هم < و > بعداً نیز در ساعت هفت و نیم دکتر مصدق آمده قریب یکساعت صحبت کردیم. چون وی رفت با رفقا بگردش بیرون رفتیم. این شب نیز از شدّت گرمای هوا زودتر بخانه آمده شام خورده خفتم.

شنبه ۲۴ تیر ماه - شانزدهم محرم - صبح بمدرسه رفته ظهر بخانه آمدم. خانوادهٔ حاجی محمّد باقر بمناسبت آمدن دخترشان با مادرم در منزل ما بودند. باری طرف عصر پیاده بادارهٔ طوفان رفتم و مدتی در آنجا بودم. قریب ساعت ده بخانه آمدم. مشغول شام خوردن بودم که مادرم با عصمت الشریعه و زن حاجی سیّد محمّد عصّار و امین آقا < و > عروس حاجی سیّد محمّد عصّار وارد شدند. قریب دو ساعت هم نشستم بعد بخواب رفتم.

یکشنبه ۲۵ تیر ماه - هفدهم محرم - صبح بعدلیّه رفته نیم ساعت بعد از ظهر با علوی در درشگه نشسته بمنزل فرّخی رفتیم. در آنجا نهار خورده پس از کمی استراحت و ترجمه از فرانسه با علوی پیاده بمنزل یزدان‌فر رهسپار شدم. از آنجا

بمیدان توپخانه آمده در اتوموبیل نشسته بدزآشوب برای یافتن دکتر شامبیاتی و اسدالله خان رفتیم. ایشان نبودند. بتجریش آمده و از آنجا با اتوموبیل بقلهک آمدیم. کمی در این مکان گردش کردیم و با فرساد چای و شیرینی در رستوران صرف کردیم. آنگاه با علوی و یزدان‌فر اتوموبیل خوبی را کرایه کرده بطرف شهر روان شدم. من نزدیک ادارهٔ طوفان از اتوموبیل بیرون آمده و پس از ترجمهٔ اخبار رویتر و بیسیم پاریس پیاده بشعبهٔ ادارهٔ طوفان رفتم. علوی را در آنجا یافتم. باری بطرف خانه آمدم. آنگاه شام خورده خفتم.

دوشنبه ۲۶ تیر ماه - هیجدهم محرم - صبح بعدلیّه رفته ظهر با علوی در درشگه نشسته بمنزل فرّخی رفتیم. نهار خورده مدت کمی بخواب رفتم. چون از خواب برخاسته چندین ورق از مطبوعات خارجه ترجمه نموده آنگاه در آنجا بودم تا سه ساعت از شب گذشته با علوی بلغانطه رفتیم. یزدان‌فر را هم انتظار داشتیم باشد. نیافتیم. بعد بخانه آمده شام خورده بخواب رفتم. در این روز گرمایی که نظیر آن دیده نشده است در طهران باعث ایذاء سکنه را فراهم آورده و همین گونه اخبار از تمام نقاط ایران بطهران رسیده است.

سه‌شنبه ۲۷ تیر ماه - نوزدهم محرم - صبح بعدلیّه رفتم. بعد از ظهر با علوی درشگه نشسته بمنزل فرّخی رفتم. پس از نهار در روی تخت خواب دراز کشیدم ولی از شدّت گرما خفتن نتوانستم. باری چون از خواب برخاسته کمی از روزنامه‌های فرانسه ترجمه کردم. بعد چون کامبراف مستشار سفارت روس آمده بود و مترجمی با خود نداشت، مترجم شده خبری که اوضاع اقتصادی ایران را پیش‌بینی می‌نمود داده رفت. باری تا سه ساعت از شب گذشته در آنجا بودیم. از آنجا بکتابخانهٔ طهران و از کتابخانهٔ طهران با علوی بلغانطه رفتیم. یزدان‌فر آنجا بود. آقا جلال‌الدین طهرانی هم بعد آمد. قریب یکساعت آنجا بودیم. آنگاه بخانه آمده وقایع روزمره را نوشته پس از صرف شام خفتم.

چهارشنبه ۲۸ تیر ماه - ۲۰ محرم - صبح در عدلیّه بودم. ظهر بمنزل فرّخی رفته تا غروب در آنجا بودیم. آنگاه با علوی بلغانطه رفتیم تا یزدان‌فر را پیدا کنیم. وی نبود. مدتی با فرساد نشسته آنگاه بخانه آمده خفتم.

۵ شنبه ۲۹ تیر ماه - ۲۱ محرم - صبح بعدلیّه رفته بعد از ظهر بخانه آمدم. هیچ نخوابیدم بلکه تمام مدت را بخواندن روزنامه‌های انگلیسی و فرانسه و ترجمهٔ کتاب حاجی بابا پرداختم. دو ساعت و نیم بغروب با علوی درشگه نشسته بمنزل فرّخی رفتیم و مدتی هم آنجا بودیم. بعد با او بلغانطه آمده قریب نیم ساعت آنجا نشستم. آنگاه بخانه آمده شام خورده بخواب رفتم. در چند روز پیش انقلابات عظیمی در وین پیدا شد ولی در روز ۵ شنبه خبر آرامی اوضاع آن شهر واصل گردید.

جمعه ۳۰ تیر ماه - ۲۲ محرم - صبح در خانه بودم. علوی آمد. با هم بمنزل یزدان‌فر رفتیم. از آنجا بمنزل معظمی رفته آنگاه بخیابان لاله‌زار آمدیم. پس از یکساعت توقف در اینجا بلغانطه رفته نهار خوردیم. بعد از ظهر بمنزل علوی رفتیم و تا نزدیک غروب آنجا بودیم. آنگاه بیرون آمده با اتوموبیل بتجریش رفتیم. پس از کمی تفرج پیاده با علوی و یزدان‌فر و معظمی و دکتر شامبیاتی بقلهک آمدیم. تا ساعت سه از شب گذشته در آنجا بودیم. بد نگذشت. باری ساعت سه با رفقای مزبور جز دکتر شامبیاتی بشهر آمده آنگاه بخانه رفته شام نخورده خفتم.

شنبه ۳۱ تیرماه - ۲۳ محرم - صبح بعدلیّه رفتم. ظهر با علوی درشگه نشسته بمنزل معظمی رفتیم. یزدان‌فر و دکتر هم آمدند. نهار خورده در زیرزمین مقداری استراحت کردیم. آنگاه من و علوی درشگه نشسته بادارهٔ طوفان رفتیم و تا سه ساعت از شب گذشته در آنجا بودیم. باری چون کارهای خود را انجام دادیم، ساعت سه از شب گذشته بمیدان توپخانه آمده با علوی در یک اتوموبیل نشسته بدزآشوب رفتیم. تا یکساعت از نصف شب بیدار بودیم. معظمی، یزدان‌فر هم بودند. باری، آن شب را در خانهٔ دکتر شامبیاتی بخوشی گذراندیم. یکساعت بعد از نصف شب که شام خورده بودیم، بخواب رفتیم.

یکشنبه اول مرداد - ۲۴ محرم - چهار ساعت بظهر مانده با رفقا پیاده بتجریش رفتیم. در آنجا درشگه نشسته در اوین پیاده شدیم و آنگاه بدرکه رفتیم. و با رفقا در کنار جویی که پای درختها < می‌رفت > استراحت کردیم. عصر پیاده با رفقا بتجریش آمدیم. در بین راه بد نگذشت. آنگاه با علوی و معظمی و یزدان‌فر در یک اتوموبیل نشسته رفقا را در جلوی ادارهٔ طوفان خداحافظی کرده تا سه ساعت و نیم از شب گذشته در آنجا بودیم. مدتی کار کردم. آنگاه بصحبت با محمود رضا و مظفرزاده و موسوی‌زاده که همه از آزادی‌خواهانند مشغول شدیم. باری پس از صحبت‌های زیاد با موسوی‌زاده و محمود رضا بیرون آمده در بین راه نیز صحبتهایی کردیم. آنگاه بخانه آمده با کمال عجله اوضاع سه روز را نوشته شام خورده خفتم.

دوشنبه ۲ مرداد - ۲۵ محرم - صبح بعدلیّه رفته ظهر با علوی بدرشگه نشسته بمنزل فرّخی در بیرون دروازه دولت رهسپار شدیم و تا سه ساعت و نیم از شب رفته در آنجا بودیم. در این شب چندان خوش نگذشت زیرا بواسطهٔ بداخلاقی فرّخی اوقات من نیز تلخ بود. در این روزها شنیده می‌شود که می‌خواهند حزبی نظیر حزب فاشیست ایطالیا در ایران تشکیل دهند.

سه‌شنبه ۳ مرداد - ۲۶ محرم - از صبح تا ظهر در عدلیّه بودم. چون صبح فرّخی بعدلیّه آمده و بعلوی گفته بود که نهار بمنزل من بیایید، با علوی بدرشگه نشسته بمنزل فرّخی رفتیم. حائری‌زاده، سید کاظم یزدی، و یکنفر دیگر که او هم وکیل یزد است، در آنجا بودند. مدتی بعد از نهار با صمصامی صحبت‌های متفرقه کردیم. بعد بخواب رفته چون از خواب برخاستم. مدتی کتاب حاجی بابا را ترجمه کرده بعد اخبار بیسیم پاریس و رویتر را ترجمه کردم. آنگاه بشعبهٔ طوفان و از آنجا بلغانطه رفتم. رفقا یعنی علوی، یزدان‌فر، سید جلال‌الدین طهرانی، و سید جلال‌الدین موسوی در آنجا بودند. مدتی با ایشان صحبت کردم. آنگاه بخانه آمده وقایع روزانه را نوشتم. در این شب کاغذی از تبریز آمد که نویسندهٔ آن محمود نجم آبادی همشاگرد من است. در این روز زرند رفتن میلسپو منتشر شده و عجب در این است که نصرت الدوله خائن

معروف می‌خواهد بنام قانون این مستشار امریکایی را که می‌توان گفت محبوب مردم است از ایران بیرون کند و این هم پوشیده نیست که پهلوی نیز در این خصوص نظراتی دارد و چنان که از قدیم هم معروف بود با دکتر میلسپو چندان خوب نیست تا خدا برای این مملکت بدبخت چه خواسته باشد. باری، چون شام خوردم بخواب رفتم.

۵ شنبه ۵ مرداد - ۲۸ محرم - صبح بعدلیّه رفته ظهر که کار تمام شد با علوی بمنزل او رفتیم و بنا بود یزدان‌فر و دکتر شامبیاتی هم بیایند. در بین راه ایشان را نیز دیدیم. نهار خورده تا نزدیک غروب بشنیدن صفحهٔ گرامافون و تفریح گذشت. نزدیک غروب با معظمی که تازه آمده بود بیرون رفتیم. در بین راه درشگه سوار شده در ولی آباد پیاده گشتیم. چون بمنزل فرّخی رفتیم غروب شد. کارهای خود را انجام داده آنگاه بچهارراه سید علی آمده اتوموبیل نشسته بدزآشوب منزل دکتر رفتیم. تا نصف شب بیدار بودیم و بتفریح و شوخی گذراندیم. جز علوی و دکتر شامبیاتی و معظمی و یزدان‌فر کسی نبود.

جمعه ۶ مرداد - ۲۹ محرم - صبح ۵ ساعت بظهر مانده از خواب برخاستم. آنگاه پیاده بدرکه رفتیم و تا غروب آنجا بودیم. چون این روز هم بخوشی و خوشگذرانی تمام شد با رفقا دوباره پیاده بتجریش آمدیم و بمنزل دکتر شامبیاتی رفتیم. در این شب همه کسل و خسته بودند. زود شام خوردیم. معظمی هم از تجریش بشهر رفته بود. اسداللّه خان فرزانه هم که یکی از رفقای دکتر است و در همان دزآشوب منزل داشت نیز زیاد نماند. نتوانستم خوب شام بخورم زیرا کسالتی داشتم. باری ساعت ۱۰/۵ بخواب رفتیم.

شنبه هفتم مرداد - اول صفر - صبح زود در دزآشوب از خواب برخاستیم. با عجله چای خورده با یزدان و علوی از منزل شامبیاتی بیرون آمدیم و بتجریش رفتیم. یزدان‌فر در آنجا ماند. من با علوی در اتوموبیل نشسته بشهر آمدیم و یکسر بعدلیّه رفتیم. چندان دیر نشده بود. باری تا ظهر در عدلیّه بودیم. ظهر بخانه آمده نهار خورده

خفتم و عصر بمنزل علوی رفتم و با او درشگه سوار شده ساعت ۵ بعد از ظهر در ادارهٔ طوفان حاضر شدیم. تا ساعت ۱۰ آنجا بودیم. بعد بخانه آمده شام خورده خفتم.

یکشنبه هشتم مرداد - دوم صفر - صبح که از خواب برخاستم چای خورده بعدلیّه رفتم. تا ظهر آنجا بودم. بعد بخانه آمده نهار خورده خفتم. عصر بمنزل علوی رفتم. از آنجا با علوی بیرون آمده درشگه نشسته بمنزل فرّخی رفتیم و تا ساعت ۱۰/۵ آنجا بودیم. بعد با میرزا علیخان سیاسی و محمود رضا مدیر روزنامهٔ طلوع و وکیل مجلس بیرون آمده آنها یک یک بخانه رفتند من نیز بخانه آمده شام خورده خفتم. در این روزها زمزمهٔ ایجاد حزبی است که نظیر حزب فاشیست می‌باشد و گویا نام آن ایران نو خواهد بود.

دوشنبه نهم مرداد - سوم صفر - صبح بعدلیّه رفته ظهر بخانه آمدم. چون نهار خوردم بخواب رفتم و قریب سه ساعت خوابیدم. بعد بیدار شده حمام رفته برگشتم و بخانهٔ حاج محمّد باقر که در آخر بازار و دور از ما بود رهسپار گردیدم. نیم ساعت آنجا نشستم. بعد در بازار درشگه نشسته تا بیرون دروازهٔ دولت به ادارهٔ طوفان رفتم. در آنجا کمی ترجمه کردم. بعد با علوی درشگه نشسته بخانه آمدم.

سه‌شنبه دهم مرداد - چهارم صفر - صبح بعدلیّه رفته ظهر بخانه آمدم. پس از صرف نهار کمی بخواب رفتم. از شدت گرما بیش از یکی دو ساعت نتوانستم. آخر بیدار شده کتاب می‌خواندم تا علوی آمد. با او بمنزل یزدان‌فر رفتیم تا ساعت ۶ بعد از ظهر آنجا بودم. بعد پیاده بمنزل فرّخی رفتیم. تا ساعت ۹/۵ آنجا بودم. بعد با علوی درشگه سوار شده بلغانطه آمدیم. یزدان‌فر را در بین راه دیدم. با او دوباره برگشته مدتی نشستیم. آنگاه بخانه آمده شام خورده خفتم.

چهارشنبه یازدهم مرداد - پنجم صفر - صبح بعدلیّه رفته نهار بخانه برگشتم. پس از صرف غذا کمی خوابیدم ولی از شدت گرما زود از خواب برخاسته و بمنزل علوی رفتم. وی نبود. با درشگه بمنزل فرّخی رفتم و از آنجا بپارک مخبرالدوله برای دیدن میسیز هنکل رهسپار شدم. قریب یکساعت با او صحبت می‌کردم. آنگاه دوباره بادارهٔ

طوفان آمده و در آنجا بصحبت مشغول شدم و پس از ترجمهٔ اخبار رویتر و اخبار بیسیم پاریس باز مدتی نشسته صحبت کردیم. بعد بخانه آمده شام خورده خفتم. در این شب عدهٔ زیادی از خویشاوندان را بسبب ورود یکی از آنان که از مشهد آمده بود، مادرم دعوت کرده بود. باری در ساعت ۱۱ و نیم بخواب رفت. در این روزها کلاه پهلوی را که بدواً جز بدکاران و یهودیان کسی سر نمی‌گذاشت، بسر اعضای بیچارهٔ وزارتخانه‌ها می‌گذارند و حتی پیرمردان مستخدم عدلیّه هم از آن معاف نیستند و این کلاه را که بسر گذاشته‌اند چون از روی اجبار بوده است غم و تنفر درونی آنها بخوبی واضح می‌باشد.

۵ شنبه دوازدهم مرداد - ششم صفر - صبح بعدلیّه رفته ظهر بخانه آمده غذا خورده بخواب رفتم. چون از خواب برخاستم پیاده تا لاله‌زار بدکان پرویز کتابفروش رفته مدتی آنجا نشستم. بعد درشگه سوار شده منزل فرّخی رفتم. چون کار خود را انجام دادیم با علوی بلغانطه رهسپار شدیم و مدتی با یزدان‌فر صحبت داشتم. بعد برخاسته بیرون آمدیم. من بمنزل علوی رفته شب را تا نیمه بصحبتهای شاعرانه گذراندیم. باری در نصف شب بخواب رفتیم.

جمعه ۱۳ مرداد - ۷ صفر - صبح از خواب برخاسته قریب دو ساعت بصحبت و تفریح شعری بودیم که یزدان‌فر آمده تا غروب در منزل علوی ماندیم. نزدیک عصر معظمی هم ملحق شد. آنگاه بیرون آمده در اتوموبیلی نشسته بدزآشوب رفتیم و دکتر شامبیاتی را یافتیم. مدتی با او می‌گشتیم. معظمی که بجانب شهر آمد ولی من و علوی و یزدان ماندیم. شب بباغ فدائی رفتیم و در شرف بخواب رفتن بودیم که فدائی و محمود رضا و سید حسین طباطبایی که عضو عدلیّه < است > آمدند تا نیمه شب بصحبت مشغول بودیم. بعد بخواب رفتیم.

شنبه ۱۴ مرداد - ۸ صفر - صبح بباغ دیگر فدائی در دزآشوب رفتیم و تا غروب بنوای گرامافون دلخوش بودیم. در این روز اسداللّه خان فرزانه هم با ما بود. ظهر دکتر شامبیاتی آمد. کمی نشسته بخانه رفته و قریب سه ساعت و نیم بغروب مانده آمده

عصر با رفقا برای گردش بیرون رفتم و پس از آنکه مدتی در خیابان سعدآباد بگردش کردن بنزدیک سربازان مشغول بودیم با رفقا بمنزل دکتر آمده شام که کباب بسیار بدی و شیردانهای بسیار خوبی بود، خورده و نخورده بخواب رفتم تا فردا برای نوکری بیفایدهٔ دولت و حضور در وزارتخانه زود برخیزم.

یکشنبه ۱۵ مرداد - ۹ صفر - صبح ساعت ۵/۵ بظهر مانده با علوی از خانهٔ دکتر در دزآشوب در فاصلهٔ ده دقیقه بتجریش آمده در اتوموبیل روسها نشسته بشهر آمدیم. چندان دیر نبود. بعد سر کار رفته تا ظهر مشغول زحمت و نوشتن بودم. آنگاه بطرف خانه آمده خفتم. عصر برخاسته بمنزل علوی رفتم و با او درشگه نشسته در بیرون دروازه دولت در منزل فرّخی پیاده شدیم و تا ساعت ۱۱/۵ در آنجا بودم. آنگاه بخانه آمده شام خورده خفتم. در این روز میرزا سید حسین طباطبایی بعلوی خبر داد که میرزا سید ابوالحسن علوی پدرزن حسن آقای علوی که از چندین سال پیش در برلن بسر می‌برد زیر اتوموبیل رفته است. شب هم پدر حسن آقا تلفونی در تأیید آن خبر کرد. این بود که علوی با حالت پریشان در ساعت ۸/۵ بی آنکه بکسی اطلاع دهد از اداره بیرون رفت.

دوشنبه ۱۶ مرداد - دهم صفر - صبح بعدلیّه رفتم ولی پس از آن که کمی نشستم بمناسبت فوت آقا سید ابوالحسن علوی بمنزل علوی آمده تا دو ساعت بظهر مانده در آنجا بودم. بعد با کمال تأثر بیرون آمده ببازار رفتم و مدتی در حجرهٔ آقا سید احمد که رفقای من می‌گویند رفیق بسیار خوبی است و من نیز دربارهٔ او همین عقیده را دارم گذراندم. ظهر بخانه آمده پس از صرف غذا و خواب بیرون برفتم و دوباره بخانه آمدم. آنگاه درشگه نشسته بادارهٔ طوفان رهسپار شدم. در بین راه کلهر را دیدم. وی را در درشگه نشانده بآنجا رفتم. باری پس از ختم کار پیاده بلاله‌زار و کتابخانهٔ بروخیم آمدم و یک جلد کتاب فرهنگ زبان لارگو (L'argot) فرانسه بفرانسه و انگلیسی خریده بخانه آمده شام خورده خفتم.

سه‌شنبه ۱۷ مرداد - یازدهم صفر - صبح بمنزل علوی رفته مدتی در حوض خانه در مجلس ختم نشستم. بعد بیرون آمده تا ظهر آنجا بودم. ظهر نهار خورده بخانه آمده خفتم. عصر هم دوباره در مجلس ختم حضور یافته پس از یک ساعت و نیم ماندن نزدیک غروب در درشگه نشسته بادارهٔ طوفان رفتم. سر خندق فاضل تونی را مشغول تفکر یافتم. مدتی با او صحبت داشته بسر کار خود رفته تا ساعت ۱۰/۵ مشغول ترجمهٔ رویتر و بیسیم پاریس بودم. آنگاه با پرتو درشگه نشسته در شمس العماره پیاده شده بخانه آمدم. در این روزها توطئه‌ای بر علیه ابن السعود پادشاه وهابیها کشف شده که گویا برادرش امیر محمّد و برادرزاده‌اش امیر خالد در جزو توطئه کنندگان بوده‌اند.

چهارشنبه ۱۸ مرداد - دوازدهم صفر - صبح بمنزل علوی رفته تا یکساعت بعد از ظهر آنجا بودم. در مجلس ختم عدهٔ زیادی از اعیان و علما و تجّار حضور یافته نصرت الدوله، حاجی معین التجّار، سردار اسعد، آقا سید محمّد بهبهانی و از این قبیل اشخاص آمدند. نزدیک ظهر تیمورتاش وزیر دربار آمده ختم را برچیده. بعد از نهار با پرتو و صبا و سیّد عبّاسخان پسر معین الایالة که تازه با او آشنایی یافته بودم بمنزل صمصامی در همان نزدیکی رفتیم. حمید دائی صمصامی ساز می‌زد. باری مدتی آنجا نشسته بعد دوباره بخانهٔ علوی رفتم و با او عصر درشگه نشسته بمنزل فرّخی رفتیم. چون کار خود را انجام دادم با علوی دو مرتبه بطرف خانه آمدیم. من بخانهٔ خود آمده شام خورده خفتم.

۵ شنبه ۱۹ مرداد - سیزدهم صفر - صبح بعدلیّه رفته تا ظهر آنجا بودم. ظهر با علوی درشگه نشسته بمنزل فرّخی رفتم. نهار خورده خفتم. شب پس از انجام کار چون یزدان‌فر از لغانطه تلفون کرده بود، بآنجا رفتم. بیرون رفته بود. کمی نشستم تا آمد. معظمی هم با او بود. باری پس از اندکی نشستن معظمی رفت و من و علوی و یزدان در خیابانها مدتی گردشم کردم. بخانه‌های خود رفتیم.

جمعه ۲۰ مرداد - چهاردهم صفر - صبح بمنزل یزدان‌فر رفتم. کمی نشسته بعد بمیدان سپه آمدیم. علوی حاضر بود. در یک فورد نشسته تا درآشوب رفتم. علوی دستور نهار را داده با همان فُرد از دزآشوب بتجریش آمدیم که با اتوموبیل دیگری تا دربند رفتیم. جمعیّت بسیاری آنجا بود. اغلب آشنایان و رفقا را دیدیم. باری دوباره با اتوموبیل از دربند بتجریش آمدیم. شهاب دکتر سابق سیرجان کرمان نیز با ما بود. با او در اتوموبیل فورد نشسته بدزآشوب آمدیم. پول اتوموبیل را هم شهاب داد. چون در باغ آمدیم کمی نشسته آنگاه بنهار خوردن مشغول شدیم. در آخر نهار فدائی و میرزا سید حسین برادرزن طباطبایی آمدند. آنها نیز نهار خورده در گوشه‌ای دیگر مشغول بوافور کشیدن شدند. علوی نیز بخواب رفت. من با یزدان‌فر صحبت می‌کردم. باری عصر با علوی و یزدان‌فر بتجریش رفته دکتر هم با ما بود. از تجریش در اتوموبیل نشسته بقلهک آمدیم. بالنسبه چندان < خالی > از احساس نبود. الف نامی را دیدم که کلاه سبدی فرنگی بسر گذاشته بود. باری پس از کمی گردش و رفتن در مهمانخانهٔ لوکس دوباره در اتوموبیل نشسته بتجریش آمدیم و قریب دو ساعت در تجریش گردش می‌کردیم. آنگاه بخانه آمدیم. دکتر هم با ما آمد. تا نزدیک نصف شب صفحه‌های مختلف گوش می‌کردیم تا بخواب رفتیم. این شب بواسطهٔ ابر بودن هوا خیلی گرم بود.

شنبه ۲۱ مرداد - ۱۵ صفر - صبح در دزآشوب نزدیک ۶/۵ بظهر از خواب برخاسته با یزدان‌فر پیاده بتجریش آمدیم. در آنجا در اتوموبیل نشسته بشهر آمدیم. با یزدان‌فر خداحافظی کردم. یکسر بعدلیّه رفته دیر نشده بود. تا ظهر در آنجا بودم. ظهر با علوی در درشگه نشسته بمنزل فرّخی رفتیم. فرّخی در خواب بود. چون شب پیش را تا صبح بقمار کردن گذرانده بود. باری نهار خورده بخواب رفتم. چندین مرتبه از شدّت و حدّت گرما برخاستم. چون دو ساعت خوابیدم بیدار شده بخواندن روزنامه‌ها مشغول شدم. باری تا ساعت ۹ در آنجا بودم. چون کارهای خود را انجام دادیم با علوی پیاده بطرف خانه آمدیم. شب نیز گرم بود.

یکشنبه ۲۲ مرداد - ۱۶ صفر - صبح بعدلیّه رفته ظهر بمنزل آمدم که در حمام بروم ولی نشد. باری تا غروب در منزل بودم. بعد درشگه نشسته باداره طوفان رفتم و بترجمه مشغول شدم. ساعت ۹ از کافه لندن تلفونی آمد و رفقا مرا بدانجا خواندند. در ساعت ده بآنجا رفتم. یزدان‌فر، علوی، < و > شامبیاتی را در کافهٔ لندن دیدم. با ایشان اتوموبیل نشسته تا تجریش رفتیم و از تجریش تا دزآشوب راندیم و شب را در تا نیمه بیدار بودیم و بصحبت کردن و صفحهٔ گرامافون شنیدن گذراندیم.

دوشنبه ۲۳ مرداد - ۱۷ صفر - صبح از خواب برخاسته مدتی بشنیدن آوازهای گرامافون و صحبت و بذله‌گویی گذراندیم. شامبیاتی چون در شهر کار داشت رفت. با یزدان‌فر و علوی و اسداللّه خان فرزانه بباغ فردوس رهسپار شدیم. مدتی در آنجا نشستیم. بعد ظهر از آنجا تا دزآشوب را پیاده آمده تا دو ساعت بعد از ظهر در انتظار شامبیاتی بودیم. وی آمد. نهار خوردیم و علوی بمنزل فدائی رفت. شب با رفقا بیرون آمدیم و تا سعدآباد رفتیم. در حینی که از گردش مراجعت می‌کردیم، در راه فدائی را دیدیم. من و علوی بمنزل فدائی رفتیم و قریب دو ساعت در آنجا بودیم. بساط عیش گسترده بود. باری پس از دو ساعت نشستن در آنجا بخانه آمده شام خورده و کمی آواز گرامافون شنیده بخواب رفتیم.

سه‌شنبه ۲۴ مرداد ماه - ۱۸ صفر - صبح ساعت شش بظهر با علوی پیاده بتجریش آمدیم. در اتو بانک نشسته بعدلیّه آمدیم. دیر نبود. در این راه پهلوی را دیدیم که از عدلیّه بر می‌گشت. در این روز می‌گویند پهلوی باغلب وزارتخانه‌ها آمده بود و در بیشتر آنها کسی را نیافته بود. باری ظهر با علوی درشگه نشسته بباغ رفتیم و مدتی آنجا بودیم. نزدیک غروب با فرّخی درشگه نشسته بمطبعه فردوسی در لاله‌زار رفتیم و سپاسی ما را بتماشای ماشین طبع جدید و سایر قسمتها برد. قریب سه ساعت آنجا بودیم و صحبت در میان بود. ساعت ۹/۵ با فرّخی درشگه نشسته بباغ آمده قریب سه ساعت مشغول ترجمه بودم. بعد پیاده بخانه آمده شام خورده خفتم.

چهارشنبه ۲۵ مرداد - ۱۹ صفر - صبح بعدلیّه رفتم. ظهر بخانه آمده پس از صرف نهار و مطالعهٔ کتابهای انگلیسی بخواب رفتم. چون از خواب بیدار شدم بحمام رفته و پس از آن با درشگه بادارهٔ طوفان رهسپار گردیدم. عصر کارهای خود را زودتر انجام داده با علوی بلغانطه رفتم و در آنجا یزدان‌فر و معظمی را دیدم. پس از کمی گردش با علوی و یزدان‌فر در اتوموبیل نشسته و یکسر بدزآشوب رفتیم. شب را در باغ محمّدیه فدائی در دزآشوب گذراندیم. در این شب مناقشه‌ای با علوی کردم که تا مدتی اوقات همه را تلخ کرد. باری شب هوا بسیار خنک بود. باین دلیل زودتر آمدیم.

۵ شنبه ۲۶ مرداد - ۲۰ صفر - اربعین. صبح با علوی و یزدان‌فر و اسداللّه خان فرزانه پور بدربند رفتیم. جمعیت زیادی در آنجا نبود. تا نزدیک ظهر دربند بودیم. بعد با اتوموبیل بتجریش و از تجریش پیاده بدزآشوب رفته و تمام روز را من بخواندن کتاب و گوش نمودن صفحه‌های گرامافون گذراندم. عصر با علوی و یزدان‌فر و شامبیاتی بقلهک رفتیم و مدتی در آنجا بودیم. شب بزودی بتجریش برگشته و کمی هم در آنجا گردش نمودیم. بعد بباغ بزرگ فدائی در دزآشوب رفته تا نیمه‌شب را بگوش کردن صفحه‌های گرامافون و صحبت و بذله‌گویی گذراندیم. دکتر شامبیاتی شب در همانجا خوابید.

جمعه ۲۷ مرداد - ۲۱ صفر - صبح با علوی و یزدان‌فر با اتوموبیل بدربند رفتیم. فرساد، متقی، کاظمی، < و > مسعودی مدیر روزنامه اطلاعات و عدهٔ دیگری از آشنایان را در آنجا یافتیم. تا نزدیک ظهر بگردش مشغول بودیم. بعد با اتوموبیل بسیار بدی بتجریش برگشته و از آنجا بدزآشوب رفتم و تا عصر بشنیدن صفحه‌های گرامافون مشغول بودیم. عصر بتجریش آمده مشغول تفریح شدیم. علوی از خیلی پیش بقلهک رفته، شب جمعیت بسیاری می‌خواستند بشهر روند. از این جهت اتوموبیل کم بود. باری یک اتوموبیل را دربست اجاره کردیم و بقلهک آمدیم تا علوی را با خود ببریم. او هم نبود. با همان اتوموبیل تا در خانهٔ یزدان‌فر رفتیم و از آن پس بخانه آمده وقایع دو سه روزه را نوشته برخاسته شام خورده بخواب رفتم.

شنبه ۲۸ مرداد - ۲۲ صفر - صبح بعدلیّه رفته تا ظهر آنجا بودم. بعد با علوی و سپاسی درشگه نشسته بمنزل فرّخی رفتیم و تا ساعت ۵ بعد از ظهر در خصوص مطبعه و روزنامه صحبت میداشتیم. پس از این کار رویتر و بیسیم پاریس را ترجمه کرده با دکتر شامبیاتی که بدیدن ما آمده بود، پیاده تا لغانطه رفتیم. نیم ساعت در آنجا بودیم. آنگاه بخیابان لاله‌زار رفته کمی گردش کرده بخانه آمدم و شام خورده خفتم.

یکشنبه ۲۹ مرداد - ۲۳ صفر - صبح بعدلیّه رفته ظهر با علوی در درشگه نشسته و بمنزل فرّخی رفتیم. نهار خورده بخواب رفتم. ۴ ساعت بعد از ظهر برخاسته ترجمهٔ اخبار بفارسی را تمام کردم. بعد مدتی با موسوی‌زاده و میرزا علیخان سیاسی و جدلی صحبت داشته بطرف خانه روان گردیدم. گویا فردا موسوی‌زاده که جوانی نیکوسرشت و خوش طینت است، بطرف مشهد رهسپار گردد.

دوشنبه ۳۰ مرداد - ۲۴ صفر - صبح بعدلیّه رفته ظهر با علوی درشگه نشسته بمنزل فرّخی رفتیم و تا دو ساعت از شب گذشته آنجا بودیم. قریب یکساعت و نیم از شب گذشته یزدان‌فر و شامبیاتی آمده من < و > علوی را با خود بگردش بردند. مدتی در کافهٔ جدیدی که در خیابان بالای علاءالدوله افتتاح شده نشسته و بعد از آنجا بگردش رفته مدتی در خیابانها بودیم. آنگاه بخانه آمده شام خورده خفتم. در این روز شنیدم که پهلوی مرتضی خان رئیس لشگر مرکز را از کار خود منفصل نموده است باین معنی که لشگر مرکز را منحل ساخته است.

سه‌شنبه ۳۱ مرداد - ۲۵ صفر - صبح در عدلیّه حاضر شده تا ظهر آنجا بودم. پس از ختم کار با علوی بمنزل فرّخی رفته تا دو ساعت از شب گذشته مشغول ترجمهٔ رویتر بودم. آنگاه با علوی بکافهٔ که دیشب رفته بودیم، رهسپار شدیم. رفقا را در آنجا یافتیم. یکربع آنجا نشسته بعد بگردش بیرون آمدیم و قریب دو ساعت مشغول گردش بودیم. آنگاه بخانه آمده خفتم.

چهارشنبه اول شهریور - ۲۶ صفر - صبح بعدلیّه رفته ظهر با علوی درشگه نشسته بمنزل فرّخی رهسپار شدیم و تا سه ساعت از شب گذشته آنجا بودم. بعد بخانه آمده شام خورده خفتم.

۵ شنبه ۲ شهریور - ۲۷ صفر - صبح بعدلیّه رفته بعد از ظهر با علوی بمنزل فرّخی رفته تا ساعت ۹ آنجا بودیم. بعد پیاده بلغانطه آمدیم. یزدان‌فر تازه رفته بود. در درشگه نشسته بطرف منزل او رهسپار شدیم. در بین راه او را دیدیم. مدتی با او گردش کرده بعد بخانه آمده شام خورده خفتم.

جمعه ۳ شهریور - ۲۸ صفر - صبح در خانه بودم. با علوی که آمده بود بمنزل یزدان‌فر رفتیم. از آنجا ببازار آمده مدتی گردش کردیم. آنگاه نهار را در رستوران مقدم بازار خورده با یزدان‌فر و علوی به «بیس»[1] روسها بشمیران رهسپار شده در تجریش پیاده گشتیم و تا دزآشوب پیاده رفتیم. مدتی در باغ بودیم و عصر بخانهٔ دکتر رفته و برای گردش بیرون رفتیم. شب که برگشتیم نیز بمنزل او رفته تا ساعت ۹ آنجا بودیم. آنگاه بخانه آمده شام خورده خفتم. امروز روز قتل امام حسن علیه السلام بود و با وجودی که قتل بود ناهید شرحی فحش و دشنام بآخوندها نوشته بود ولی واقعه‌ای رخ نداد.

شنبه ۴ شهریور - ۲۹ صفر - امروز تعطیل بود. در همان دزآشوب ماندیم. دکتر نیز صبح نزد ما آمده پس از نیم ساعت وی بشهر رفت. با علوی و یزدان‌فر بگردش بیرون رفتیم. قریب دو ساعت در بیابانها گشتیم. گاهی بر فراز سنگی تماشای جلگه و دشت کردیم و زمانی بر سر قبر ظهیرالدوله با درویش و صوفی سخن راندیم. باری نزدیک ظهر بخانه آمده در انتظار دکتر نشستیم. چون وی آمد شام خورده تا نزدیک عصر بتفریح و صحبت اشتغال داشتیم. نزدیک عصر از رفقا خداحافظی کرده بتجریش آمدم و در اتوموبیل نشسته سر چهار راه سید علی پیاده شده بر درشگه سوار گشتیم و بمنزل میرزا علی اصغر خان حکمت رئیس تفتیش وزارت معارف رفتم.

---

۱. مقصود бис است در روسی معادل encore، نوعی از اجرای مکرّر قطعهٔ پایانی یک کنسرت.

مدتی آنجا نشسته صحبت کردم. ساعت ۸/۵ با مقبول از خانهٔ حکمت بلغانطه آمدم. یزدان‌فر و علوی هم از دزآشوب برگشته بودند. یکساعت صحبت کردیم. مقبول رفت. با یزدان‌فر و علوی بجلوی مجلس رفته با آن یک خداحافظی کردیم. در بازار سرچشمه سعید العلماء را دیدم. قریب سه ربع سر پا سخن گفت. با او نیز خداحافظی کردیم. بخانه آمدم. شرح حال و اوضاع روز شنبه و جمعه را نوشته آنگاه شام خورده خفتم. در این روزها اوضاع مملکت دوچار بحران و اختلال است. چنانکه معروف است در کردستان و آذربایجان آشوب و غوغاست. پهلوی هم در ۵ یا ۶ روز پیش سرتیپ مرتضی خان را که یکی از هواخواهانش بود از کار انداخت. باین معنی که سربازان ابوابجمعی را از تحت مأموریت او خارج نموده گویا میان شاه و سایر وزراء و وزراء و دیگر رجال تقاضاهایی هست که بالاخره بدبختی این مملکت را زودتر مسجّل می‌نماید. و هم در این شب از چندین نفر شنیدم که تدیّن را تیر زده یا مسموم کرده‌اند. گویا این خبر جعلی باشد.

یکشنبه ۵ شهریور - ۳۰ صفر - صبح عدلیّه رفته تا ظهر مشغول کار بودم. آنگاه با علوی درشگه نشسته بمنزل فرّخی رفتیم. بر سر نهار بواسطهٔ مناقشه‌ای که با فرّخی پیش آمد، مدتی اوقاتم تلخ بود. باری پس از صرف نهار بواسطهٔ شدّت غیظ و خشم طاقت نشستن نداشتم. لذا پیاده بلغانطه آمدم و مدتی با احمدیان صحبت می‌کردم. آنگاه برای جستجوی دکان آقا شیخ محمود خلیلی بخیابان حسن آباد رفتم و مدتی در گرما راه طی کردم ولی بالاخره آنجا را نیافتم. بعد از آن بکتابخانهٔ معرفت آمده کمی نشستم. آنگاه بخانه آمده دوباره بخیابان رفتم و کتابی از بروخیم خریده مدتی هم در کتابخانهٔ طهران بودم. بعد با آقا سیّد فرج اللّه منزل فرّخی رفته تا ساعت ۹/۵ بنوشتن و ترجمه مشغول بودم. آنگاه باز بخانه آمده شام خورده خفتم.

دوشنبه ششم شهریور - اول ربیع الاول - صبح بعدلیّه رفته تا ظهر مشغول کار بودم. ظهر بخانه آمدم و پس از نهار ده دقیقه خوابیدم. بعد حمام رفته و از حمام بمنزل میرزا سید حسن خان معین الایالة رهسپار شدم. ده دقیقه نزد او بودم. بعد با او

بخیابان علاء الدوله آمده در اتوموبیل نشسته بقلهک رفتیم که کلمن رئیس مالیّهٔ طهران را ببینیم چون معین عضو وزارت مالیّه است و منتظر خدمت شده می‌خواست او را ملاقات نماید. باری کار داشت و او را نپذیرفت. مدتی در قلهک گردش کردیم. آنگاه او رفت ومن ماندم. باز کمی در قلهک گردش کردم. بالاخره نزدیک غروب اتوموبیل نشسته بمنزل فرّخی رفتم و رویتر را ترجمه کردم. بعد با صمصامی بکافهٔ پرسان که همان بیرون دروازهٔ دولت است، رفته کمی نشستم. آنگاه بخانه آمده شام خورده خفتم.

سه‌شنبه هفتم شهریور - ۲ ربیع الاول - صبح بعدلیّه رفته ظهر بخانه آمدم. نهار خورده کمی خفتم. بعد برخاسته کمی جزوهٔ حقوق مطالعه کرده آنگاه بخیابان لاله‌زار رفته مدتی در کتابخانهٔ طهران بودم. بعد بادارهٔ طوفان رفته تا ساعت ۹ مشغول ترجمه بودم و با محمود رضا طلوع و مظفرزاده و صمصامی بطرف میدان توپخانه آمدیم. در بین راه رفقا را ترک گفته بلغانطه رفتم. یزدان‌فر نبود. قریب نیم ساعت نشستم. آنگاه بخانه آمده شام خورده و پیش از شام و بعد از آن هم صفحه‌های گرامافون را گوش داده، بالاخره خفتم.

چهارشنبه هشتم شهریور - ۳ ربیع الاول - صبح بعدلیّه رفته ظهر بخانه آمدم. طرف عصر گردش‌کنان بطرف منزل فرّخی رفته مدتی در آنجا بترجمه مشغول بودم. آنگاه بطرف خانه آمده شام خورده خفتم.

۵ شنبه نهم شهریور - ۴ ربیع الاول - صبح بعدلیّه رفتم. ظهر در محاسبات برای گرفتن پول حضور یافتم و چون مأمور محاسبات در دادن پول تبعیض می‌نمود با او نزاع کردم و چنانکه دو روز بعد خبر یافتم راپرت این نزاع را بوزیر داده بودند. در موقع صحبت از روی خشم و غضب گفته بودم که نباید ترس از شاهزاده نصرت الدوله باعث معطلی من گردد (زیرا پسر نصرت الدوله را تا آمد چک دادند). باری پس از این با علوی بصندوق مالیّه رفته پول گرفتم. از آنجا بلغانطه رفتیم. نهار خوردیم

و بعد بمنزل آمدیم. گرامافون یزدان را از منزل برداشته با درشگه بمنزل فرّخی رهسپار شدیم و تا یک ساعت از شب گذشته، آنجا بودم و ترجمه می‌نمودم. در این ساعت اتوموبیلی که علوی کرایه کرده بود آمد. با حمید برادر پرتو در آن نشسته بدزآشوب رفتم. یزدان‌فر و شامبیاتی در باغ بودند. مدتی بشنیدن نغمه‌های گرامافون گذرانده آنگا شام خورده خفتم.

جمعه دهم شهریور - پنجم ربیع الاول - صبح از خواب برخاسته مدتی صحبت کردیم. بعد با علوی و حمید و یزدان‌فر بگردش بیرون رفتیم. در تجریش اتوموبیل نشسته به دربند رهسپار شدیم. تا ظهر در آنجا بودیم. بعد با اتوموبیل بتجریش آمدیم و از آنجا با درشگه بدزآشوب رفتم. مدتی در دزاشیب منتظر بودیم تا شامبیاتی آمد. آنگاه نهار خورده تا غروب بصحبت مشغول بودیم. نزدیک مغرب با اتوموبیل بقلهک رفتیم. قریب یکساعت هم در آنجا ماندیم. بعد با اتوموبیل بدزآشوب آمدیم. شب رفقا بساط داشته باین معنی که علوی و حمید برای خود رفیقی آورده بودند. سید عماد محسنی هم بود و بلطائف و حرکات شیرین خود مجلس را گرم می‌نمود. باری تا نصف شب بیدار بودیم. آنگاه شام خورده خفتم.

شنبه یازدهم شهریور - شش ربیع الاول - ساعت شش و نیم بظهر از خواب برخاستم. در ساعت ۵/۵ < بظهر مانده > با علوی پیاده بتجریش آمدیم. آنگاه در اتوموبیل نشسته بطهران آمدیم. نیم ساعت دیر شده بود. ساعت ۴/۵ < بظهر مانده > در عدلیّه حضور بهم رسانده ظهر بخانه آمدم. چون برخاستم حمام رفته بکتابخانهٔ معرفت رفتیم. با او در درشگه نشسته در لاله‌زار پیاده شدم و بطرف منزل فرّخی رفتم. تا ساعت ۹ آنجا بودم. بعد با درشگه بلغانطه رفتم. یزدان‌فر، معظمی، ناصر و یکنفر دیگر هم در لغانطه بودند. با آنها نیم ساعت صحبت کرده با یزدان‌فر و معظمی قریب دو ساعت و نیم در خیابانها گردش کردیم. ساعت ۱۱ بخانه آمده شام خورده خفتم. خانه که بودم شنیدم پدرم روز سه‌شنبه بعزم مشهد حرکت می‌نماید.

یکشنبه دوازدهم شهریور - هفتم ربیع الاول - صبح بعدلیّه رفتم و ظهر بخانه آمده نهار خورده خوابیدم. نزدیک عصر بخیابان لاله‌زار رفته و از آنجا بکانون ایران جوان رهسپار شدم تا مرآت را ببینم. وی نبود. دوباره بگردش بیرون رفتم و پس از نیم ساعت دیگر بکانون ایران جوان رفتم و او را دیده مدتی صحبت می‌کردم. از آنجا بشعبهٔ طوفان آمده بیسیم پاریس را ترجمه نمودم. با رفقا که یزدان‌فر و شامبیاتی و فرساد بودند، کمی در لغانطه و مدتی در خیابان بودیم. آنگاه بخانه آمده شام خورده خفتم. امروز مجلس پس از یکماه تعطیلی دوباره مفتوح گردید.

دوشنبه سیزدهم شهریور - هشتم ربیع الاول - صبح نیم ساعت قبل از وقت بعدلیّه رفته تا ظهر آنجا بودم. ظهر در خانه نهار خورده بخواب رفتم. بعد از ظهر کمی بجزوهٔ حقوق رجوع نمودم. آنگاه بخیابان سپه بدیدار شیخ محمود خلیلی رفتم که دکانی در مقابل در بزرگ میدان مشق افتتاح کرده و آن را الکترو میکانیک نامیده است. باری قریب یک ساعت آنجا بودم. بعد با درشگه بمنزل فرّخی در بیرون دروازه رفته تا ساعت ۹/۵ بترجمهٔ رویتر مشغول بودم. بعد با محمود رضا و مظفرزاده بطرف خیابان آمدیم. من بلغانطه رفتم و قریب نیم ساعت نشسته رفقا نیامدند. آنگاه بخانه آمده کمی مطالعه کرده شام خورده خفتم.

سه‌شنبه چهاردهم شهریور - نهم ربیع الاول - صبح بعدلیّه رفته تا ظهر آنجا بودم. آنگاه با اوقات تلخ بخانه آمده نهار خوردم. در این روز پدر عزیزم بمشهد عزیمت نمود و از آن بی‌نهایت مرا غمگین کرد زیرا او را چون جان گرامی دوست می‌دارم و آدم نیک‌نفس و خوش فطرتی چون او ندیده‌ام. باری بعد از ظهر بخواب رفته چون از خواب برخاستم کمی کتاب خوانده بعد پیاده بمنزل فرّخی رفته رویتر را ترجمه کرده بمنزل آمدیم.

چهارشنبه پانزدهم شهریور - دهم ربیع الاول - صبح بعدلیّه رفته و تا ظهر آنجا بودم. ظهر با علوی بمنزل فرّخی رفتیم ولی فرّخی را جلو در عدلیّه دیدیم و چون پرتوی با

من بود همه در توی دو درشگه نشسته بمنزل فرّخی رهسپار شدیم. باری، تا غروب آنجا بودم. رویتر را زود ترجمه کردم. بعد آمدم تا رفقا را ببینم. ایشان را نیافتم. بلاله‌زار رفتم. آنها را دیدم. مدتی در لغانطه نشستیم تا علوی و حمید آمدند. قریب یکساعت و نیم هم آنجا بودم. بعد بخانه آمده وقایع دو روزه را نوشته شام خورده خفتم.

۵ شنبه شانزدهم شهریور - ۱۱ ربیع الاول - صبح بعدلیّه رفته تا ظهر آنجا بودم. بعد با علوی بمنزل فرّخی رفتیم. عصر بخیابان آمده اصلاح کردم. دوباره بادارهٔ طوفان رفته ترجمهٔ رویتر و بیسیم را در شعبهٔ طوفان بآخر رساندم. بعد با علوی در اتوموبیل نشسته بدزآشوب رفتیم. شب چندان خوش نگذشت زیرا مصاحبین جدید آن شب چندان گرم نبودند. باری ساعت ۱۱ بخواب رفتم. در این روزها شنیده می‌شود که شاه را در موقع ورود بتبریز چندان تکریم نکرده‌اند. از این رو می‌توان گفت که تبریزیها چندان دلخوش نیستند. از طرف دیگر هم مقابل حزب ایران نو حزب تجدّد که قائد آن تدیّن است، ایستادگی نموده زمزمه‌های مخالف شنیده می‌شود.

جمعه هفدهم شهریور - ۱۲ ربیع الاول - صبح از خواب برخاسته تا دو ساعت بظهر با رفقا بودیم. بعد یک یک متفرق شدند. با یزدان‌فر و شامبیاتی و عماد پیاده بقلهک رفتیم و تا ظهر آنجا بودیم. دکتر و عماد بشهر رفته ما نیز مدتی با فرساد و برادرش گردش کردیم. بعد در اتوموبیل نشسته در تجریش پیاده شدیم و بخانه شامبیاتی رفته نهار در انتظار ماندیم تا شامبیاتی آمد. چون وی از راه رسید نهار خورده کمی بصحبت و کمی بخواب گذراندم. بعد عصر بقلهک رفته تا ساعت دو از شب گذشته آنجا بودیم. آنگاه دوباره بدزآشوب رفته شب را در دزآشوب گذراندیم.

شنبه ۱۸ شهریور - ۱۳ ربیع الاول - صبح که از خواب برخاستم دیر بود. تا چای خوردم و با دکتر شامبیاتی بتجریش آمدم قریب یکساعت از وقت کار تلف شده بود. باری از اتوموبیل که پیاده شدم یکسر بعدلیّه رفته تا ظهر آنجا بودم. بعد با علوی بمنزل فرّخی رفتم. خیابان پهلوی پیاده شدم و بطرف دارالمعلّمین می‌رفتم که ناظم

آن را دیدم. باری تا ساعت ۵/۵ آنجا بودم. بعد بادارهٔ طوفان آمده ترجمه را انجام داده با علوی بطرف خانه آمده شام خورده خفتم. در این دو روز خانه نبوده‌ام. دختر عمویم را که هفت هشت سال اینجا بود، عروس کرده برده بودند.

یکشنبه ۱۹ شهریور - ۱۴ ربیع الاول - صبح در عدلیّه بودم. ظهر با علوی درشگه نشسته بمنزل فرّخی رفتم و تا ساعت ۹ آنجا بودم. بعد پیاده بلغانطه آمده رفقا که عبارت بودند از یزدان‌فر، علوی، شامبیاتی، حمید و جوانی دیگر که تازه از آلمان آمده بود، در لغانطه بودند. مدتی نشستیم. بعد بیرون آمدیم. علوی با دو نفر دیگر رفت. شامبیاتی می‌خواست بدزآشوب برود. یزدان‌فر نیز با اما بود. باری اتوموبیلی که شامبیاتی می‌خواست با آن برود، پارسا در آن بود. پارسا دو ساعت بود. نگذاشت من بخانه بروم. از این جهت مجبور شدم که با او تا تجریش بروم و چنین کردم. خیابان راه شمیران بسیار مصفّا بود زیرا بهترین مهتابی را که ممکن است تصور کرد بر روی درختها و بیابانها و کوه و درّه‌ها می‌تابید. باری با همان اتوموبیلی که رفته بودم بازگشته بخانه آمده شام خورده خفتم.

دوشنبه ۲۰ شهریور - ۱۵ ربیع الاول صبح بعدلیّه رفتم. یک بعد از ظهر با علوی درشگه نشسته بمنزل فرّخی رفتیم. آنگاه نهار خورده یکی دو ساعت خوابیدم. عصر برخاسته کمی از جزوات حقوق را مطالعه نمودم. بعد رویتر را ترجمه کرده ساعت ۹ با علوی بخیابان آمدیم و یزدان‌فر و شامبیاتی را در خیابان لاله‌زار دیدم. قریب نیمساعت تا یکساعت هم با ایشان گردش کرده بعد بخانه آمده شام خورده خفتم.

سه‌شنبه ۲۱ شهریور - ۱۶ ربیع الاول - صبح در عدلیّه بودم. یکساعت بعد از ظهر بخانه آمده نهار خورده قریب یکساعت خفتم. چون از خواب بیدار شدم تا ظهر بخواندن جزوه‌های حقوق پرداختم. عصر بیرون رفتم. بمناسبت شب مولود نبی چراغان خوبی کرده‌اند. چون در سه روز پیش مجلس ایران بواسطهٔ تعدیات دولت عراق نسبت به ایرانیها تصمیم گرفت که از دادن جواز حرکت به بین النهرین

جلوگیری بعمل آید. این مقدمه یا مقدمات دیگری که ممکن بود اذهان را مشوب نماید دولت را واداشت که بچراغان دیشب مبادرت کند. تا آنجا که یاد دارم شب مولود نبی هیچگاه در طهران این گونه جشنی بخود نمی‌دید.

چهارشنبه ۲۲ شهریور - ۱۷ ربیع الاول - عید مولود پیغمبر - از صبح تا نزدیک غروب در خانه بودم و بخواندن جزوات حقوق وقت می‌گذرانیدم. طرف عصر بخیابان رفتم و مدتی در کتابخانهٔ طهران نشستم تا رفقا را دیدم. قدری نیز با آنان گردش کردم. آنگاه بخانه آمده شام خورده بخواب رفتم.

۵ شنبه ۲۳ شهریور - ۱۸ ربیع الاول - صبح بعدلیّه رفتم. ظهر با علوی در درشگه نشسته بمنزل فرّخی بیرون دروازهٔ دولت رفتیم. مدتی در آنجا بودیم. عصر پیاده بمنزل یزدان رهسپار شدم. دکتر شامبیاتی آنجا بود. جوان، مقبول، < و > پورسینا هم بعد آمدند. قریب دو ساعت بصحبت و شنیدن صفحه‌های گرامافون گذشت. آنگاه با هم بخیابان آمدیم. قریب نیمساعت در خیابان گردش کردم. آنگاه با درشگه بمنزل فرّخی رفته تا ساعت ۱۰ بترجمه مشغول بودم. بعد با حالت کسالت و سردرد بخانه آمده کمی شام خورده بخواب رفتم.

جمعه ۲۴ شهریور - ۱۹ ربیع الاول - صبح مقداری از جزوات حقوق را مطالعه کردم. آنگاه منزل یزدان‌فر رفتم. با هم بخانهٔ میرزا عبدالعظیم خان رهسپار شدیم. مدتی آنجا بودم. بعد از آنجا بمنزل وحید رفتیم نبود. درشگه نشسته بسفارت فرانسه رفتیم. میرزا علی اکبر خان سیاسی که چند روز پیش گفت با تو کاری دارم مرا نزد خود خوانده اظهار داشت که آیا مایل هستی مسافرت خارج ایران نمایی. گفتم چرا؟ گفت سفارت فرانسه در کابل مترجمی لازم دارد و در این خصوص تلگرافی رسیده من ترا در نظر گرفتم. گفتم که شرایط آن چیست؟ گفت هنوز تلگرافی در این خصوص نرسیده با آنکه ما از اینجا شرایط و حقوق آن خواسته‌ام. باری کار بآنجا رسید که خبر حقوق و شرایط آمد، آنگاه تصمیمی اتخاذ شود. این مطلب مرا مدتی متفکر داشت

که آیا بکابل رفتن و برای دولت خارجی کار کردن بر آن رجحان دارد که انسان در مملکت خود بسر برد و حق المقدور بوطن خود خدمت نماید. باری در این خیالها بودم که بخانه رسیدم تا غروب بخواندن جزوات حقوق اشتغال داشتم. بعد بخیابان رفته قریب یک ساعت گردش کردم. با آقا یحیی طباطبایی بلغانطه رفتیم. نیم ساعت هم آنجا بودیم. آنگاه خانه آمده تا نصف شب بیدار بودم و جزوهٔ حقوق می‌خواندم چون دیگر تاب بیداری نداشتم، برختخواب رفتم و تا یکساعت در رختخواب می‌غلطیدم و خوابم نمی‌برد تا بالاخره خفتم.

شنبه ۲۵ شهریور - ۲۰ ربیع الاول - صبح بعدلیّه رفته تا یکساعت بعد از ظهر آنجا بودم. ظهر بخانه آمده و تا چهار ساعت بعد از ظهر بمطالعهٔ جزوات حقوق اشتغال داشتم. آنگاه بمدرسهٔ دارالمعلّمین رفته تا نیم ساعت از شب گذشته در آنجا بودم. بعد با میرزا حسین خان فرزان و آقای مظفری بخیابان لاله‌زار آمدم. آنگاه با درشگه بادارهٔ طوفان رفتم. تا ساعت ۱۰ بترجمه پرداختم. بعد بخانه آمده خفتم.

یکشنبه ۲۶ شهریور - ۲۱ ربیع الاول - صبح بعدلیّه رفتم و بعد از ظهر با علوی درشگه بمنزل فرّخی رهسپار شدیم. در آنجا بمنزل مشار اعظم تلفون کردم تا از خانهٔ یزدان موقع حرکت او را بپرسم و جواب دهنده رفت و آمده و خبر مسافرت او را داد. بی‌نهایت غمگین شدم از آنکه یزدان‌فر دوست دانا و مهربان منست که کمتر نظیرش را دیده‌ام. خداوندا هر جا که هست، بسلامت دارش! باری شب که کار خود را انجام دادم با علوی بسینما رفتم و مدتی آنجا بودم. آنگاه بخانه آمده شام خورده خفتم.

دوشنبه ۲۷ شهریور - ۲۲ ربیع الاول - صبح بعدلیّه رفته تا یک بعد از ظهر آنجا بودم. بعد با علوی بمنزل فرّخی رفته مدتی در بیرون دروازهٔ دولت ماندم. آنگاه با فرّخی بمنزل سردار محتشم مختاری در علاء الدوله که تازه فرّخی برای روزنامه اجاره کرده رفتم. عمارت بسیار مجلل که دارای چراغ برق و اثاثیه نیکو است اطاقهای متعدد و سالون بزرگ و غیره دارد. باری دو مرتبه بمنزل دروازهٔ دولت رفته رویتر را ترجمه

نمودم. بخیابان آمدم و مدتی نزد مسعودی مدیر روزنامهٔ اطلاعات بودم. بالاخره بخانه آمده شام خورده خفتم. در این روز در روزنامهٔ ایران مقاله حمله بانگلیسیها نوشتم در خصوص این که BP را در ایران علامت بنزین پارس و در روزنامه‌های لندن علامت British Petrol قلمداد می‌نمایند.

سه‌شنبه ۲۸ شهریور - ۲۳ ربیع الاول - صبح بعدلیّه رفته ظهر با علوی بمنزل فرّخی رفتیم. بعد از نهار کمی گردش کردیم. آنگاه طرف غروب بخیابان آمده مدتی در کتابخانه طهران و زمانی در کتابخانه مشعوف بودیم. بعد دوباره بیرون دروازه دولت رفته کار خود را انجام داده بخانه آمده شام خورده خفتم.

چهارشنبه ۲۹ شهریور - ۲۴ ربیع الاول - صبح بعدلیّه رفتم. نهار را در خانه خوردم. دو ساعت و نیم بعد از ظهر با علوی بمنزل سردار محتشم که ادارهٔ طوفان است رفته و تا ساعت هفت آنجا بودیم و بترجمه اشتغال داشتم. بعد بکتابخانهٔ بروخیم رفته و قریب یک ساعت آنجا ماندم. آنگاه خانه آمده بمنزل آقا سید محمود مجتهد خیاط باشی که تازه از مشهد مراجعت کرده بود رفته قریب یکساعت هم آنجا بودم. بعد خانه آمده شام خورده خفتم.

۵ شنبه ۳۰ شهریور ماه - ۲۵ ربیع الاول - صبح بعدلیّه رفتم. یک بعد از ظهر با علوی درشگه نشسته اول بخیابان علاء الدوله و بعد به بیرون دروازه دولت رفتیم و نهار خورده و تا سه ساعت بعد از ظهر در آنجا ماندیم. بعد بمنزل سردار محتشم (ادارهٔ طوفان) که منزل جدید است آمده بخواندن روزنامه و ترجمه رویتر و بیسیم پاریس مشغول بودم. بعد مدتی هم نزد ملک الشعراء و فروغی و ریحان و محمود رضا و مظفرزاده و چندین نفر دیگر بصحبت مشغول بودیم تا بالاخره ساعت ۱۰ بخانه آمده شام خورده خفتم.

جمعه ۳۱ شهریور ماه - ۲۶ ربیع الاول - از صبح تا غروب در خانه بودم. نزدیک غروب بحمام رفتم و در آنجا احوالم بد شد. چون بخانه آمدم دیگر نیرویی برای

بیرون رفتن و گردش کردن نداشتم. از این جهت در خانه نشسته مدتی کتاب خوانده آنگاه شام خورده خفتم.

شنبه اول مهر - ۲۷ ربیع الاول - صبح بعدلیّه رفته یکساعت بعد از ظهر بخانه آمده نهار خورده بمدرسهٔ دارالمعلّمین رفتم و تا غروب آنجا بودم. بعد با فرزان ناظم مدرسه بگردش آمده او را در منزل سردار محتشم که ادارهٔ طوفان است، بردم. مدتی در آنجا نشست. بعد رفت. آنگاه ترجمهٔ رویتر را بانجام رسانده وارد طالاری که دوستان فرّخی بودند شدم. در آنجا جوانی خوشرو بسن ۲۷ یا ۲۸ سال بود. نمی‌دانست که مترجم رویتر در طوفان منم زیرا در مقابل من بفرّخی می‌گفت رویتر شما را که ترجمه می‌کنید خوب نیست. یکی از رفقایش وی را متوجه کرد. بیچاره از کاری که کرده بود خجالتها کشید. باری تا ساعت ۱۰ آنجا بودم. بعد بخانه آمده شام خورده خفتم. در این روز کلفتی باسم محترم وارد خانهٔ ما شد.

یکشنبه دوم مهر - ۲۸ ربیع الاول - صبح بعدلیّه رفتم. بعد از ظهر با علوی بمنزل فرّخی رهسپار شده پس از صرف نهار کمی کتاب خوانده آنگاه بخانه آمدم. نزدیک غروب دوباره بادارهٔ طوفان رفتم، در بین راه شامبیاتی را دیدم مدتی با او در ادارهٔ طوفان بودیم. چون کار خود را انجام دادم بخانه آمده شام خورده خفتم.

دوشنبه ۳ مهر - ۲۶ ربیع الاول - صبح بعدلیّه رفته یک ساعت از ظهر بمنزل فرّخی در خیابان علاء الدوله رفته نهار خورده آنگاه با درشگه بدارالمعلّمین رهسپار شدم. دو ساعت درس دادم. بعد بخانه سید عبدالرحیم خلخالی رفتم و قریب یکساعت هم آنجا بودم و کتب خطی نفیس که داشت تماشا کردم. بعد بادارهٔ طوفان رفته تا ساعت ۱۰ مشغول ترجمه بودم. چون کار خود را انجام دادم بخانه آمده شام خورده خفتم.

سه‌شنبه ۴ مهر - ۲۷ ربیع الاول - صبح بعدلیّه رفته یک بعد از ظهر در لغانطه غذا خوردم. بعد بادارهٔ طوفان رهسپار شده مدتی در آنجا کتاب و روزنامه و مجله خواندم. آنگاه بخانه آمدم و تا غروب در خانه کتاب می‌خواندم. نزدیک غروب بخیابان رفته مدتی

گردش کردم. بعد بادارهٔ طوفان رفتم و کار ترجمه را انجام داده زودتر از دیشب بخانه آمده کتاب خوانده شام خورده خفتم. در این روز پهلوی از تبریز وارد طهران گردید.

چهارشنبه ۵ مهر ۱۳۰۶ - صبح بعدلیّه رفته بعد از ظهر بخانه آمدم. چون نهار خوردم بمدرسهٔ دارالمعلّمین رفته پس از انجام کار بادارهٔ طوفان رفته کار خود را انجام دادم. بعد بکتابخانهٔ بروخیم آمده ۱۲۵ عدد کتاب انگلیسی خریده با درشگه بخانه آوردم و تا ساعت ۱۰ بمطالعهٔ بعضی از آنها و ترتیب گذاشتن آنها مشغول بودم. چون این کار انجام یافت، بخواب رفتم.

پنج‌شنبه ۶ مهرماه ۱۳۰۶ - صبح بعدلیّه رفته ظهر بخانه آمدم و پس از آنکه بتندی نهار خوردم با درشگه بمدرسهٔ دارالمعلّمین رفتم و تا غروب آنجا بودیم. آنگاه پیاده بادارهٔ طوفان رفته پس از اتمام کار ترجمه با معظمی و شامبیاتی که در آنجا آمده بودند، بخیابان لاله‌زار رفته گردش کردم و چون یکساعت را در لغانطه با آنها گذراندم، بخانه آمده شام خورده خفتم.

جمعه هفتم مهرماه ۱۳۰۶ - صبح در خانه بودم و تا غروب بخواندن کتاب انگلیسی و جزوه‌های حقوق اشتغال داشتم. عصر حمام رفته بخانه آمده مقداری کتاب خوانده بخواب رفتم.

شنبه هشتم مهر ۱۳۰۶ - ۲ تا ۴ < از > صبح < گذشته > بعدلیّه رفته یکساعت بعد از ظهر بنا بر وقتی که وزیر عدلیّه داده بود، بوزارت عدلیّه رفتم و قریب یکساعت و نیم در انتظار بودم (دو سه نفر از اعضای عدلیّه همراه بودند). بالاخره وزیر عدلیّه را ملاقات کرده در خصوص لباس صحبتی کردیم ولی مؤثر نیفتاد. باین معنی که قبول ننمود کلاه نگذاریم. باری پس از انجام کار بخانه آمده نهار خورده بعد برای خرید لباس و کلاه بیرون رفتم. شب بادارهٔ طوفان رفته پس از انجام کار بخانه آمده شام خورده و پس از صرف شام نیز مدتی مشغول مطالعه بودم تا خواب رفتم. در این روز علوی بقزوین رفته است. (جملهٔ اخیر را پس از خبر مرگ علوی نوشته‌ام).

یکشنبه نهم مهر ۱۳۰۶ - صبح بعدلیّه رفته ظهر بخانه آمدم و پس از صرف نهار ببازار رفته آنگاه بخانه آمدم و چون مقداری چیز نوشتم بعد بادارهٔ طوفان رفته کار خود را انجام داده بخانه آمدم.

دوشنبه دهم مهر ۱۳۰۶ - صبح بعدلیّه رفته ظهر خانه آمدم و پس از صرف نهار بمدرسهٔ دارالمعلّمین رفته و تا یکساعت بغروب مانده آنجا بودم. بعد بادارهٔ طوفان آمده پس از انجام کار بخانه آمده شام خورده خفتم. در این روز چون از طرف وزیر عدلیّه ابلاغ کلاه گذاشتن آمده بود، کلاه بر سر گذاشتم. در این روزها شیوع دارد که ایران نو در شرف انحلال می‌باشد.

سه‌شنبه ۱۱ مهر ۱۳۰۶ - صبح بعدلیّه رفته ظهر بخانه آمده غروب نیز بادارهٔ طوفان رفته بترجمه پرداختم. آنگاه مدتی با شامبیاتی صحبت کرده بخانه آمده شام خورده خفتم.

چهارشنبه ۱۲ مهر ۱۳۰۶ - صبح بعدلیّه رفته یک ساعت بعد از ظهر بخانه آمدم. با عجله نهار خورده بمدرسهٔ دارالمعلّمین رفتم. پس از انجام کار با فرزان ببازار و خیابان آمده از خیابان، بادارهٔ طوفان رفتم. چون کار خود را انجام دادم بخانه آمده شام خورده خوابیدم.

۵ شنبه ۱۳ مهر ۱۳۰۶ - صبح بعدلیّه رفته ظهر بخانه آمدم و تا غروب در خانه بخواندن جزوات مشغول بودم. بعد بادارهٔ طوفان رفته ترجمه رویتر و بیسیم پاریس را انجام دادم. شامبیاتی نیز آنجا آمد. مدتی با هم صحبت کرده بعد با هم تا شمس العماره آمدیم. بخانه آمده شام خورده خفتم.

جمعه ۱۴ مهر ۱۳۰۶ - از صبح تا غروب در خانه بوده بخواندن جزوات حقوق اشتغال داشتم. تا سه ساعت بعد از نصف روز بنوشتن مشغول بودم.

شنبه ۱۵ مهرماه ۱۳۰۶ - صبح بعدلیّه رفتم و در اطاق خود با یکی از دوستان جدید سخن می‌گفتم. ناگاه میرزا رحیم نوکر پرتو را دیدم. چون مرا دید سری تکان داد.

پیش رفتم و پرسیدم چه خبر است. گفت علوی در قزوین سخت مریض است. گفتم راست بگو چه شده است. گفت علوی یعنی رفیق چندین سالهٔ تو در قزوین جان سپرده است. خیلی دوست دارم آنچه در باب مرگ این جوان ناکام شنیده‌ام بنویسم زیرا می‌ترسم اوضاع روزگار مرا چنان فراموشکار سازد که از اخبار و حال سایر رفقای خود خبری نداشته باشم. ساعت سه بظهر با عسگرخان و میرزا علیخان سیاسی و تقیخان خیاط دختر پهلوی درشگه نشسته بدم دروازهٔ قزوین (دروازهٔ شهر نو) رفتم زیرا بنا بود جنازهٔ او را از آن دروازه بشهر وارد کنند. چون کمی ماندیم فرّخی و مظفرزاده و صمصامی و گلشن مدیر روزنامهٔ گلشن با اتوموبیل آمدند. با اتوموبیلها جلو رفته تا نعش رسید. پرتو و آقا سید اسداللّه شب گذشته با فرّخی بشنیدن خبر کسالت سخت و شاید مرگ او بقزوین رفته بودند. زن و مادربزرگش و مادرزنش نیز نیمه‌شب بقزوین رفته بوده‌اند. باری پرتو و پارسا نعش پاک علوی را آوردند. نگذاشتند که نعش وارد شهر شد. از بیرون دروازه بحضرت عبدالعظیم بردند و تا شب بواسطهٔ اختلافاتی که بعد در موقع آمدن فدائی در سر قبر او پیدا شد و بواسطهٔ ظنّ سوء دکتر بلدیه که دفن نعش را موقوف بدیدن طبیب قانونی نمود، جسد او را بخاک نسپردند. با عسگرخان و حمید و پارسا دم گار راه‌آهن رفتیم و هر اتوموبیلی می‌آمد، سر می‌کشیدیم که شاید طبیب قانونی باشد تا هر چه زودتر بیاید و جسد علوی بخاک سپرده شود. بالاخره آمد. سپاسی هم آمد. همه آمدند و نعش او را دیدند و بنا شد دفن کنند. جوان ناکام علوی مرد و دیگر کسی روی او را نخواهد دید. ای خاک دلبر مرا عزیز دار زیر این نور چشم منست که در آغوش خود جای داده‌ای. شب بود. جمعیت کمی گرد آمدند. چراغ کم نوری بدست رهگذری در قبر او پرتو ضعیف می‌افکند. مهتاب هم در و دشت را منور کرده بود. جسد علوی را از خاک برداشتند و بخاک سپردند. سنگ چند و خاک ریخته آنگاه آب پاشیدند . دو عدد آجر که علامت قبر اوست، بر سر خاک نصب کردند. قبر او در پای درختی در باغ طوطی است. آن گوشهٔ زمین آسایشگاه جاودانی اوست. علوی مهتاب را دوست می‌داشت. خوش گذران و شاعر بود. از این جهت اگر طبیعت او

را در قزوین برد و در هتل بر بستر بیماری خواباند و در منزل رضوی که او را نمی‌شناخت جانش را گرفت، در عوض جای خوبی باو داد. آنجا آرامگاه علوی و مطاف رفقا و دوستان اوست. می‌گویند تا دم جان سپردن سخن می‌گفته است ولی افسوس که گرداگرد او از دوستان شفیق و کسان و خویشاوندان تهران کسی نبود که او را تسلی دهد. جوان ناکام روحت شاد باشد و در غرفات بهشت با اجداد طاهرینت محشور شوی! شب که از حضرت عبدالعظیم بشهر آمدیم بمنزل فرّخی در علاء الدوله رفتم. با او کمی گریه و زاری کردم. آنگاه با فرّخی و پرتو و برادرم جلال بمنزل پدر علوی رفته مدتی نشسته شام مختصری خورده بخانه آمدم و با شدت کسالت و غم و اندوه بخواب رفتم.

یکشنبه ۱۶ مهر ماه ۱۳۰۶ - صبح بمنزل حاج سید رضا پدر علوی رفتم و تا ظهر در مجلس ختم رفیق عزیزم علوی بودم. چون نهار خوردم، بمنزل صمصامی رفته آنگاه عصر با پرتو بمدرسهٔ خاقانی رفتیم زیرا شاگردان دارالمعلّمین آنجا برای ختم علوی جمع آمده بودند و قرار شد در مسجد سپهسالار ختم گذارند. باری از آنجا با پرتو بادارهٔ طوفان آمده کمی آنجا ماندم و گریه کردم. بعد بخانه آمده شام مختصری خورده خفتم.

یکشنبه ۱۶ مهر ماه ۱۳۰۶ - صبح بمنزل حاج سید رضا پدر علوی رفتم و تا ظهر در مجلس ختم رفیق عزیزم علوی بودم. چون نهار خوردم، بمنزل صمصامی رفته آنگاه عصر با پرتو بمدرسهٔ خاقانی رفتیم زیرا شاگردان دارالمعلّمین آنجا برای ختم علوی جمع آمده بودند و قرار شد در مسجد سپهسالار ختم گذارند. باری از آنجا با پرتو بادارهٔ طوفان آمده کمی آنجا ماندم و گریه کردم. بعد بخانه آمده شام مختصری خورده خفتم.

دوشنبه ۱۷ مهر ۱۳۰۶ - از صبح تا غروب در منزل سردار محتشم که ادارهٔ طوفان است ختم بود. این ختم را فرّخی باسم مطبوعات و بیاد جوان ناکام بر پا کرده بود.

همهٔ علما و وزراء و وجوه و اعیان، رئیس مجلس و رئیس دولت و وزیر دربار آمدند و یکساعت از شب گذشته مجلس خاتمه یافت. تا ساعت ۹ در ادارهٔ طوفان بودم. بعد با نهایت تأثر و تحسّر که تا کنون در خود سراغ نداشتم، بخانه آمده کمی از شام شب خورده بخواب رفتم. عصر عکس جوان ناکام را مقابل حضار بدیوار نصب کردند تا دل دوستانش را بیشتر بسوزانند.

سه‌شنبه ۱۸ مهرماه ۱۳۰۶ - از صبح تا ظهر خانه بودم. چون نهار مختصری خوردم بحمام رفتم. آنگاه با نهایت تأثر و تألم که داشتم بمسجد سپهسالار رهسپار شدم. معلّمین و محصّلان و اعیان و علما برای ختم حسن علوی آمده بودند. تدیّن نیز نزدیک غروب آمده ختم را برچید. پس از برچیده شدن ختم بادارهٔ طوفان رفتم و چون کار خود را با یک دنیا کسالت و تأثر انجام دادم بخانه آمده مختصر شامی خورده بخواب رفتم. در این روز معاهدهٔ تجارتی ایران و روس بامضا رسیده است.

چهارشنبه ۱۹ مهر ۱۳۰۶ - از صبح تا غروب در خانه بودم. نزدیک ظهر پدر علوی آمد و داغ دلم را تازه کرد. همه روز در فکر و خیال بودم. نزدیک غروب خودداری نداشتم و گریهٔ زیادی کردم. اما افسوس و هزار افسوس که گریه را سودی نیست. باری ساعت ۶ با درشگه بمنزل بسیجی رفتم. نبود. از آنجا بادارهٔ طوفان رهسپار شدم و کار خود را انجام دادم. آقا سید علی اکبر اخوی که تازه با من دوستی پیدا کرده است آمده دلداری داد. باری با او و جلال برادرم که مادرم برای همراهی با من و تنها نبودن فرستاده بود، عازم خانه شدم. آنگاه شام خورده خفتم.

۵ شنبه ۲۵ مهر ۱۳۰۶ - صبح در خانه بودم و جزوات حقوق را مطالعه می‌نمودم. سه ساعت بعد از < ظهر > در شمس العماره درشگه نشستم که بمنزل فرّخی رفته با او بحضرت عبدالعظیم بسر قبر علوی برویم ولی هنوز است ۱۰ قدم برنداشته بود که مافی را دیدم. بمن گفت بیا پایین تا با اتوموبیل برویم. قریب نیم ساعت معطل شدیم تا پرتو و صمصامی آمدند. با ایشان و نصرت اللّه خان در اتوموبیل نشسته بحضرت

عبدالعظیم رفتم و بر سر قبر جوان مرگم ناله های زار زدم. زن و مادربزرگ و مادرش با عدهٔ زیادی از زنان دیگر و عمو و پدرش همه بودند. باری پس از گریه و زاری دوباره در اتوموبیل پرتو نشسته از جادهٔ پر گرد و خاکی که جادهٔ معمولی نبود بشهر آمدیم . سر خیابان اسماعیل بزاز از اتوموبیل پیاده شده درشگه نشستم و بادارهٔ طوفان رفتم. کار خود را انجام دادم و مقاله‌ای که در خصوص مرگ علوی نوشته بودم دادم تا در طوفان بنویسند. بعد شامبیاتی آمد. کمی با او صحبت کردم و با او و جلال برادرم بلغانطه رفته کمی نشسته بعد بخانه آمده شام خورده خفتم. در این روزها بمناسبت سربازگیری بازار طهران بسته است. بعضی می‌گویند این قضیه «دسیسهٔ» انگلیس است که بمناسب عقد قرارداد روس و ایران این حقه‌بازی را شروع کرده‌اند.

جمعه ۲۱ مهرماه ۱۳۰۶ - چهار بظهر بمنزل بسیجی رفتم و مقداری از کتاب اصول را خواندیم. آنگاه بخانه < برگشته > مختصری از کتابهای حقوق را مطالعه کردم. بعد از ظهر نیز در خانه بودم. کلّی خوابیدم. چون از خواب برخاستم کمی جزوه خواندم و بعد بخیابان علاء الدوله منزل فرّخی رفتم. مدتی آنجا نشسته با عسگرخان و طاهری و فرّخی و آقا سید فرج اللّه صحبت داشتیم. بعد طاهری بطرف خانه آمده چون بخانه رسیدم شام خورده و پس از کمی مطالعه بخواب رفتم.

شنبه ۲۲ مهر ۱۳۰۶ - صبح در خانه بودم ولی بواسطه آنکه درس امتحان مدرسهٔ حقوق را باید حاضر کنم در این چند روز خیلی بد می‌گذرد. کسالت مزاجی و پریشانی خواهر و مرگ علوی و امتحان حقوق چیزهای بی‌تناسبی هستند که جز اشخاص سخت جان بآنها تن در نمی‌دهند. باری عصر بمنزل بسیجی رفتم ولی او نبود. بخانه آمده رویتر و بیسیم پاریس را که از ادارهٔ طوفان آورده بودند، ترجمه کردم. بعد بمطالعهٔ دروس مشغول شدم تا بخواب رفتم. در این روز سلطان الواعظین بروجردی بمنزل ما وارد شد.

یکشنبه ۲۳ مهر ۱۳۰۶ - تا یک ساعت بظهر مانده در خانه بودم. بعد برای ملاقات حکمت که مرا بآمدن بوزارتخانه خوانده بود، رفتم. مقصود وی آن بود که بسمت

تفتیش وارد وزارت معارف گردم. باری مدتی نزد او نشسته بخانه آمدم. نهار سلطان الواعظین منزل ما بود. مدتی با او صحبت کردم. بعد کمی از دروس مدرسه حقوق را مطالعه کرده با درشگه بمنزل بسیجی رفتم. درشگه فراوان نبود زیرا همه به بیرون دروازهٔ آذین برای دیدن جشن احداث خط آهن می‌رفتند. درشگه‌ها را کرایه کرده بودند. باری مقدار کمی از دروس عربی را با بسیجی خوانده بعد تا غروب بصحبتهای متفرقه گذراندیم. آنگاه بخانه آمده بیسیم پاریس را ترجمه کردم و بمطالعهٔ دروس حقوق مشغول گشتم و تا دو ساعت بعد از نصف شب < بیدار > بودم. در آن موقع با حالت کسالت زیاد در رختخواب رفتم ولی قریب دو ساعت بافکار پریشان خود را مشغول داشتم. شب بسیار بدی بود ...[1]

دوشنبه ۲۴ مهر ۱۳۰۶ - صبح تا غروب در خانه بودم و بمطالعهٔ دروس اشتغال داشتم. شب نیز مدتی بمطالعه گذشت تا خوابم برد.

سه‌شنبه ۲۵ مهر ۱۳۰۶ - از صبح تا غروب در خانه بودم و بمطالعهٔ جزوات حقوق اشتغال داشتم. نزدیک غروب پدرم از مشهد مراجعت کرد. قریب یکساعت نزد او بودم. آنگاه چون روز چهارشنبه روز امتحان بود تا صبح بخواب نرفتم و با نهایت کسالت مطالعه می‌کردم. بسیار بد گذشت. چون مرگ علوی و غصه‌های چندین روزه و تشتت خیال حالی برای مطالعه نمی‌گذاشت و از طرفی هم خیلی دوست داشتم که این کار کرده شود. باری بهر سختی بود تا صبح بخواب نرفتم.

چهارشنبه ۲۶ مهر ۱۳۰۶ - از هفت بظهر بخواندن دروس اشتغال داشتم. چهار و نیم بظهر با درشگه بمدرسهٔ حقوق و علوم سیاسی در لاله‌زار رفتم و قریب سه ساعت از جایی بجایی می‌رفتیم و امتحانی می‌دادم. از رشته علومی که باید امتحان داده باشم تا ظهر ۶ رشته را امتحان دادم و دو رشتهٔ دیگر یکی برای روز ۵ شنبه و یکی برای هفتهٔ آینده ماند. ظهر بخانه آمدم و نهار خوردم. با آنکه شب پیش بخواب نرفته بودم خوابم

---

۱. سه نقطه در اصل

نمی‌برد. بحمام رفتم در آنجا نیز بخواب نرفتم. برگشته مدتی در خانه جزوۀ حقوق جزا را می‌خواندم. بالاخره عصر بادارۀ طوفان رهسپار شده قریب دو ساعت آنجا بودم و با فرّخی صحبت داشت و سخن گفتم. از آنجا بخانه آمدم و سلطان الواعظین بروجردی نزد پدرم < بود > پیش آنها رفته مدتی بصحبت گذشت. آنگاه شام خورده یکسره بخواب رفتم.

۵ شنبه ۲۷ مهرماه ۱۳۰۶ - صبح در خانه بودم. بعد از ظهر بمدرسۀ دارالمعلّمین رفتم و پس از دو ساعت درس با شیخ جواد تربتی بدرشگه نشسته بمدرسۀ حقوق رفتم و امتحان حقوق جزایی دادم و از آنجا بادارۀ طوفان رفته کار خود را انجام داده دوباره بمدرسۀ حقوق آمده آنگاه بخانه برگشتم. سلطان الواعظین و کربلایی محمّدتقی نامی منزل ما بودند. شام خورده پس از کمی صحبت بخواب رفتم.

جمعه ۲۸ مهرماه ۱۳۰۶ - از صبح تا غروب در خانه بودم. نزدیک عصر بخیابان علاء الدوله رفته پس از کمی گردش بخانه آمده شام خورده خفتم.

شنبه ۲۹ مهرماه ۱۳۰۶ - صبح بعدلیّه رفته بعد از ظهر بخانه آمدم و مدتی در خانه بودم. بعد بادارۀ طوفان آمده ترجمه را انجام داده بخانه برگشتم.

یکشنبه ۳۰ مهرماه ۱۳۰۶ - صبح بعدلیّه رفته بعد از ظهر بخانه آمدم و مقداری از حقوق اساسی را خوانده عصر بادارۀ طوفان آمده پس از کمی تأمل بخانه آمده شام خورده خفتم.

دوشنبه اول آبان ماه - صبح بعدلیّه رفته ظهر در لغانطه غذا خوردم. آنگاه بمدرسۀ حقوق رفتم و درس حقوق جزایی را امتحان داده تا نزدیک غروب آنجا بودم که ببینم نتیجۀ امتحان چه می‌شود. بالاخره معلوم نشد. لذا بادارۀ طوفان رفته پس از اتمام کار ترجمه بخانه آمدم.

سه‌شنبه ۲ آبان ماه - صبح بعدلیّه رفته بعد از ظهر در لغانطه غذا خورده آنگاه پیاده بمدرسۀ دارالمعلّمین رفتم بخیال اینکه در آنجا درس دارم زیرا این روز را با چهارشنبه

اشتباه می‌کردم. باری بمدرسه رفتم و پس از آنکه بجای ناظم مدرسه سر درس رفتم، با حسین آقا هورفر بخیابان ناصری آمده آنگاه به طوفان رفته تا چهار ساعت از شب گذشته آنجا بودم. بعد بخانه آمدم و شام خورده خفتم.

چهارشنبه ۳ آبان ماه ۱۳۰۶ - صبح بعدلیّه رفتم و تا یکساعت بعد از ظهر آنجا بودم. ظهر بخانه آمده با تعجیل غذا خورده بعد با درشگه بمدرسهٔ دارالمعلّمین رفتم و پس از ختم درس تا یک ساعت و نیم از شب گذشته نزد میرزا عبدالعظیم خان فارسی می‌خواندم. آنگاه بادارهٔ طوفان آمدم. برادرم خبر قبول شدن مدرسه حقوق را آورده بود ولی جوانی یکتا نام که خیلی زحمت کشده بود رد گردیده بود. این قضیه باعث غم و اندوه گردید. باری نزدیک ساعت ۹ بعد از ظهر بخانه آمده شام خورده پس از مطالعه خفتم.

۵ شنبه ۴ آبانماه ۱۳۰۶ - صبح بعدلیّه رفتم و تا یکساعت بعد از ظهر آنجا بودم. آنگاه بخانه آمدم و با عجله نهار خورده پیاده بدارالمعلّمین رفتم. پس از انجام کار با ناظم مدرسه پیاده تا لاله‌زار آمده بعد بادارهٔ طوفان رفتم. مدتی آنجا بودم. بعد بخانه آمده سلطان الواعظین بروجردی در خانه بود. مدتی بصحبت کردن گذشت. بعد شام خوردیم و خفتم.

جمعه ۵ آبان ماه ۱۳۰۶ - صبح در خانه بودم. مدتی بخواندن کتاب و غیره گذشت. بعد با درشگه بمنزل فرّخی در بیرون دروازه رفتم. خیلی غمگین شدم زیرا اولین دفعه‌ای بود که بی علوی بآنجا می‌رفتم. مدتی تنها نشسته فکر می‌کردم. بعد مقداری کتاب خواندم. بعد رفقا عسگر خان و آقا سید اسداللّه و آقای تمدن آمدند. تا نزدیک غروب آنجا بودیم. طرف عصر میرزا علیخان سیاسی و فروهر آمدند. مدتی با ایشان صحبت می‌کردم. بعد با آنها بگردش بیرون رفتم. پیش از بخانه آمدن سید علیخان شیخ الاسلامی را دیدم. با او بخانه آمده مدتی کتاب و نوشته‌های مرا می‌خواند. او رفت. آنگاه شام خوردم و خفتم.

شنبه ۶ آبان ۱۳۰۶ - صبح بعدلیّه رفته ظهر بخانه آمدم. مدتی کتاب می‌خواندم. بعد بادارهٔ طوفان رفته رویتر و بیسیم پاریس را ترجمه کردم. پس از آن بکنسرتی که از

طرف جامعه باربد داده می‌شد رفتم. در سالون گراند هتل جمعیت زیادی جمع شده بودند ولی کنسرت بسیار بی‌مزه و خنک بود چنانکه مردمان تا آخر ننشسته رفتند. باری از آنجا هم بخانه آمده شام خورده خفتم.

یکشنبه ۷ آبان ۱۳۰۶ - صبح بعدلیّه رفته ظهر بخانه آمدم. نهار خورده کتاب خوانده بخواب رفتم. عصر حمام رفتم و از آنجا در خیابان لاله‌زار[1] گردش کردم. بعد < به > ادارهٔ طوفان رفتم. چون فرّخی می‌خواست فردا حرکت کند، مدتی در آنجا مانده بعد با برادرم بلغانطه رفته پس از آن بخانه آمده شام خورده خفتم. در این روز افشار وکیل مجلس جم معاون رئیس الوزرا را زده بود.

دوشنبه ۸ آبان ۱۳۰۶ - صبح بعدلیّه رفتم. بعد از ظهر بخانه آمده پس از صرف نهار بمدرسه دارالمعلّمین رفتم. مدتی آنجا بودم. بعد با ناظم مدرسه در خیابان پهلوی گردش کردیم و بمنزل ناظم رفتم. قریب یکساعت هم آنجا بودم. محمود خان نجم آبادی را در راه دیدم. با او بخانه‌اش رفتیم. مدتی نشسته آنگاه با درشگه بادارهٔ طوفان رفتم و چون کار خود را انجام دادم بخانه آمدم. در این روز کسالتی داشتم.

سه‌شنبه ۹ آبان ماه ۱۳۰۶ - تعطیل بود زیرا مصادف با روزی است که قاجاریه از سلطنت خلع و پهلوی بحکومت موقتی انتصاب یافت. از صبح تا غروب در خانه بودم. سلطان اینجا بود. کسالت افزایش یافته بود. شب بیرون رفتم. مدتی در ادارهٔ طوفان بودم. بعد با آقا سید فرج اللّه و اشتیاق و صمصامی بلغانطه رفته آنگاه بخانه آمدم و خفتم.

چهارشنبه ۱۰ آبان ماه ۱۳۰۶ - صبح بعدلیّه رفتیم. ظهر بخانه آمده نهار خورده بعد با درشگه بدارالمعلّمین رفتم. چون کارم اتمام یافت، با هنربخش و فرزان بوزارت معارف با درشگه رفتیم. عدهٔ زیادی از رجال و وزراء < و > اعضای مهم وزارتخانه‌ها

---

۱. - زار

و غیره بودند. جشنی که بر پا شده بود بمناسبت جشن صدمین سال برقراری سفارت فرانسه بود. مؤتمن الملک اول نطق کرد. بعد دکتر ولی الله خان نطق کسالت آوری که قسمت اخیرش هیچ رابطه‌ای با موضوع نداشت، ایراد نمود. آنگاه مرشدزاده با لحن خوبی نطقی نمود. بالاخره سینمایی هم دادند. از آنجا بادارهٔ طوفان رفتم و بخانه آمدم. شام خورده خفتم. از نصف < شب > بواسطهٔ تب و دندان درد تا صبح نخوابیدم. بسیار بد گذشت.

۵ شنبه ۱۱ آبان ماه ۱۳۰۶ - صبح بعدلیّه رفتم ولی تاب نشستن نداشتم. نزد طبیب قانونی رفته اجازه گرفته بخانه آمدم. تا شب از درد می‌نالیدم. شب نیز ۵ دقیقه بخواب نرفتم. شب بسیار بدی بود که مرا وا می‌داشت مرگ خود را از خدا بخواهم.

جمعه ۱۲ آبان ۱۳۰۶ - از صبح تا غروب در خانه خوابیده بودم. حالم بسیار بد بود. شب نیز برون نرفتم.

شنبه ۱۳ آبان ماه ۱۳۰۶ - از صبح تا غروب در خانه بودم. احوالم کمی بهتر شده شب نیز تا اندازه‌ای راحت خفتم. اول شب مدت زیادی کتاب مطالعه می‌کردم.

یکشنبه ۱۴ آبان ماه ۱۳۰۶ - از صبح تا غروب در خانه بودم و بمطالعهٔ کتابهای مختلفه اشتغال داشتم.

دوشنبه ۱۵ آبان ماه ۱۳۰۶ - از صبح تا غروب در خانه بودم و کتاب مطالعه می‌کردم. شب دیر خفتم زیر مدت زیادی مطالعه می‌کردم و یا چیز می‌نوشتم.

سه‌شنبه ۱۶ آبان ۱۳۰۶ - از صبح تا غروب در خانه بودم و بمطالعهٔ کتاب اشتغال داشتم.

چهارشنبه ۱۷ آبان ۱۳۰۶ - از صبح تا غروب در خانه بودم و کتاب می‌خواندم. در این روز حالم کمی بهبودی یافته بود.

۵ شنبه ۱۸ آبان ۱۳۰۶ - از صبح تا چهار ساعت بعد از ظهر در خانه بودم. در این موقع بحمام رفتم. از آنجا بیرون آمده بخیابان رفتم و در ادارهٔ طوفان تا ساعت ۹ بترجمه و صحبت مشغول بودم. آنگاه بخانه آمده شام خورده خفتم. در این روزها شاه بمازندران رفته است و از روز شنبهٔ همین هفته وقت ادارات که یکسره بود بدو قسمت صبح و عصر تقسیم شد.

جمعه ۱۹ آبان ۱۳۰۶ - از صبح تا سه ساعت بعد از ظهر در خانه بودم. در این موقع منزل آقا جلال‌الدین طهرانی رفتم که با او و پرویز مدیر کتابخانهٔ طهران بمنزل معیرالممالک برای دیدن تابلوهای نقاشباشی آقا جلال‌الدین. بعد عازم منزل معظمی گردیدم. نزدیک منزل معظمی پرویز را دیدم. با او جلو بلدیه رفته و یکساعت و نیم در انتظار آقا جلال‌الدین بودیم تا آمد. بعد با او درشگه نشسته بمنزل معیرالممالک رفتیم و تابلوهایی که کار خود او و میر مصور خان و ظهیر السلطان فرزند ظهیرالدوله و برادران او بود < را > تماشا کردیم. آنگاه با آقا جلال‌الدین و پرویز و مرآت‌الممالک پدر اسماعیل خان مرآت تا میدان توپخانه آمدیم. از آنجا مرآت‌الممالک رفت. با پرویز و آقا جلال مدتی در خیابان لاله‌زار بودیم. آقا جلال نیز رفت. با پرویز بخیابان علاء‌الدوله و بعد بلغانطه رفتیم. مدتی در آنجا نشستیم. بعد بخانه آمده شام خورده خفتم.

شنبه ۲۰ آبان ماه ۱۳۰۶ - صبح بعدلیّه رفته ظهر بخانه آمدم. پس از صرف نهار دوباره بعدلیّه رفته شب نیز بادارهٔ طوفان رهسپار شدم. پس از ترجمه اخبار دو روزهٔ رویتر بخانه آمده خفتم.

یکشنبه ۲۱ آبان ماه ۱۳۰۶ - صبح بوزارت عدلیّه رفته نهار خانه آمدم. دوباره بوزارت عدلیّه رفته پس از اتمام کار بخیابان لاله‌زار رفتم. پس از اندکی تفریح بادارهٔ طوفان رفته مدتی نشسته زودتر بخانه آمدم. سلطان الواعظین بروجردی هم آمده بود. مدتی با او صحبت می‌کردم. بعد شام خورده بخواب رفتم. در این شب پهلوی از مازندران بطهران آمد.

دوشنبه ۲۲ آبان ۱۳۰۶ - صبح بعدلیّه رفتم. ظهر بخانه آمده پس از صرف نهار بمدرسهٔ دارالمعلّمین رفتم و تا ساعت چهار و نیم بعد از ظهر آنجا بودم. بعد با فرزان بگردش لاله‌زار رفتم و آنگاه به طوفان رفته کار خود را انجام داده بخانه آمده خفتم.

سه‌شنبه ۲۳ آبان ۱۳۰۶ - صبح بعدلیّه رفتم. ظهر بخانه آمده پس از صرف نهار و چای دوباره بعدلیّه رفتم. چون کار اتمام یافت، به طوفان رفته دو ساعت در آنجا بودم. بعد بمنزل پدر علوی حاجی سید رضای علوی رفتم (شب چلّهٔ علوی بود). قریب یکساعت با یک دنیا غم و اندوه در آنجا بودم. مختصری از شام خورده بعد بخانه آمدم و خفتم.

چهارشنبه ۲۴ آبان ۱۳۰۶ - صبح بعدلیّه رفتم. ظهر بخانه آمدم. سلطان الواعظین آنجا بود و قرار است فرار ببروجرد رود. باری مدتی با او صحبت می‌کردم. بعد بعدلیّه رفته پس از انجام کار بخیابان رفتم و مدتی در کتابخانه طهران نشستم. بعد باداره طوفان رفته پس از انجام کار بخانه آمده شام خورده خفتم. در این روز کاغذی از یزدان‌فر رسید.

۵ شنبه ۲۵ آبان ۱۳۰۶ - صبح بعدلیّه رفتم. ظهر در خانه نهار خورده دوباره بعدلیّه رفتم. پس از انجام کار بمنزل معظمی رفتم و مدتی با او و شامبیاتی صحبت می‌کردم. بعد بطرف ادارهٔ طوفان رهسپار شده مدتی در آنجا بودم. آنگاه به خانه آمده شام خورده خفتم.

جمعه ۲۶ آبان ۱۳۰۶ - از صبح تا نزدیک غروب خانه بودم. سلطان الواعظین نهار در خانهٔ ما آمده بود. با او صحبت کردم. عصر بگردش بیرون رفتم. تفریحاً هفت جا رفتم و کسی را ندیدم. بالاخره در خیابان لاله‌زار معظمی و شامبیاتی برخوردم. مدتی با آنها بودم. بعد خانه آمدم. سلطان الواعظین و برادرش منزل ما آمدند. بناست فردا سلطان الواعظین ببروجرد برود. باری، شام خورده پس از آن کمی نشسته بعد خوابیدم.

شنبه ۲۷ آبان ۱۳۰۶ - صبح بعدلیّه رفتم و ظهر بخانه آمده نهار خوردم و بعد بوزارت عدلیّه رفتم. و مختصراً آنکه چون یک هفته فراموش کرده‌ام که چه وقایعی رخ داده و علاوه بر این در عرض این هفته حادثه مهمی روی ننموده بود از جمعه ۳ آذر شروع می‌کنم.

جمعه ۳ آذر ۱۳۰۶ - صبح بمنزل فرّخی در خیابان علاء الدوله رفتم و تا غروب آنجا بودم. بعد با صمصامی و ثقفی و پرتو بمنزل رفتیم و مدتی آنجا بودم. آنگاه بخانه آمدم.

شنبه ۴ آذر ۱۳۰۶ - چون بشاگرد اول امسال دارالمعلّمین مصاحب وعده کرده بودم که خطابه برایش بنویسم که در روز جشن معارف بخواند و ننوشته بود لذا بعدلیّه نرفتم و تا غروب در خانه بودم. آنگا باداره طوفان رفته پس از انجام کار با جلال بخانه آمدیم. مدتی نشسته بخنده و صحبت مشغول بودم. بعد شام خورده بخواب رفتم.

یکشنبه ۵ آذر ۱۳۰۶ - صبح بعدلیّه رفته ظهر بخانه آمدم. بعد از ظهر بعدلیّه رفته آنگاه باداره طوفان رفتم. مدتی آنجا بودم. آنگاه بخانه آمده شام خورده خفتم.

دوشنبه ۶ آذر ۱۳۰۶ - صبح بعدلیّه رفتم و بعد از ظهر بعدلیّه رفتم. آنگان باداره طوفان رفته پس از انجام کار بخانه آمده شام خورده خفتم. در این روزها اخبار خوشی از ولایات نمی‌رسد. از قرار معلوم در اصفهان و شیراز و قم علما اجتماع کرده و ظاهراً بر علیه نظام اجباری عملیاتی نمودند.

سه‌شنبه هفتم آذر ۱۳۰۶ - صبح بعدلیّه رفته و بعد از ظهر نیز بآنجا رفتم. شب در اداره طوفان تا ساعت ۱۰ نشسته آنگاه بخانه آمده شام خورده خفتم.

چهارشنبه هشتم آذر ۱۳۰۶ - صبح بعدلیّه رفته ظهر بخانه آمدم. باران سختی می‌بارید. یک ساعت و نیم بعد از ظهر با جلال (برادرم) بوزارت معارف رفتم. جشن توزیع جوایز و تصدیق‌نامه‌ها بود ولی بواسطهٔ باران چنانکه باید شکوه نداشت. دیپلم لیسانس را گرفته از آنجا باداره طوفان رفتم و پس از انجام کار با جلال بخانه آمده شام خورده خفتم.

۵ شنبه ۹ آذر ۱۳۰۶ - صبح بعدلیّه رفتم و بعد از ظهر نیز نهار بخانه رفته شب پس از انجام کار در ادارهٔ طوفان بخانه آمده شام خورده خفتم.

جمعه ۱۰ آذر ۱۳۰۶ - تا ظهر در خانه بودم. آنگاه بمنزل فرّخی رفتم. عصر فرّخی و میرزا علیخان سیاسی و عسگرخان همه رفته من نیز مدتی در خیابان مشغول گردش بودم. بعد بمنزل محمود خان نجم آبادی رفتم و قریب دو ساعت آنجا بودم. آنگاه بخانه آمده شام خورده خفتم.

شنبه ۱۱ آذر ۱۳۰۶ - صبح بعدلیّه رفتم و یک بعد از ظهر بخانه آمدم زیرا دو مرتبه کار ادارات یکسره شد و قرار شد که از سه ساعت و نیم بظهر تا دو ساعت و نیم بعد از ظهر باشد. باری مدتی در خانه بودم. آنگاه بادارهٔ طوفان رفته پس از انجام کار بخانه آمدم و شام خورده خفتم. چند روز است که پدرم بواسطهٔ دملی که بر پشتش درآمده سخت مریض است.

یکشنبه ۱۲ آذر ۱۳۰۶ - سه ساعت و نیم بظهر بعدلیّه رفتم و دو ساعت و نیم بعد از ظهر بخانه آمده نهار خورده بعد حمام رفتم. شب نیز بگردش رفته مدتی در کتابخانهٔ طهران بودم. آنگاه بخانه آمده خفتم.

دوشنبه ۱۳ آذر ۱۳۰۶ - از صبح تا دو ساعت و نیم بعد از ظهر در عدلیّه بودم. بعد بخانه آمدم و پس از صرف نهار بمدرسهٔ دارالمعلّمین رفتم تا با ناظم آن در خصوص پروگرام صحبت کنم. او مریض بود و نبود. با صدیق اعلم در درشگه نشسته بخیابان علاء الدوله آمده و بادارهٔ طوفان رفتم. از آنجا هم پس از انجام کار بخانه آمدم. و این روزها بواسطهٔ کسالت پدرم بسیار غمگین می‌باشم.

سه‌شنبه ۱۴ آذر ۱۳۰۶ - از صبح تا ۲/۵ بعد از ظهر در عدلیّه بودم. آنگاه بخانه آمده نهار خورده و نزدیک غروب بکتابخانهٔ طهران و از آنجا بادارهٔ طوفان رفتم و پس از انجام کار بخانه آمدم.

چهارشنبه ۱۵ آذر ۱۳۰۶ - از صبح تا ۲/۵ بعد از ظهر در عدلیّه بودم. آنگاه بخانه آمدم. نهار خورده به کتابخانهٔ طهران رفتم. پس از مدتی از آنجا بادارهٔ طوفان رفتم. کارهای خود را انجام داده بخانه آمدم.

۵ شنبه ۱۶ آذر ۱۳۰۶ - از صبح تا دو ساعت و نیم بعد از ظهر در عدلیّه بودم. نهار بخانه نیامدم. زیر مختصر نهاری در عدلیّه خورده بودم. باری پیاده بمدرسهٔ دارالمعلّمین رفتم و یکساعت درس گفتم. بعد بخیابان لاله‌زار آمده یکی دو بار گردش کردم و بادارهٔ طوفان رفتم. چون کار ترجمه را انجام دادم بکتابخانهٔ طهران رفته تا ساعت چهار آنجا بودم. بعد بخانه آمده شام خورده خفتم.

جمعه ۱۷ آذر ۱۳۰۶ - تا دو ساعت و نیم بظهر در خانه بودم. آنگاه برای رفتن بخانه تقی‌زاده کمی نزدیک دارالفنون در انتظار پرویز مدیر کتابخانهٔ طهران بودم. او آمد و با هم بمنزل تقی‌زاده رفتیم و تا یکساعت بعد از ظهر آنجا بودیم. بعد برگشتیم. در لغانطه غذا خوردم و در ساعت سه بعد از ظهر با پرویز بمنزل آقا جلال‌الدین طهرانی رفتیم. وی نبود. با پرویز بیرون دروازهٔ دوشان تپه رفته عمارات را تماشا کردیم. با درشگه بمنزل فرخی آمدیم. نبود. بعد با پرتو و [illegible] بمنزل پرتو رفته کمی نشسته آنگاه بخانه آمده شام خورده خفتم.

شنبه ۱۸ آذر ۱۳۰۶ - صبح بعدلیّه رفتم و پس از آنکه بخانه آمدم و نهار خوردم بادارهٔ طوفان رفته و بواسطهٔ پیش آمدهایی با فرّخی گفتگو کردم و قرار بر این گذاشتم که دیگر بادارهٔ طوفان نروم. باری مدتی ترجمه کرده بعد بخانه آمده خفتم.

یکشنبه ۱۹ آذر ۱۳۰۶ - صبح بعدلیّه رفتم. ظهر بخانه آمده نهار خورده بعد بکتابخانهٔ طهران رفتم و تا مدتی آنجا بودم. بعد بخانه آمده شام خورده خفتم.

دوشنبه ۲۰ آذر ۱۳۰۶ - صبح بعدلیّه نرفتم زیرا برف بشدت می‌بارید و جزیی کسالتی هم داشتم. تا نزدیک ظهر خانه بودم. آنگاه بخزانه رفتم. تعطیل شده بود.

در لغانطه غذا خوردم و مدتی با آقا سید علی اکبر اخوی صحبت می‌کردیم. آنگاه با اتو بانک بمنزل آقا سید عبدالرحیم خلخالی رفتم و مدتی با او صحبت می‌داشتم. بعد بخیابان آمده و پس از مدت کمی که در کتابخانهٔ طهران نشستم، بخانه آمده شام خورده خفتم.

سه‌شنبه ۲۱ آذر ۱۳۰۶ - صبح بعدلیّه رفتم. دو ساعت و نیم بعد از ظهر بخزانه رفتم. پول گرفته آنگاه بلغانطه آمده نان و چای خوردم. بعد بکتابخانهٔ طهران رفتم و آنگاه بخانه آمده شام خورده خفتم. در همین یکی دو روز میرزا ابوالفضل پسر آقا شیخ محمّدتقی نهاوندی وفات یافت.

چهارشنبه ۲۲ آذر ۱۳۰۶ - از صبح تا دو ساعت و نیم بعد از ظهر در عدلیّه بودم. بعد بخانه آمده نهار خوردم و پس از آن بیرون رفته مدتی گردش کردم. بعد بخانه آمدم.

۵ شنبه ۲۳ آذر ۱۳۰۶ - بواسطهٔ تولد حضرت فاطمه تعطیل بود. تا نزدیک عصر در خانه بودم. بعد با آقا سید فرج اللّه تا بیرون دروازهٔ یوسف آباد رفتیم. آنگاه با درشگه بلغانطه آمدیم و پس از اندکی درنگ بکتابخانهٔ طهران رفتم و مدتی آنجا بودم. بعد بخانه آمده شام خورده خفتم.

جمعه ۲۴ آذر ۱۳۰۶ - از صبح تا غروب در خانه بودم. گاهی شعر می‌خواندم و زمانی برای روزنامهٔ اطلاعات چیزی می‌نوشتم. پدر که بواسطهٔ درد کمر و زخم مدت زیادی سخت بیمار بود در این یکی دو روزه کمی بهبودی یافته است و از این جهت تا اندازه‌ای خوش و شادمانم.

شنبه ۲۵ آذر ۱۳۰۶ - از صبح تا دو ساعت و نیم بعد از ظهر در عدلیّه بودم. شب کمی در کتابخانهٔ طهران نشسته بعد بخانه آمده شام خورده خفتم. بواسطهٔ اوضاع داخلی و بر اثر وقایع سیاسی از چندی پیش در شهرهای ایران زمزمه‌هایی برخاسته و علمای

شهرهای مختلفهٔ ایران در قم جمع آمدند تا آنکه بالاخره مجد السلطنه، رئیس الوزراء و تیمورتاش وزیر دربار بقم رفته و توافق نظری پیدا شد و قرار بر آن گشت که روحانیون باوطان خود مراجعت نمایند.

یکشنبه ۲۶ آذر ۱۳۰۶ - از صبح تا دو نیم بعد از ظهر در عدلیّه بودم. پس از فراغت با سیاسی و عسگرخان بمنزل اعتبار الملک (رحمت الله خان گنجه‌ای) رفتیم و از آنجا بعیادت فرّخی بادارهٔ طوفان رهسپار شدیم. از شنبهٔ گذشته بواسطهٔ کدورتی که در میان بود نزد او نرفته بودم. باری کمی نزد او مانده بعد با آقا شیخ محمود بدیدن آقای فروغی (میرزا ابوالحسن خان) که از فرنگستان آمده بود، رفتم و تا ساعت ۹ آنجا بودم. پس از آن بخانه آمده شام خورده خفتم.

دوشنبه ۲۷ آذر ۱۳۰۶ - از صبح تا نیمساعت بعد از ظهر در عدلیّه بودم. آنگاه بخانه آمده نهار خورده بمدرسهٔ دارالمعلّمین رفتم. پس از انجام کار مدتی نزد فروغی بودم. بعد با آقا شیخ جواد تربتی و میرزا مهدی خان ریاضی بمنزل آقا سید حسن فرساد اصفهانی رفتم. مدتی در آنجا بودیم. آنگاه بخانه آمده تا نیمه شب بخواندن و نوشتن انگلیسی اشتغال داشتم.

سه‌شنبه ۲۸ آذر ۱۳۰۶ - از صبح تا ۲/۵ بعد از ظهر در عدلیّه بودم. آنگاه بخانه آمده پس از صرف غذا بیرون رفتم. کمی در ادارهٔ طوفان ماندم. بعد نزد خلیلی مدیر اقدام رفته و پس از آن بادارهٔ اطلاعات رهسپار شدم. پس از اندکی گفتگو بخانه آمده شام خورده خفتم. در این یکی دو روزه احوال پدرم رو به بهبودی است.

چهارشنبه ۲۹ آذر ۱۳۰۶ - از صبح تا دو ساعت و نیم بعد از ظهر در عدلیّه بودم. آنگاه بخانه آمده نهار خورده بیرون رفتم و پس از کمی گردش بخانه آمده شام خورده خفتم.

۵ شنبه ۳۰ آذر ۱۳۰۶ - صبح بعدلیّه رفتم ولی بواسطهٔ فوت حاج سید ابوالقاسم امام جمعه تعطیل گردید. مدتی در خیابان بودم. بعد در لغانطه غذا خورده بعد کمی گردش کردم. بخانه آمده شام خورده خفتم.

جمعه اول دی ۱۳۰۶ - از صبح تا غروب در خانه بودم. آنگاه کمی بگردش بیرون رفتم بعد بخانه آمده شام خورده خفتم.

شنبه ۲ دیماه ۱۳۰۶ - از صبح تا دو ساعت و نیم بعد از ظهر در عدلیّه بودم. آنگاه بخانه رفته نهار خورده بگردش رفتم و پس از کمی گردش بخانه آمده شام خورده بخواب رفتم.

یکشنبه ۳ دیماه ۱۳۰۶ - از صبح تا دو ساعت و نیم بعد از ظهر در عدلیّه بودم. بعد بخانه آمده پس از صرف نهار بیرون رفته و پس از کمی گردش بخانه آمده خفتم.

دوشنبه ۴ دیماه ۱۳۰۶ - از صبح تا دو و نیم ساعت بعد از ظهر در عدلیّه بودم. بعد بخانه آمده پس از صرف نهار بمدرسهٔ دارالمعلّمین رفتم. یکساعت درس گفته بعد بخیابان آمدم و پس از کمی گردش بخانه برگشته شام خورده خفتم. در این روز ناصرالملک نائب السلطنه فوت شده بود.

سه‌شنبه ۵ دیماه ۱۳۰۶ - صبح بعدلیّه رفتم ولی بواسطهٔ فوت ناصرالملک نائب السلطنه تعطیل گردید. برای تماشای مراسم تشییع جنازهٔ او بخیابان ماشین رفتم. مدتی در آنجا منتظر ایستاده بودم تا نعش او را با تجمّلات معمول نظامی بردند. در راه صمصامی را دیدم. با او بلغانطه رفتم. نهار خورده نزد فرّخی بادارهٔ طوفان رهسپار شدم و مدتی در آنجا بودم. بعد بکتابخانهٔ مجلس رفته قریب دو ساعت هم در آنجا بخواندن کتاب اشتغال داشتم. بعد بخانه آمده شام خورده خفتم. شب بود که آقا سید علی پسر حاج سید محمّد تقی ولدآبادی قزوینی با شیخ دیگری بمنزل ما وارد شدند. می‌خواهند برای تحصیل باصفهان بروند.

چهارشنبه ۶ دیماه ۱۳۰۶ - از صبح تا دو ساعت و نیم بعد از ظهر در عدلیّه بودم. گرسنه بخانه آمده نهار خورده بگردش بیرون رفتم. مدتی در کتابخانهٔ طهران و پس از آن در ادارهٔ اطلاعات نزد مسعودی مدیر آن بودم. آنگاه بخانه آمده شام خورده خفتم.

۵ شنبه ۷ دیماه ۱۳۰۶ - از صبح تا دو ساعت و نیم بعد از ظهر در عدلیّه بودم. آنگاه بمدرسهٔ دارالمعلّمین رفتم. پس از آن بمنزل محمود خان نجم آبادی رفته و تا ساعت هفت آنجا بودم. بعد با درشگه نزد مسعودی مدیر اطلاعات رفتم و تا ساعت ۹/۵ هم آنجا بودم. آنگاه بخانه آمده شام خورده خفتم.

جمعه ۸ دیماه ۱۳۰۶ - صبح حمام رفتم. بعد با درشگه عازم منزل تقی زاده شدم. کمی در آنجا بودم آنگاه با آقا مجتبی مینوی بمنزل او رفتیم. تا غروب آنجا بود. بعد بخیابان آمده با معظمی و شامبیاتی کمی در خیابانها گردش کردیم و بلغانطه رفتیم. آنگاه بخانه آمده شام خورده خفتم.

شنبه ۹ دیماه ۱۳۰۶ - صبح بعدلیّه رفته و تا دو ساعت و نیم بعد از ظهر در آنجا بودم. آنگاه بخانه آمده بعد بکتابخانهٔ مجلس رفتم. مدتی در آنجا بودم. بعد بکتابخانهٔ طهران رفته آنگاه بخانه آمده شام خورده خفتم.

یکشنبه ۱۰ دیماه ۱۳۰۶ - از روز یکشنبه دهم دیماه تا روز جمعه ۱۶ دیماه واقعه‌ای روی نداد که قابل نگارش باشد.

جمعه ۱۵ دیماه ۱۳۰۶ - از صبح تا ظهر درخانه بودم. بعد از ظهر بمنزل فرّخی در باغ محتشم الدوله رفتم و تا ساعت ۸ بعد از ظهر آنجا بودیم. بعد بخانه آمده شام خورده خفتم.

شنبه ۱۶ دیماه ۱۳۰۶ - بمناسبت ولادت حضرت امیرالمؤمنین تعطیل بود. تا غروب در خانه بودم و بکتاب خواندن اشتغال داشتم.

یکشنبه ۱۷ دیماه ۱۳۰۶ - صبح بعدلیّه رفتم. نهار در خانه خورده و دوباره بعدلیّه رفته و پس از انجام کار بمدرسهٔ دارالمعلّمین رهسپار شدم. بعد بکتابخانهٔ طهران آمده پس از مدتی بخانه آمده شام خورده خفتم.

دوشنبه ۱۸ دیماه ۱۳۰۶ - از صبح تا نیمساعت بعد از ظهر در عدلیّه بودم. بعد بخانه آمده نهار خورده بدارالمعلّمین رفتم. از آنجا بخیابان آمده بمنزل محمود رضا رفته کمی در آنجا بودم. بعد باداره اطلاعات رفتم و مدتی در آنجا بودم. آنگاه بخانه آمدم.

سه‌شنبه ۱۹ دیماه ۱۳۰۶ - از صبح تا دو و نیم بعد از ظهر در عدلیّه بودم. آنگاه بخانه آمده نهار خورده و بعد بیرون رفتم. ساعت سه از شب گذشته بخانه آمده خفتم.

چهارشنبه ۲۰ دیماه ۱۳۰۶ - از صبح تا دو ساعت و نیم بعد از ظهر در عدلیّه بودم. آنگاه بمنزل کمالیان رفتم و تا ساعت شش بعد از ظهر هم آنجا بودم. بعد بمنزل فرّخی رفته مدتی ماندم. آنگاه بخانه آمده شام خورده خفتم.

۵ شنبه ۲۱ دیماه ۱۳۰۶ - از صبح تا دو ساعت و نیم بعد از ظهر در عدلیّه بودم. بعد از آن بدارالمعلّمین رفتم و مدتی ماندم. آنگاه بکتابخانهٔ طهران رفته بعد با خلخالی و پرورش در مهمانخانهٔ لوکس کمی نشسته آنگاه بخانه آمده خفتم.

جمعه ۲۲ دیماه ۱۳۰۶[1]

چهارشنبه ۱۱ بهمن ۱۳۰۶ - در این مدت بواسطهٔ کسالت روحی نتوانستم مرتباً گزارش زندگانی خود را بنویسم. در ظرف این چندین روز واقعه مهمی روی نداد. روز چهارشنبه فرّخی بعدلیّه آمد و در صلح و آشتی را با من باز کرد. من نیز دو ساعت و نیم بعد از ظهر با سپاسی بمنزل او رفتم. مدتی در آنجا نشستیم و صحبت کردیم. بعد بخانه آمده شام خورده خفتم.

۵ شنبه ۱۲ بهمن ۱۳۰۶ - صبح بعدلیّه نرفته عصر بدارالمعلّمین رفته پس از انجام کار با ناظم مدرسه بخیابان لاله‌زار آمدم. باداره اطلاعات رفته آنگاه بمنزل فرّخی رفتم. مدتی نیز آنجا بودم. بعد بخانه آمده شام خورده خفتم.

---

۱. در اصل خالی است.

جمعه ۱۳ بهمن ۱۳۰۶ - از صبح تا نزدیک غروب در خانه بودم. در این موقع بخیابان ماشین رفتم و یکساعت از شب گذشته بخانه آمدم. چون خسته بودم، بی آنکه کتاب بخوانم شام خورده بخواب رفتم.

شنبه و یکشنبه و دوشنبه - اتفاقی نیفتاد.

سه‌شنبه ۱۷ < بهمن ۱۳۰۶ > - از صبح تا دو ساعت و نیم بعد از ظهر عدلیّه بودم. بعد نزد فرّخی رفتم. مدتی آنجا ماندم. آنگاه بخانه آمده شام خورده خفتم.

چهارشنبه ۱۸ بهمن ۱۳۰۶ - عید بود و تعطیل بود. از صبح تا غروب در خانه بودم و کتاب می‌خواندم. در این روزها چنانکه معروف است در خوزستان و کردستان و لرستان اغتشاشاتی روی نموده است.

۵ شنبه ۱۹ بهمن ۱۳۰۶ - از صبح تا دو ساعت و نیم بعد از ظهر در عدلیّه بودم. آنگاه بمدرسهٔ دارالمعلّمین رفتم. پس از یکساعت درس پیاده بمطبعهٔ فردین رفتم و در خصوص کتاب با طاهرزاده مدیر مطبعه صحبت کردم. بعد باداره‌ٔ طوفان رفتم و از آنجا نزد مسعودی مدیر اطلاعات رفتم. کمی در آنجا نشستم. بعد زود بخانه آمده شام خورده خفتم.

جمعه ۲۰ بهمن ۱۳۰۶ - از صبح تا غروب در خانه بودم و بخواندن کتاب اشتغال داشتم.

شنبه ۲۱ بهمن ۱۳۰۶ - از صبح تا دو ساعت و نیم بعد از ظهر در عدلیّه بودم. بعد با پرتو بمنزل فرّخی رفتم. تا ساعت هفت آنجا بودیم. آنگاه بخانه آمده شام خورده و مدتی بترجمه اشتغال داشتم.

یکشنبه ۲۲ بهمن - از صبح تا دو ساعت و نیم بعد از ظهر در عدلیّه بودم. بعد بمدرسهٔ دارالمعلّمین رفتم. از آنجا با ناظم بخیابان پهلوی رفته مدتی گردش کردم. بعد بمنزل فرّخی رفته مدتی هم آنجا بودم. آنگاه بخانه آمده خفتم.

دوشنبه ۲۳ بهمن - از صبح تا نیمساعت بعد از ظهر در عدلیّه بودم. پس از آن بمنزل فرّخی رفتم. شب سه‌شنبه تا صبح نخوابیدم و در مطبعهٔ فردین که طوفان هفتگی چاپ می‌شد بودم. امشب مسئولیت نوشته‌های طوفان هفتگی با من شده است.

سه‌شنبه ۲۴ بهمن - صبح بعدلیّه رفتم. چون کسالت داشتم مدتی بیش نمانده و بخانه آمده نهار خورده شد. چهار ساعت خوابیدم. بعد کمی در کتابخانهٔ طهران نشستم و بعد هم باداره روزنامهٔ اطلاعات رفته مدتی با مسعودی مدیر آن روزنامه صحبت می‌نمودم تا بالاخره بخانه آمده خفتم. در این روز سرهنگ پولادین که می‌گویند بر علیه رضاخان می‌خواست توطئه بر پا کند، اعدام گردید.

چهارشنبه ۲۵ بهمن - بواسطهٔ کسالت بعدلیّه نرفتم و تا دو ساعت و نیم بعد از ظهر بی آنکه کاری کنم در خانه ماندم. سه ساعت بعد از ظهر بمجلس رفتم و مدتی در آنجا بودم. آنگاه غروب بمنزل فرّخی رفته بیسیم پاریس را ترجمه کردم. از آنجا بکنسرت معروفی در سالون گراند هتل رفته تا ساعت ده آنجا بودم. بعد بخانه آمده شام خورده خفتم.

۵ شنبه ۲۶ بهمن - از صبح تا دو ساعت و نیم بعد از ظهر در عدلیّه بودم. در این ساعت بدارالمعلّمین رفتم و تا غروب در آنجا درس می‌گفتم. بعد با میرزا حسین خان فرزان بخیابان آمده پس از کمی گردش بمنزل فرّخی رفتم. بعد بخانه آمده خفتم.

جمعه ۲۷ بهمن - تا دو ساعت و نیم بظهر در خانه بودم. آنگاه بمنزل تقی زاده رفتم و تا یکساعت بعد از ظهر را در آنجا گذراندم. بعد با آقا مجتبی مینوی بمنزل فلسفی رفتیم. نبود. از آنجا بلغانطه آمده پس از صرف نهار با آقا مجتبی بمنزل گلشائیان رفتیم. او نیز نبود. بعد بمنزل آقا مجتبی رفته، باری تا غروب آنجا بودم. پس از آن بخانه آمده شام خورده خفتم.

شنبه ۲۸ بهمن - از صبح تا دو ساعت و نیم بعد از ظهر در عدلیّه بودم. بعد بمنزل فرّخی رفته شب بخانه آمده خفتم.

یکشنبه ۲۹ بهمن و دوشنبه، سه‌شنبه، < و > چهارشنبه < را > فراموش کرده‌ام.

۵ شنبه سوم اسفند - بمناسبت سوم حوت < یعنی > روز کودتا تعطیل بود. ظهر در منزل خلخالی بودم. از آنجا با او و آقا مجتبی مینوی بمنزل رشید یاسمی رفتیم. وی نبود. بمنزل دهخدا رفتیم. کمی نشستیم. بعد بمنزل شاهزاده مرآت السلطان رفته از آنجا بکتابخانۀ پرویز رفتیم. بعد بخانه آمده خفتم. سحر برخاسته سحری خوردم و بخواب رفتم.

جمعه چهارم اسفند - نهار در منزل فرّخی بودیم. عبدالحسین خان پارسا، آقای تبریزی، هاشم خان، احمدی بختیاری هم در آنجا بودند. تا نزدیک غروب ماندیم بعد با فرّخی به بیرون دروازه دولت رفتیم. مدتی در آنجا بودم. بعد بخانۀ عبدالحسین خان رفته تا نصب شب بودم. آنگاه بخانه آمده خفتم.

شنبه ۵ اسفند - یکساعت بعد از ظهر بعدلیّه رفتم و تا ۵ بعد از ظهر آنجا بودم. بعد بمنزل فرّخی رفته آنگاه بخانه آمده خفتم.

یکشنبه ۶ اسفند - یکساعت بعد از ظهر بعدلیّه رفتم. عصر بخانه آمده پس از صرف افطار (با آنکه روزه نبودم) بکتابخانۀ طهران رفتم. از آنجا نزد مسعودی و از ادارۀ اطلاعات بادارۀ طوفان رفته مدتی در آنجا بودم. بعد بخانه آمده سحری خورده خفتم.

دوشنبه ۷ اسفند - صبح بادارۀ اطلاعات رفتم. مدتی در آنجا بودم. بعد بعدلیّه رفتم. عصر نزد مسعودی رفته آنگاه بخانه آمده پس از صرف افطار بکتابخانۀ طهران رفتم. با خلخالی بکلوب حزب ترقی رفتیم و عضویت آن را قبول کردم. حکیم الملک، مهذب السلطنه، شایگان، مینوی، < و > مختارالملک آنجا بودند. مدتی نشستیم. بعد با خلخالی و مینوی بکتابخانۀ مجلس رفته مدتی نشستیم. آنگاه بخانه آمده چون خسته بودم، بدون مطالعه بخواب رفتم. در این ایام در خوزستان اغتشاشاتی رخ داده است.

سه‌شنبه ۸ اسفند ۱۳۰۶ - بواسطهٔ دلتنگی نمی‌توانم هر شب شرح گزارش روزانه را بنگارم. اینست که از امروز شروع می‌کنم.

سه‌شنبه ۱۵ اسفند ۱۳۰۶ - از یک ساعت بعد از ظهر تا غروب در عدلیّه بودم. آنگاه بخانه آمدم. بعد بکتابخانهٔ طهران رفتم. مدتی آنجا بودم. بعد با فلسفی کم راه رفتم. آنگاه بخانه آمده خفتم. عمه‌ام با نواده و یکی دو نفر دیگر که شب سه‌شنبه از قزوین آمده بودند در این روز بقم رفتند.

چهارشنبه ۱۶ اسفند ۱۳۰۶ - یکساعت بعد از ظهر بعدلیّه رفتم و تا ۵ بعد از ظهر در آنجا بودم. آنگاه بخانه آمدم. افطار خورده بعد بخیابان رفتم و تا نزدیک سحر در کتابخانهٔ طهران یا کافه لندن بودم. بعد بخانه آمده خفتم.

۵ شنبه ۱۷ اسفند ۱۳۰۶ - یکساعت بعد از ظهر بعدلیّه رفتم و تا ۵ بعد از ظهر آنجا بودم. بعد بمسجد شاه رفته از آنجا بخانه آمدم. بعد از افطار باداره‌ٔ طوفان رفتم و تا ۵ ساعت بعد از نصف شب آنجا بودم. بعد بخانه آمدم و خفتم.

جمعه ۱۸ اسفند ۱۳۰۶ - دو ساعت بیش نخوانده بودم. بحمام رفتم. بعد رهسپار ادارهٔ طوفان شدم. در آنجا کمی ماندم تا صدر مدعی العموم بدایت، عسگرخان و خلخالی آمدند. همه با هم در اتوموبیل نشسته بسلطنت آباد رفتیم. روز بسیار خوبی گذشت. میرزا علیخان سیاسی با برادرش، کلهر، فروهر، و سید حسن خان بحرینی هم آنجا بودند. قمر الملوک وزیری بهترین آوازه خوان طهران آمد و تا یکساعت از شب گذشته می‌خواند. اگر خیال علوی گاهی مرا زیاد پریشان خاطر نمی‌کرد، بیشتر خوش می‌گذشت. باری شب زودتر بخانه آمده شام خورده خفتم. در این روزها در خصوص جزیرهٔ بحرین که انگلیسها آن را از ایران نمی‌دانند انتشاراتی وجود دارد و خیلیها می‌گویند و می‌نویسند < که > ابن السعود جهاد را اعلام داشته است.

شنبه ۱۹ اسفند ۱۳۰۶ - یکساعت بعد از ظهر بعدلیّه رفتم و چون کارم تمام شد، بخانه آمدم. افطار خورده بعد بکتابخانهٔ طهران رفتم و تا نصف شب آنجا بودم. بعد بخانه آمده خفتم.

یکشنبه ۲۰ اسفند - صبح زودتر از خواب برخاستم و تا نزدیک ظهر بکتاب خواندن و نوشتن اشتغال داشتم. بعد نهار خورده (چون بواسطهٔ بیماری از روزه گرفتن معذورم) بعدلیّه رفتم. ۵ بعد از ظهر بخیابان لاله‌زار رفته پس از گردش نیم ساعته بخانه آمدم. آنگاه بکتابخانهٔ طهران رفتم و با فدائی از آنجا بکافهٔ لندن رفته مدتی در آنجا نشستم. بعد دوباره بکتابخانهٔ طهران رفته در آنجا بودم. از آنجا بخانه آمدم و شام خورده خفتم.

**دوشنبه ۲۱ و سه‌شنبه و چهارشنبه و ۵ شنبه و جمعه و شنبه و یکشنبه را نیز بواسطهٔ کثرت کار فراموش کرده‌ام.

دوشنبه ۲۸ اسفند ۱۳۰۶ - بعدلیّه رفتم. چون بخانه آمدم افطار خورده بعد بخیابان رفتم. مدتی گردش کردم. بعد بخانه آمدم و خوابیدم. شب بمنزل معظمی رفتم و دو ساعت آنجا بودم.

سه‌شنبه ۲۹ اسفند ۱۳۰۶ - تعطیل بود. پس از صرف نهار بادارهٔ طوفان رفتم و تا غروب در آنجا بودم. بعد بگردش آمده بمنزل معظمی رفتم. یکساعت بعد از نصف شب بخانه آمدم. نیمه امشب سال تحویل شد.

چهارشنبه ۳۰ اسفند ۱۳۰۶ - از صبح تا غروب در خانه بودم. شب نیز بیرون نرفتم و کتاب می‌خواندم.

۵ شنبه ۲ فروردین ۱۳۰۷ - صبح بمنزل فرّخی رفتم و تا غروب در همانجا بودم.

جمعه ۳ فروردین ۱۳۰۷ - صبح برای تماشای سلام بیرون رفتم. مدتی در لغانطه تنها نشسته و بتماشا مشغول بودم. بعد بمنزل فرّخی رفتم و نهار خوردیم. تا

نزدیک غروب آنجا بودیم. آنگاه بگردش بخیابان رفتم. پس از مدتی تفریح بخانه آمده شام خورده خفتم.

شنبه ۴ فروردین ۱۳۰۷ - صبح بمنزل فرّخی رفتم و تا دو ساعت از شب گذشته آنجا بودم. بعد بکتابخانهٔ طهران آمده کمی نشسته بعد با خلخالی و آقا مجتبی بمنزل خلخالی رفتم. قریب ۲ ساعت هم آنجا نشستم. آنگاه پیاده بخانه آمده شام خورده خفتم. در این روز شنیدم که شاه شب بعد از شب تحویل سال بقم رفته و مردم را زده و یکی دو نفر از آخوندها را پس از ضرب و شتم بطهران فرستاده است و چنانکه تخمین کرده‌ام تقصیر با مردم بوده است که بدروغ گفته بودند زن شاه چادر از سر برداشته بوده است.

از روز سه‌شنبه ۷ اردیبهشت سخت مریض شدم و تا یکهفته در بستر افتاده بودم.

سه‌شنبه ۱۳ فروردین - از صبح تا ظهر در منزل فرّخی بودیم. عده‌ای از یزدیها نیز آنجا بودند. باری پس از صرف غذا بمنزل بیرون شهر رفتیم. تا غروب هم آنجا بودم. از آنجا با نواب که یکی از دیپلمه‌های مدرسهٔ سیاسی و عضو وزارت خارجه است، بمنزل هژیر رفتیم. تا ساعت ۹ آنجا بودم. آنگاه بخانه آمده شام خورده خفتم. اکنون سه روز است عمه‌ام با همراهانش که بقم رفته بودند، مراجعت کرده‌اند.

سه‌شنبه ۱۰ مهر ۱۳۰۷ - در این روز بموجب ابلاغی که از وزارت عدلیّه بمن شد، شغلم از مدیری دفتر شعبهٔ سوم بدایت مرکز بعضویت علی البدل محکمهٔ تجارت تبدیل یافت.

روز چهارشنبه و پنجشنبه ۱۱ و ۱۲ مهر ۱۳۰۷ - در روز چهارشنبه در دفتر سوم بدایت مرکز بودم. روز ۵ شنبه بمحکمهٔ تجارت رفتم و کار جدید خود را شروع کردم. همانشب بسینما رفتم. در این روزها شاگردانی که (صد و ده نفر) باید باروپا بروند مشغول تهیه مقدمات سفرند. در این روز نزد پهلوی رفتند و قرار است روز یکشنبه حرکت کنند.

روز جمعه ۱۳ مهر ماه ۱۳۰۷ - تا نزدیک ظهر در خانه بودم. بعد بخانه میرزا علینقی خان رهسپار شدم و پس از اندک توقفی با یزدان‌فر که آنجا آمده بود، بمنزل یزدان‌فر رفته شامبیاتی نیز آمده تا غروب آنجا بودیم. بعد بخیابان آمده پس از دو ساعت گردش بخانه رفتم.

شنبه ۱۴ مهر ماه ۱۳۰۷ - از صبح تا دو ساعت بعد از ظهر در عدلیّه بودم. بعد بخانه آمدم و تا غروب در خانه بودم. آنگاه بخیابان رفته پس از اندکی گردش بخانه آمدم. در این روز پهلوی حوزهٔ هفتم تقنینییه < را > که از وکلای دولت تشکیل یافته‌اند، افتتاح نمود. هنگامی که به مجلس می‌رفته است کسی را که گویا از راه بی‌اعتنایی حرکتی کرده بود، بنظمیه می‌فرستد و پدرش که نیز از وکلاء بوده بواسطه پسر آمده بنظمیه جلب می‌شود.

یکشنبه ۱۵ مهرماه ۱۳۰۷ - در این روز هم بعدلیّه رفتم و دو ساعت و نیم بعد از ظهر بخانه آمده پس از مدتی کتاب خواندن بیرون رفتم و بعد از یکی دو ساعت گردش بخانه آمده خفتم.

دوشنبه ۱۶ مهر ماه ۱۳۰۷ - تا نیمساعت بعد از ظهر در عدلیّه بودم. بعد بخانه آمدم و تا غروب بقرائت کتاب اشتغال داشتم. آنگاه بسینما رفته و پس از اندک گردش در خیابان بخانه آمده خفتم.

***

۵ شنبه ۱۹ مهر ماه ۱۳۰۷ - از صبح تا دو ساعت و نیم بعد از ظهر در عدلیّه بودم. در کافه لندن نهار خوردم. بعد هژیر آمد. مدتی در آنجا نشستیم. آنگاه بخیابان پهلوی رفتیم. در راه فلسفی را دیدم. بمنزل او رفتیم و قریب دو ساعت آنجا نشستیم. آنگاه با هژیر بمنزل دهخدا رهسپار شدیم. مدتی نیز آنجا بودیم. آنگاه بخانه آمده شام خورده بی مطالعهٔ کتاب خفتم.

جمعه بیستم مهرماه ۱۳۰۷ - از صبح تا ظهر در خانه بودم. بعد بخیابان لاله‌زار رفتیم و با نیک‌نفس و یزدان‌فر بلغانطه آمدیم. شامبیاتی هم از راه رسید. در آنجا نهار خوردیم. بعد بشهران رفتیم. گرد و خاک بسیاری خوردیم. از آنجا بخیابان پهلوی رفتیم. و بعد بکافه لندن آمدم (در بین راه بباغ ملی که خلق بسیاری در آنجا بود، رفتیم). در این روزها مدرّس (سید حسن) را گرفته‌اند و چنانکه مشهور است بکلات تبعید کرده‌اند. می‌گویند چندین نفر دیگر را نیز گرفته‌اند.

روز سه‌شنبه بیست و چهارم مهر ماه ۱۳۰۷ چهار ساعت و بیست و سه دقیقه بعد از ظهر عهد خود را تجدید می‌کنم که برای عظمت و پیشرفت خود و وطنم دقیقه‌ای کوتاهی نکنم و در این کار از خداوندگار یاری می‌طلبم. سید فخرالدین شادمان.

روح افسردهٔ من نگذاشت که عهد خویش را بپایان برم. تزلزل، ملال، و ناامیدی از اطراف بمن حمله آورده‌اند. می‌خواهم امروز بیاری خدا زندگانی نوینی را شروع کنم. دل من می‌گوید که تو مرد کار نیستی ولی یک قوهٔ درونی که همه چیز مرا در دست دارد، بمن می‌گوید عهد کن ثبات داشته باشی. پیشرفت با تست. من بگفتهٔ این قوهٔ درونی کار می‌کنم و از خدا می‌خواهم که مرا در رسیدن بمقاصد همراهی کند. سید فخرالدین شادمان.

PERSIAN TEXT

INDEX